François-Xavier Ménage

ÇA CRAQUE

Voyage au cœur de la France

W0378559

Robert Laffont

© Éditions Robert Laffont, S.A.S., Paris, 2023
ISBN : 978-2-221-27060-8
Dépôt légal : septembre 2023
Éditions Robert Laffont – 92, avenue de France, 75013 Paris

Introduction

On dit : « Ça craque », quand on perd confiance, pied, une vision, des certitudes. « Ça craque », quand on manque de courage, au moins pour regarder, chacun dans son couloir, en espérant néanmoins avancer.

« Ça craque. » Au point de définir notre société ?

*

Ce livre est le fruit de cinq ans de reportage, aux quatre coins de la France, dans des territoires oubliés, d'autres trop vite résumés. Cinq ans de reportage où, en marchant trois kilomètres, on voit des réalités diamétralement opposées s'affronter, quand elles ne s'ignorent pas. C'est d'ailleurs le premier constat, le plus frappant, qui structure ce récit : notre pays semble se méconnaître lui-même.

D'où l'importance de décrire. Pour comprendre. Plus que jamais.

Logement, santé, éducation, transports, insécurité... Tous les thèmes régaliens rattachés aux pouvoirs publics sont traités ici, non à partir des analyses des cabinets ministériels mais depuis le terrain. La religion du terrain. Le point de départ.

Dans ce livre, prennent la parole des acteurs discrets, voire invisibles, oubliés. Ils sont les piliers d'un quotidien que l'on ne prend même plus la peine de représenter. Leurs actions, leurs gestes, leurs regards remettent en place, ils cognent.

Il y a ceux qui dénoncent les craquelures de la société, ceux qui appuient dessus, ceux enfin qui tentent de réparer.

Tous agissent.

Ces citoyens – jamais eux-mêmes ne se nomment ainsi – jouent plusieurs rôles, bien souvent malgré eux. Ils symbolisent une nouvelle manière de fonctionner, que l'on pourrait appeler « la société de l'intérim permanent ». Le maire se mue en pompiste pour faire revivre une station essence. La concierge d'une barre HLM, garante d'un fragile lien social, devient, le soir venu, dealeuse. Un détective privé est appelé par une municipalité afin de trouver un docteur, dans une des milliers de petites communes envahies par les sables du désert médical. Une grande entreprise de télécoms lutte, en lieu et place de l'État, contre des cybermafias s'attaquant aux collectivités comme aux groupes du CAC 40.

Chacun occupe la place d'un autre.

Ces acteurs, qui empruntent des routes ne se croisant plus, produisent colère et résignation. Cris et silences. Un courant alternatif, qui ne cesse d'interpeller, de creuser la notion même de désamour. Dans les mairies, dans les TER, dans les cités rongées par la drogue, au sein d'un cabinet d'avocats, lors de la tournée d'une infirmière libérale ou dans le bureau d'un directeur d'école primaire... La difficulté à « faire lien » avec l'État s'enracine. Comme si la démocratie dégageait dorénavant un parfum âcre.

Or, l'un des fondateurs de la sociologie moderne, Émile Durkheim, n'estimait-il pas que les démocraties, pour s'épanouir, devaient voir s'exercer une forme de « communion » entre le pouvoir et la société ?

Une communion ? Voilà probablement le vernis qui craque le plus vite dans le tableau de la France aujourd'hui.

*

D'ailleurs, à quoi reconnaît-on un tableau qui craque ? Aux déformations produites sur l'œuvre. Elles travaillent, ces déformations, sous l'effet du temps. Elles s'accentuent, tracent un chemin inconnu. Une fois la peinture décollée, parfois des fragments tombent quand d'autres s'accrochent. Le bois du cadre travaille aussi.

C'est ce mouvement que nous décrivons ici.

PREMIÈRE PARTIE

AU SUPERMARCHÉ

Qu'on le regrette ou non, le supermarché est, depuis des décennies, l'aimant économique d'une écrasante majorité de villes en France. Un monument autour duquel la vie s'organise. Mais des mouvements contraires animent le secteur, qui symbolise jusqu'à l'extrême l'éclatement du pays en plusieurs ligues, pour reprendre une image footballistique.

Quand certaines communes saturées de grandes surfaces se battent pour rouvrir des commerces de proximité, d'autres mènent des batailles homériques dans l'espoir d'attirer un supermarché.

Parce que le pouvoir d'achat est une lutte, ici et là, on tente l'aventure de l'« hyper-bas de gamme ».

1

La ville qui n'avait pas le droit à son supermarché

Grigny (Essonne)

Pourquoi, aux portes de Paris, une commune de 30 000 habitants est-elle dans l'impossibilité chronique d'installer la moindre grande surface, alors que les habitants réclament à cor et à cri des produits abordables ? Certains intérêts économiques pèsent plus que d'autres...

« En tant que citoyen, je ne comprends pas que le droit à l'alimentation ne puisse être garanti pour chaque citoyen. »

Dans cette salle communale mal éclairée, Saïd Seddouri, le directeur de l'action sociale de Grigny, vient de faire ce qu'il n'aime pas : lancer une phrase politique. Situé à une vingtaine de kilomètres seulement de la tour Eiffel, Grigny compte 30 000 habitants et n'a plus de supermarché depuis 2016. « Il n'y a pas, non plus, de poissonnerie, de laiterie, de crémerie. » Dans les grandes agglomérations, on parle de service continu. Saïd, lui, dit : « L'alimentation continue, à Grigny, ce n'est pas possible. »

Ce matin encore, avec ses équipes, il prépare une centaine de paniers repas, bientôt livrés aux pieds des immeubles. Entrée, plat, dessert : 1,60 euro. Empaquetés dans du papier kraft.

Deux hommes, avec leurs vestes matelassées sur lesquelles est inscrit « Portage », arrivent à La Grande-Borne, le fameux quartier-coupe-gorge-drogues-trafic-violences-malversations où l'on vient avec des caméras quand ça pète.

Les façades ondulent. Une seule ligne de fuite : des immeubles épousant la forme d'un long serpent qui aurait été démembré.

Les deux livreurs appuient sur un interphone défectueux. Une voisine passe par hasard, la porte du hall s'ouvre. Au troisième étage attend Jules, 76 ans. Il a toujours vécu à Grigny. Les livreurs sursautent en découvrant le festival de couleurs affiché sur les murs. Des paysages bucoliques, peints de manière enfantine. Du rose, du bleu, du vert, sur tout un pan de l'appartement. On dirait le décor d'une école primaire. On ne saura pas d'où vient cet éclat. Mais, à l'image de Jules, c'est un éclat souriant.

Le grand-père, chétif, remercie les deux visiteurs avant qu'ils ne repartent à la vitesse de l'éclair. Jules se dirige vers la cuisine pour y déposer son repas du jour. Dans le réfrigérateur : une plaquette de beurre Paysan breton, un tube de mayonnaise, un autre de ketchup. « Faire mes courses moi-même ? Faudrait aller à perpète. Je ne peux pas. » Des voisins de palier, en meilleure santé, pratiquent « une heure aller-retour de marche » pour rejoindre le supermarché le plus proche, dans une commune voisine.

Commander sa nourriture sur Internet ? « Je ne sais pas quoi dire. » Jules avale sa salive. « Je n'ai pas

Internet. » Demander aux voisins ? « J'aime pas trop déranger. »

Grigny n'a donc plus de supermarché. Mais les deux communes limitrophes, Ris-Orangis et Viry-Châtillon, où le pouvoir d'achat est nettement supérieur à celui de « la ville la plus pauvre de France », en possèdent chacune quatre.

*

Trois fois par semaine, Rachid vient faire ses courses au « Moulin de Viry ». Le nom est bucolique pour un Leclerc. Rachid marche quarante-cinq minutes avant de s'engouffrer dans le parking puis fonce immanquablement vers les sucreries, « pour les petits plaisirs des enfants ». Quand il est en forme physiquement et que les finances de la famille le permettent, il visite les autres rayons et remplit deux gros sacs. Ce matin, petit sac, petit budget. Seulement des Kinder Country et des Oreo. « Ça coûte presque le double dans l'épicerie du coin. » Pour bien prouver qu'il maîtrise l'exercice comptable, le voilà qui détaille les prix jusqu'à deux chiffres après la virgule. Leclerc *versus* le mini-commerce en bas de chez lui. Puis il sort son smartphone. Calculatrice. Verdict. « 45 % plus cher dans l'épicerie. »

Comme Rachid, des centaines de Grignois effectuent la même procession quotidiennement : Caddie et sacs en toile le long des trottoirs. Les mères isolées réclament l'aide des enfants, les plus grands. Parfois, faute de volontaires, ce sont les jeunes, dès 8 ans, qui partent à l'aventure, jetant à l'occasion une bouteille de Cherry Coca consommée d'une traite sur le chemin du retour... « On a tous de très grosses voitures qui coûtent très cher et qui attendent dans un grand garage, mais on n'aime pas les abîmer », ironise un passant, pack d'eau et barquette de cuisses de poulet dans les mains.

Alors que la demande saute aux yeux, pourquoi aucun supermarché ne s'installe-t-il à Grigny ?

*

Pour comprendre, il faut rembobiner l'histoire de quelques décennies.

De Gaulle est au pouvoir, le Premier ministre s'appelle Pompidou. La tranquille commune de Grigny subit alors un choc tellurique. La pression démographique – liée notamment aux travailleurs immigrés – imposant de trouver des solutions, ce gros village rural accroché au flanc d'un coteau est contraint de changer de taille en un temps record. Décision de l'État. Irrévocable. Les grues sont convoquées. Deux immenses ensembles sortent de terre. Des monstres de béton. Les noms qu'on leur accole sont cinématographiques : « La Grande-Borne » et « Grigny 2 ».

Les courbes de l'Insee sont à peine croyables :

1968 : 2 938 habitants.

1975 : 25 653 habitants.

« Comment voulez-vous qu'une commune s'en sorte par le haut quand tout est si brusque ? » interroge l'actuel maire de Grigny, Philippe Rio. Pour illustrer son quotidien, il a l'habitude de rappeler qu'il part politiquement avec deux handicaps : « Je suis communiste et je viens de Grigny. »

Son autre phrase préférée ? « Il faut savoir avoir les pieds dans la merde et la tête dans les nuages. »

On en vient au dossier du supermarché. Longtemps, Grigny a pu profiter d'un centre commercial, face à la gare. Quatre mille mètres carrés. Une structure impersonnelle, rectangulaire, avec un gros parking devant. Ni beau, ni charmant, ni méchant. Pratique, assurément. Sauf que la société Casino en a eu marre de voir partir chaque année jusqu'à 6 % de ses dépenses générales en frais de « gardiennage », quand les autres établissements du groupe allouent, pour le même poste, un maigre « 0,6 % ».

Les « frais de gardiennage » ? Des agents de sécurité, « pour éviter les vols et les violences ».

À en croire Casino, les incivilités augmentaient de façon constante. Des clients s'étaient même affrontés à coups de barres de fer, séparés par deux rangées de produits alimentaires. Un jour, le directeur de la grande surface a prévenu monsieur le maire : « On s'en va. » L'élu n'y croit pas, arguant qu'une ville de 30 000 habitants ne peut pas perdre son seul supermarché, que c'est une hérésie économique, qu'en changeant un peu les rayons, en adaptant l'offre aux besoins de la population locale, avec ces aménagements, on va trouver un terrain d'entente. Il finit par se résigner : au pire, si Casino déguerpit, on peut sans doute négocier avec la maison mère pour faire venir, à la place, un Leader Price ou un Franprix.

Mais, en 2016, le rideau est définitivement tiré. Brutalement. Sans plan B. Les dernières denrées périssables sont posées dans des cartons et des bacs en plastique. Les rayons, totalement nettoyés. Les caisses, laissées intactes, une fois les tiroirs vidés.

Les riverains ont du mal à prendre conscience de la rupture. La grise galerie commerciale devenue fantomatique accueille encore quelques boutiques indépendantes en fin de vie. Sans surprise, le boulanger voit immédiatement sa fréquentation s'effondrer. Lui-même n'y croit plus. Depuis, monsieur le maire, qui dénonce un « apartheid », rassure les habitants à sa manière, à coups de piqûres de positivisme : « Je ne perds pas espoir qu'à Noël, les Grignois aient un nouveau centre commercial. »

*

Les élus et les supermarchés, une grande histoire d'amour. Depuis le début des années 1980 et la grande loi de décentralisation, les ouvertures se sont multipliées, à un rythme effréné, partout en France. À la manœuvre, les maires ont quasiment les pleins pouvoirs. Dérogations, permis, constructions.

Presque quatre décennies plus tard, à rebours de cette tendance de fond, Philippe Rio tente, lui, de convaincre plusieurs enseignes de s'établir à Grigny. Certes, le panier moyen n'y est pas aussi affriolant que dans les communes environnantes, mais bon, quand même, avec une population très jeune et la gare juste à côté, s'installer semble voué à marcher.

Or, rien. Il ne se passe rien.

Jusqu'à ce jour où, en mairie, un cri de joie retentit. Nous sommes en 2019, un investisseur est partant. Il a une belle réputation. Déjà plusieurs établissements O'Marché Frais implantés dans la région. L'aventure Grigny ? Il est prêt. Pas un coup de bluff. Il a bossé le dossier. Un imposant rayon fruits et légumes est déjà à l'étude.

Le patron : « Ce sera plus beau que les Champs-Élysées. »

Le maire : « Vingt-cinq ans que je bosse avec mes prédécesseurs sur l'idée d'un nouveau centre-ville, c'est la dernière pièce du puzzle. » La construction d'une dizaine d'immeubles ultra-modernes est promise, autour du futur supermarché flambant neuf.

Le 10 octobre 2020, sur un terrain vague, la première pierre du projet est posée symboliquement, entre la mosquée et la Ferme-Neuve, vestige du XVIIIe siècle abritant désormais des ateliers d'arts plastiques. Parce qu'il n'y voit rien de près avec ses lunettes, afin de ne pas se louper, monsieur le maire a remonté sa monture sur sa tête. Une truelle dans la main, le voilà qui enduit un bloc de ciment.

Un panneau annonce la bascule, le slogan comme un réenchantement. « Cœur de ville République. »

Tel que modélisé par un cabinet d'architectes, le futur supermarché représente 5 200 mètres carrés de surface commerciale. De la verdure tout autour – le détail a son importance, notez bien, on va y revenir. C'est moderne, engageant. Livraison 2022. Promesse écrite noir sur blanc sur le panneau.

Mais très vite, la mairie se voit contrainte d'apposer sur le panneau un sticker noir : « Bloqué ».

La société Virylis, qui gère le Leclerc de Viry, refuse en effet qu'une autre enseigne élise domicile à quelques kilomètres de son actuel site. La justice est saisie. Chez Leclerc, qui, sollicité, a refusé de nous répondre, des avocats planchent pour évaluer le préjudice.

Furieux, monsieur le maire dénonce des « poches de ségrégation ». « La guerre des grandes surfaces se fait au mépris des habitants de notre République. Les

Grignois ont le droit au commerce de proximité. » Avec ses équipes, à l'hôtel de ville, Philippe Rio nourrit un épais classeur dans lequel s'accumulent documents et arguments. Celui-ci dépasse tous les autres : « La Cnac est de notre côté depuis 2009. »

La Cnac ? La Commission nationale d'aménagement commercial. Impossible, dans l'Hexagone, d'implanter un supermarché sans passer par cette instance. Plusieurs fois, cette dernière a émis un jugement positif sur l'ouverture d'un supermarché à Grigny. Sa petite sœur, la commission départementale, a fait de même. « Donc quand Leclerc attaque notre projet, il attaque le permis de construire de l'État. »

Nous sommes en novembre 2020. Nouvelle piqûre de positivisme. « J'ai bon espoir qu'on puisse vite relancer le chantier », assure le maire.

En cinquante ans, la France est passée de 2 000 à 10 000 supermarchés ! Les « hypers », eux, ont vu leur nombre multiplié par dix : 2 000 sur le territoire, désormais. Alors pour Grigny, le blocage provoqué par Leclerc[1] a un goût d'insulte. En quoi la commune la plus pauvre de France ferait-elle dérailler la machine de ce groupe qui pèse 50 milliards de chiffre d'affaires ?

En termes macroéconomiques, Grigny est insignifiant.

En termes microéconomiques, cette obstruction est méprisante.

Les mois s'étirent, jusqu'à la décision du tribunal administratif de Versailles. La requête d'annulation du permis de construire est rejetée. Victoire pour la commune.

1. Le groupe Leclerc n'a pas accepté de répondre à nos demandes.

Peu de temps après, monsieur le maire découvre que la société Virylis saisit à présent le Conseil d'État. Motifs : des problèmes de dimensionnement de parking, ainsi qu'un « traitement paysager » manquant de qualité. Autrement dit, pas assez d'espaces verts prévus autour du futur O'Marché Frais.

« Ils savent qu'à la fin, on sortira vainqueurs. Mais en attendant, ils gagnent du temps, donc du fric. » L'élu fait ses calculs. Le Conseil d'État a un semestre pour statuer. Si feu vert il y a, dix-huit mois de travaux seront ensuite nécessaires. Voilà qui reporte encore d'au moins deux ans le dossier. Or, le chantier s'élevant à 30 millions d'euros, tout le monde a peur que l'investisseur ne finisse par se décourager.

Alors monsieur le maire écrit. Au président de la République. Au Premier ministre. Aux responsables du Grand-Paris. À Bercy aussi. Dans ses courriers, Philippe Rio pourrait mentionner le titre de « Meilleur Maire du monde » qu'il a obtenu en 2021 des mains de la City Mayors Foundation. Mais l'homme n'a pas été élevé de la sorte.

« Dans l'adversité, dit-il, on va y arriver. » Les collaborateurs sont habitués. « On va l'ouvrir, ce supermarché. »

Retour dans le bureau de l'édile. Nouveau dérangement. « Monsieur le maire ? C'est à propos du projet de cinéma. » Huit salles. Un immense laboratoire culturel. Des accords locaux déjà tissés avec les établissements scolaires pour des programmations spéciales toute l'année. « Deux concurrents lancent un recours. »

2

Les courses, les grammes, les prix et les virgules

Vigy (Moselle)

Depuis une trentaine d'années, le pouvoir d'achat des Français augmente en moyenne de 0,9 % par an. Mais la récente poussée inflationniste bouleverse les certitudes. Illustration dans l'atelier de couture d'une commune rurale de l'est de la France, où la connaissance des prix à la virgule près constitue une nouvelle norme sociale.

Elles pouffent de rire, on les entend d'en bas. Au premier étage de la salle socioculturelle de Vigy, petite commune en lisière de la forêt de Charlemagne, près de Metz, elles sont une dizaine à participer ce lundi après-midi d'automne 2022 au traditionnel atelier retouches-ourlets-broderie. Travaux « pour débutantes ou confirmées ». Toutes les semaines, on y parle plus qu'on ne coud, et de l'avis général, c'est très bien ainsi.

L'heure du goûter. Du café en poudre, une bûche glacée Viennetta vanille-chocolat. Beaucoup de bonne humeur. Quand la conversation glisse sur le pouvoir d'achat.

– Le vendeur bio sur le marché : 12,90 euros le kilo d'endives ! Vous vous rendez compte ?

– Pffff, lui, il a toujours été cher.

– Fini le marché. Moi, c'est supermarché uniquement. Je n'ai plus aucun problème à acheter la cagette de légumes presque pourris à 1 euro.

– Avant, on aurait laissé ça aux autres.

– Pareil pour les produits laitiers, ceux qui se périment bientôt. 20 % sur le pack de quatre yaourts. 1,40 euro.

– J'aurais jamais osé dire ça avant.

– Avant quoi ?

– Ben avant... tu vois bien, *avant tout ça*.

– J'ai vu, à la télé, le reportage sur les contenants qui rétrécissent. La part de Kiri, c'était 22 grammes. Maintenant, c'est 18 grammes.

– Tu te trompes. J'ai vu le reportage. C'est passé de 20 à 18 grammes.

– Et le PQ alors ! Celui de Lidl – je crois bien que c'est Lidl, attendez, j'ai un doute –, il est passé de 2,05 euros à 2,49 euros. Avant, il y avait 100 feuilles. Maintenant, c'est 90 feuilles.

– Ne prenez pas le rose, il file des hémorroïdes. (Rires.)

– Ma fille, quand elle est partie de la maison, j'ai dit : « On va faire des économies de PQ maintenant que tu n'es plus là. »

– T'exagères toujours, toi !

– Je rigole ! Mais... au bout du compte, on a quand même fait des économies.

– Moi, quand je fais le plein chez Leclerc, toutes les semaines je me demande ce que j'ai bien pu acheter en plus pour avoir une telle facture. Et pourtant, maintenant j'ai un garçon en moins à la maison.

– Méfie-toi des articles en tête de gondole. C'est les plus chers.

3

Mirages et promesses du supermarché « hyper-bas de gamme » le moins cher d'Europe

Thionville (Moselle)

C'est l'histoire d'une enseigne qui casse les prix au-delà de l'entendable. Elle est russe. Déjà présente chez nos voisins allemands, elle souhaite s'implanter en France, alors que la lutte pour le pouvoir d'achat s'accentue. Des élus locaux disent oui... Et puis la guerre en Ukraine éclate.

Dans le jargon, on appelle cela l'« hyper-bas de gamme ». Avec ce nom, les clients ont de quoi être effrayés ou tentés, c'est selon. Un supermarché d'un genre nouveau, « le moins cher d'Europe ». Logo jaune poussin, agressif. Il est russe et se nomme « Mere ».

La scène se passe quelques mois avant l'invasion de l'Ukraine. À Thionville, l'élu chargé du commerce reçoit un énigmatique coup de fil d'un « intermédiaire » d'origine estonienne-ukrainienne-russe, c'est peu clair. L'homme souhaite enraciner un nouveau type de supermarché qui casse « vraiment » les prix. La municipalité écoute avec attention. Le problème du pouvoir d'achat, qui peut le négliger, dire que tout a déjà été proposé ?

Année après année, le secteur du discount gobe des parts de marché, au point qu'on décline désormais des sous-familles : soft et hard discount.

En France, la barre des 10 % est déjà franchie. Fini le sentiment de honte au moment de passer à la caisse chez Lidl ou Netto. Même le chiquissime 7e arrondissement de Paris a son Aldi, coincé entre un restaurant japonais et un traiteur libanais.

Autre preuve implacable : la marque préférée des Français[1] est aujourd'hui le spécialiste néerlandais du bazar, Action. Implanté dans l'Hexagone depuis 2013, il compte désormais plus de 700 adresses. Le prix moyen des articles dans les rayons : 2 euros.

À Thionville donc, un rendez-vous tout ce qu'il y a de plus cordial est organisé avec cet interlocuteur qui parle un français approximatif. Face à lui : Thierry Ghelli, le monsieur commerce de l'hôtel de ville. Le protagoniste a choisi le lieu de son implantation : les locaux d'un concurrent, Leader Price, alors sur le point de déménager. « L'enseigne Lidl s'est embourgeoisée. Mere a toute sa place dans le low-cost », dit l'Estonien-Ukrainien-Russe.

Le bail est déjà signé. Les fiches de loyer vont bientôt partir.

« On change l'enseigne, un coup de peinture, c'est parti. »

Tout juste l'élu chargé du commerce à Thionville mentionne-t-il le parcours obligé, l'attention portée au permis de travaux ainsi que les normes PMR (personnes à mobilité réduite). L'intermédiaire hoche la tête.

1. Étude EY-Parthenon, 2023.

Avant de quitter la table, il garantit que les produits dans les rayons seront de bonne qualité, bien « sourcés », pour parler comme Michel-Édouard Leclerc.

Thionville fait alors partie des trois communes du Grand-Est « choisies » par le Russe Mere. Merci d'y voir un signe d'honneur, doit-on comprendre. Dans le communiqué de presse, outre les fautes d'orthographe, est aussi relevée cette intention : « Préserver considérablement le budget de nombreuses familles. » La phrase est rédigée quelques mois avant le début de l'offensive militaire russe. Relue aujourd'hui, elle a une saveur toute particulière. Qui tient le volant de cet étrange groupe « hyper-bas de gamme » ? Ne surtout pas espérer entrer en contact avec quiconque chez Mere. Pas d'adresse, pas de téléphone, aucune réponse aux mails pourtant envoyés en rafale.

*

Pour saisir la logique de ce modèle de supermarché « ultra-*ultra*-peu cher », direction Leipzig, en Allemagne, où l'enseigne est enracinée. L'agglomération d'un demi-million d'habitants, durement touchée par la désindustrialisation, est la cible parfaite pour le Russe qui a planté sa structure en périphérie, là où les magasins sont tous en tôle ondulée et les places de parking, disponibles à profusion vu le prix du foncier.

Parmi les premiers clients ce matin-là, un homme, la cinquantaine, crâne chauve, boucle d'oreille, doudoune bleue. Il avoue venir ici depuis qu'il est en arrêt maladie. « Je compose avec 400 euros de moins tous les mois, donc je compense comme je peux. » À côté, un retraité ouvre son coffre où sont exposées les victuailles du jour. Un sac de pommes de terre et un morceau de viande suremballé dans plusieurs couches de plastique. La viande en question pèse 1,109 kilo. Montant : 5,53 euros. « Pas mal, non ? » L'homme parle du prix, non de la qualité. La provenance du produit est incertaine. La date de péremption interpelle. Dans plusieurs semaines.

On entre à l'intérieur du magasin. Côté frais de personnel, difficile d'être plus économe : en tout et pour tout, deux salariés se relaient entre la caisse et les rayons.

Sur les étals, dix fois moins de références que dans un supermarché classique. Aucune marque connue. Le lait se prénomme « Sojus ». Il arbore une étoile rouge soviétique. La brique est à moins de 50 centimes.

Le salami (2,88 euros) est encore exposé dans les boîtes en carton d'origine. Le poulet congelé est à 2,13 euros. Le parmesan affiche 2,64 euros les 200 grammes.

Au rayon sucreries, une interlope marque de gâteaux créée en « 1543 » propose une gamme sursaturée en sucre.

Le pot de miel ? Composé à 90 % de sirop de glucose, emprisonné dans un contenant d'un litre tout en plastique, si fin qu'il ondule dès qu'on le touche.

La provenance des produits ? La Sibérie, pour un grand nombre des références trouvées ce jour. Mere fait commerce avec des enseignes russes au bord du gouffre financier. Quitte à changer au gré des déconvenues des uns et des autres. La pratique n'est pas nouvelle. Mais ici, la qualité des produits fait peur – pas besoin de lire la composition des recettes.

Près de l'entrée, trône en maître le vin italien *rosso*. 1,09 euro la bouteille. Sur l'étiquette, la peinture représentant un paysage qu'on imagine toscan est bâclée.

Pour ne pas parler du vin lui-même dont l'origine exacte n'est nulle part mentionnée.

À la caisse, on passe avec une boîte de 50 masques chirurgicaux, un paquet de gâteaux, du lait, du sucre, le fameux vin *rosso*. Facture globale : 9,44 euros. L'étape suivante nous amène à acheter les mêmes produits chez un concurrent, cette fois dans les sous-sols de la gare centrale de Leipzig. Le ticket de caisse indique 29,24 euros.

*

Chez 60 Millions de consommateurs, à Paris, on ne croit pas à l'ultra-low-cost. « Les consommateurs, dit Lionel Maugain, n'aiment pas qu'on leur rappelle qu'ils sont pauvres. Pas sûr que cette formule ait un grand avenir. »

À Thionville, Mere suscite tout de même une certaine attente. La municipalité a en tête les études qui s'accumulent sur le pouvoir d'achat des Français. L'autre jour, l'institut CSA a chiffré à 510 euros le montant mensuel qui leur manque « pour vivre de manière convenable ». Si ces mêmes Français, poursuit l'étude, pouvaient profiter de ce montant supplémentaire, ils le dédieraient aux dépenses du quotidien et à l'alimentation. Alors pourquoi ne pas laisser sa chance à Mere ? conviennent les élus.

Et puis Moscou attaque Kiev.

Malgré les premiers loyers déjà versés, le supermarché russe annule, à la dernière seconde, son ouverture. Les journaux locaux préfèrent écrire que la mairie a refusé l'implantation, par solidarité avec le peuple ukrainien. « Le contexte n'aide pas », confirme l'élu chargé du commerce.

Mais l'histoire n'est pas celle-là. Le mystérieux intermédiaire a tout simplement disparu. Avec lui, l'intégralité du projet. Même scénario à Pont-Sainte-Marie ainsi qu'à Sainte-Marguerite.

La mairie de Thionville cherche donc un autre interlocuteur à même d'étoffer l'« offre locale de hard discount ». Cette fois, l'expression « hyper-bas de gamme » n'est pas retenue.

DEUXIÈME PARTIE

LA SANTÉ, MAIS PAS POUR TOUS

La santé est l'un des piliers du contrat social français. Inestimable pilier. Sous la responsabilité des pouvoirs publics. On cotise, ils supervisent. Mais pas un étage de la machine qui ne soit en surchauffe. Les démissions, les alertes écarlates se succèdent. En réponse, des assises, des conventions, des grands plans... de l'avis général, aussi efficaces qu'un Spasfon en cas de hernie étranglée.

Les hôpitaux craquent. Les généralistes aussi. La désertification médicale ? Partout en France. Même dans le 18e arrondissement de Paris, où certains cabinets sont pris d'assaut dès le début d'après-midi au point qu'il faille faire la queue dehors.

Les acteurs du monde de la santé, qu'ils soient infirmiers ou ambulanciers, comblent les défaillances du système en jouant plusieurs rôles à la fois, au risque de tout envoyer balader quand la pression devient intenable.

Augmenter considérablement les budgets pour éviter que le modèle ne se lézarde est-il la solution ? Notre pays consacre 12 % de son PIB aux dépenses courantes de santé. Rien de grandiloquent, c'est dans la moyenne de nos voisins européens. Loin derrière les États-Unis qui flambent presque

20 % de leur richesse nationale pour un résultat incertain. Là-bas, la santé ressemble au Guide Michelin, *avec ou sans étoile ! Impossible en France ? Des centaines de médecins réfléchissent actuellement à se « déconventionner », c'est-à-dire à quitter purement et simplement la Sécurité sociale. Aux patients de payer, s'ils veulent être pris en charge.*

4

Le détective privé qui cherchait des médecins de campagne

Pleucadeuc (Morbihan)

Il a beau représenter le visage du système de santé à la française, le médecin de campagne apparaît de plus en plus comme une espèce en voie de disparition accélérée. Trop d'heures, trop de don de soi, dans des secteurs reculés qui n'attirent pas. Les autorités ont certes mis en place des aides pour inciter à l'installation. Mais les résultats sont mitigés. Alors un jour, en centre Bretagne, un maire a appelé au secours un détective privé, pour espérer trouver un docteur.

Acte I.

Le mois de décembre est souvent un mois à emmerdes. Celle qui tombe sur la commune de Pleucadeuc en cette fin 2013 alimente une certaine exaspération. Le médecin généraliste fout le camp. « Un débauchage », crie monsieur le maire. Même pas dix mois après son arrivée ! Un coup sur la tête de la petite ville connue dans toute la Bretagne pour son rassemblement annuel de jumeaux, mi-août, et qui peine à attirer le moindre personnel de santé. Le médecin généraliste déguerpit, c'est une haute trahison. Le voilà qui s'installe à trente minutes en voiture, près du faubourg médiéval de Josselin. « Il ne m'a même pas appelé », fulmine l'édile, Alain Launay.

Acte II.

La scène se déroule quelques années plus tard dans un restaurant. Un tête-à-tête entre le maire de Pleucadeuc et l'une des vedettes de la commune, Jean-Claude Le Badézet. L'homme, âgé d'une quarantaine d'années, est détective privé, son cabinet installé en centre-ville. Les riverains ne savent pas bien quoi penser de sa présence. L'édile, lui, entend en profiter.

Le maire, avant le dessert :

– Puisque tu arrives à retrouver des disparus, ne pourrais-tu pas nous trouver un généraliste ?

Le détective :

– OK, mais je fonctionne au résultat.

Le maire :

– Tu prends combien ?

Le détective :

– Deux mille cinq cents euros hors taxes. Trois mille TTC.

L'élu sait qu'avec la Convention médicale de 2016, un nouveau machin piloté depuis Paris et censé lutter contre les déserts médicaux, les praticiens peuvent toucher plus de 50 000 euros d'aides à l'installation dans les zones sous tension, c'est-à-dire presque partout. Mais l'opération est sans garantie de succès. Alors 3 000 euros de plus, ça vaut le coup de tenter, non ?

Acte III.

Pour formaliser le deal, une réunion est convoquée en mairie. Autour de la table : l'édile, deux de ses conseillers municipaux ainsi que le détective privé. L'investigateur, qui a laissé son imper au placard : « On ne va pas attirer un médecin avec une caravane ou un vieux local. » Audacieux, il propose de parier sur une « paire de docteurs ». « Pour mutualiser la charge de boulot. Parce qu'ils n'ont plus envie de bosser de 7 heures à 23 heures et qu'ils exigent des horaires de bureau et une secrétaire. »

Les conseillers écoutent. Monsieur le maire valide le diagnostic. Lui-même en connaît un rayon en matière de désert médical, mais refuse de tirer la couette à lui.

Le détective poursuit sur sa lancée. « Donnez-moi un peu de temps. » Comme un écho lointain, le chiffre de « six mois » résonne dans la pièce. « Je m'engage à ce que le médecin parle bien français et n'ait aucun antécédent judiciaire. » Ainsi prend fin la conversation.

Reste une dernière formalité à entreprendre : une délibération municipale, afin d'acter le « contrat de mission » envoyé ensuite pour signature en double exemplaire au bureau du détective, avenue de Paris, sur la D774, à quelques mètres de l'église.

Ce que la municipalité n'arrive pas à obtenir – un médecin généraliste –, le détective va-t-il le décrocher ?

Acte IV.

Pour parvenir à ses fins, le professionnel déclenche ce qu'il nomme « un efficace bouche-à-oreille ». La bouche du détective, les oreilles des proches. Afin d'élargir son audience, il rédige textes et annonces sur plusieurs forums en ligne. Des pistes. Des hameçons. Le reste est « secret ». Dans la poche du détective-qui-parle-comme-un-ministre-de-la-Santé, des cartes de visite vert clair distribuées à quiconque pourrait permettre de trouver la perle rare. « ABC Investigations, Groupe Indicia », est-il écrit sur le carton.

Pour chercher un médecin comme pour débusquer un amant volage, les règles sont immuables : « Jamais de coup de fil tôt le matin auprès de mes interlocuteurs. Rien avant 10 h 30. Et on ne salope jamais une sieste non plus. » Certains jours sont sanctuarisés. « Le lundi, interdiction de solliciter quiconque. » Privilégier les fins de semaine. « Le jeudi et vendredi. »

Jean-Claude Le Badézet a appris ces méthodes à l'Institut de formation des agents de recherches de Montpellier. Diplôme décroché en 2002. La préfecture, qui a inspecté son casier judiciaire – vide – et réalisé une enquête administrative, a ensuite donné son autorisation pour qu'il s'installe.

Afin de répondre à la demande de Pleucadeuc, après plusieurs semaines, une très short-list est constituée. Elle présente les noms de deux médecins. Ils se disent intéressés. « Très rapidement, j'en retire un. Parce qu'il ne me paraît pas, au sens premier du terme, très équilibré. Je ne le sens pas. »

Le profil du second dégage « quelque chose de solide ». À l'aise avec son statut improvisé de recruteur de l'État, le détective est sûr de son fait, lui qui, habituellement, grenouille autour d'adultères, de gardes d'enfants et de victimes de piratages informatiques.

Il fait donc visiter le bourg au docteur. Ce dernier paraît emballé. Le privé, outrepassant ses prérogatives, réfléchit au « cadre d'activité ». « Ça vous plairait une secrétaire médicale, qui pourrait être payée avec l'argent de la commune ? » Promis, il va en parler avec monsieur le maire.

Aux yeux des habitants de Pleucadeuc, l'installation du praticien se transforme rapidement en victoire, de celles qui se résument en une phrase : « On a gagné un médecin. »

Acte V.

Plusieurs mois passent, jusqu'à la tenue du congrès annuel des maires du Morbihan. Devant ses confrères, le maire de Pleucadeuc fait la publicité du détective privé qui se retrouve inondé d'appels d'élus bretons. Chacun formule sa propre liste de courses. Il faut dénicher un psychologue, un dentiste, un orthoptiste...

Au nom des futurs recrutés, le détective monnaie parfois « six mois de loyer pris en charge par la commune », puis « six mois de loyer modéré ». À chaque fois, le même argument : « Un médecin généraliste dans un cabinet, c'est l'assurance que d'autres professions médicales annexes vont s'installer à côté. »

Acte VI.

À Pleucadeuc, la greffe avec le docteur nouvellement installé n'est que de courte durée. Au bout d'un an, le médecin quitte la commune. Divorce par consentement mutuel. « Il était bon mais un peu caractériel », se rappelle monsieur le maire.

Lors du conseil municipal qui suit, l'édile prend soin d'expliquer qu'un détective ne sauvera pas le système de santé local, que les efforts vont devoir être redoublés. « Aujourd'hui, la santé est le premier service demandé par nos administrés ! Ce n'est pas la voirie, ni l'école. C'est le médecin. Il faut que ça devienne notre priorité à tous. »

*

Pendant ce temps, le détective poursuit ses emplettes. Fin 2022, il nous assure avoir trouvé « une vingtaine de postes de personnel médical » dans tout le Morbihan. Dans certaines communes, il demande 1 800 euros pour les recherches. Montant doublé si la pépite est trouvée.

Il dit tomber parfois sur des profils « incitant à la prudence ». Plusieurs praticiens ayant reçu l'interdiction d'exercer par l'Ordre des médecins « s'installent loin, dans de petits villages, pour poursuivre une activité de la plus illégale des manières. Or, un docteur qui traverse la France, on lui ouvre les portes sans poser de questions. » Lui en pose. Il est payé pour cela.

Afin de l'aider dans ses recherches, un vieux copain qu'on imagine haut placé ouvre, à sa demande, le fichier d'auteurs d'infractions sexuelles ou violentes. « Il m'est arrivé, une fois, de tomber sur un médecin accusé d'attouchements sur mineurs et qui exerçait toujours, alors qu'il était officiellement radié. » Dans un autre dossier, il affirme avoir débusqué un professionnel pratiquant « des actes de maltraitance sur des personnes âgées très fragiles ».

En plus de filtrer les cas suspects, le détective se révèle aussi expert géographe. « Dans certaines zones situées en centre Bretagne, vous pouvez proposer tout ce que vous voulez, les médecins ne viendront jamais ! »

Parce qu'ils recherchent le calme, la vue, la carte postale. « À plus d'une heure de la mer, aucun ne lève le doigt. »

*

Autre difficulté, la volatilité des médecins. Ils sont un certain nombre à pratiquer des sauts de puce, avec un art consommé. Quitte à cumuler parfois les aides financières.

Une femme d'origine roumaine, inscrite à l'Ordre des médecins depuis 2015, a ainsi enregistré trois installations en trois ans. Côtes-d'Armor, Finistère, Morbihan. Le Grand Chelem. Le patron départemental de la Caisse primaire d'assurance maladie se désole, impuissant : « Elle exerce une profession libérale. Elle a le droit de s'installer où elle veut et de partir quand elle veut. C'est le côté archaïque de l'installation médicale en France[1]. » La dernière mairie à lui avoir ouvert ses portes a fait les choses en grand : un local offert au sein du pôle médical, la prise en charge du loyer pour le logement personnel du médecin durant un an, une avance de 6 000 euros pour l'achat de divers matériels. Autant d'avantages dont la médecin a profité avant d'annoncer tout abandonner.

Si ces pratiques, marginales, prospèrent, c'est avant tout parce qu'on est prêt à tout pour « décrocher un docteur ». En France, l'accès aux soins relève du Loto. Dans le Cher, faute de praticiens, un habitant consulte deux fois moins son médecin généraliste qu'en Gironde. Autre exemple : dans les Pyrénées-Atlantiques, on compte 28,4 cardiologues pour 100 000 habitants. Le chiffre plonge à 1,3 dans l'Ariège[2].

1. *Ouest-France*, édition Morbihan, 1er février 2018.
2. Observatoire des territoires, BPE, 2020.

La santé, mais pas pour tous

Vingt ans que les ministres de la santé successifs lancent des plans, des promesses, des cette-fois-on-va-mettre-un-terme-aux-déserts-médicaux. Vingt ans de flottements. Et aujourd'hui, 6 millions de Français n'ont pas de médecin traitant. Qui peut encore parler d'égal accès aux soins ?

5

Quand les docteurs quittent la Sécu

François (Deux-Sèvres), La Garenne-Colombe (Hauts-de-Seine) et Paris (Île-de-France)

Ils sont déjà près de 1 000 praticiens à avoir tourné le dos à la Sécurité sociale. Sur leur plaque est désormais écrit : « Médecin non conventionné ». Ils sont libres, donc, de fixer leurs propres honoraires. Les patients acceptent, malgré eux, cette médecine à deux vitesses, faute de rendez-vous ailleurs.

La salle d'attente pourrait être celle d'un spa. Un petit bonsaï sur la table basse. Deux canapés moelleux, l'un face à l'autre, mais de toute façon on n'attend jamais, ici. Les patients, c'est un par demi-heure – le grand luxe.

Près de la porte d'entrée, deux hiboux dorés encadrent une affiche comportant les tarifs du praticien.

Consultation : 55 euros.

Visite à domicile : 73 à 99 euros.

Échographie abdomino-pelvienne : 104 euros.

Cryochirurgie (verrues, kératose) : 60 à 120 euros.

Suit un petit texte explicatif : « Le montant des honoraires doit être déterminé avec tact et mesure conformément à l'article 53 du Code de déontologie médicale. »

Ici, les rendez-vous sont délivrés de 9 heures à 14 heures uniquement.

Une enseignante se glisse dans la salle d'attente. Personne autour d'elle.

Elle a cinq minutes d'avance sur l'horaire. Elle est venue en voiture depuis La Crèche, la commune voisine. Avant de tenter sa chance avec le docteur Bruno Paliard, la professeure a contacté sept médecins dans quatre cabinets différents. À chacun, au téléphone, elle disait qu'elle était « très malade ». Eux répondaient qu'ils étaient « très désolés ».

Sur Doctolib, elle est tombée sur ce médecin. Plusieurs créneaux disponibles. Attention, c'est écrit en tout petit, le généraliste Paliard est « non conventionné ». Hors du cadre de la Sécurité sociale. Pas de remboursement, donc. Enfin si, il y a bien un petit coup de pouce, de l'ordre du symbolique : 61 centimes, alloués par l'Assurance maladie. Sur cette base, de charitables mutuelles offriront quelques euros supplémentaires. Très rares sont celles qui poussent la générosité jusqu'à verser une somme dépassant les 10 euros.

*

Pour l'heure, le docteur Paliard finit d'ausculter une autre patiente, la trentaine, tee-shirt et baskets, tatouages sur le bras. Le médecin lui parle doucement, ton presque monocorde, jamais énervé, pas pressé. On regarde les oreilles, les articulations du pied, les yeux aussi. Un « check-up ».

Il y a également l'attestation à remplir pour le club de MMA. « C'est le sport où on se fout sur la gueule ? » demande le docteur.

Trente-cinq minutes d'examen. Une ordonnance. Les traitements prescrits sont remboursés, comme avec un médecin conventionné.

« Je fais des efforts ailleurs, justifie la jeune femme, au moment de sortir la carte bleue pour régler les 55 euros. C'est ma santé. Ça a une certaine valeur. » Avant de trouver le docteur Paliard, elle a appelé sept de ses confrères, espérant obtenir un créneau. Sans succès. La faute au désert médical. Niort, la capitale de France des mutuelles, n'est pourtant qu'à quelques kilomètres. Maif, Maaf, Macif, Smacl...

Au moment d'empoigner l'ordonnance, la patiente, pas même résignée : « Ma mutuelle ne me verse rien quand je viens ici. »

Gêné de grever le budget de ses patients, dont beaucoup appartiennent à la famille de plus en plus recomposée des classes moyennes ? Le médecin répond : « Ceux qui viennent reviennent. » Un sourire. Puis : « J'ai promis dans mon serment d'Hippocrate de m'occuper avec attention de chacun de mes patients, pas de gérer les modalités de remboursement de la Sécu. »

*

Quand il se lance dans l'exercice de son métier, le docteur Paliard choisit son village natal, près de Grenoble ; « après presque une décennie d'études et 200 000 francs de dette étudiante ». Il se remémore très distinctement la première patiente reçue dans son cabinet, au rez-de-chaussée, celui avec les vitres teintées. Durant toute la consultation, cette question en forme d'obsession : « Comment est-elle arrivée jusqu'ici ? » L'impression de vivre un rêve éveillé. Presque un miracle. « Ma patientèle. » Le mot lui donne des frissons.

Très vite les frissons se transforment en tension. Le quotidien coloré en gris. Les journées de travail qui commencent aux aurores, s'achèvent quand les films du soir ont déjà commencé à la télé. « Et en plus, je me tape des gardes aux urgences. » Il dit aussi : « On passe notre temps à expliquer à nos patients que leurs vies ont de l'importance. Et nous, on s'oublie. »

Il siège comme secrétaire général au conseil départemental de l'Ordre des médecins. Plusieurs confrères sont au bord du *burn-out*. « À l'époque déjà, on affiche un taux de suicide supérieur à celui de l'entreprise Orange. »

Des réunions enflammées sont organisées pour réclamer une revalorisation des actes. « Vous allez chez le coiffeur, c'est 25 euros la coupe. On se sent dévalorisés, on est en colère. »

Le plus « cruel » pour le docteur Paliard ? Les visites à domicile. « Celui qui répare les lave-linge facture deux fois le montant que je demande aux malades. » Comme pour clouter sa démonstration, il livre une autre comparaison, ça sort tout seul : « Votre chien doit se faire réparer la hanche chez le véto : 700 euros. »

*

Arrive alors ce que le médecin n'avait pas prévu : son corps lâche. Sciatique paralysante. Opération. Une cicatrice longue d'une dizaine de centimètres. Plusieurs semaines sur une chaise roulante. « J'allais crever si je continuais. » Il part exercer en Suisse. « Là-bas, vous êtes presque payé à la minute. Vous avez intérêt à prendre du temps avec chaque patient. » S'ensuit une rencontre amoureuse, qui le voit choisir Niort.

Grande maison moderne avec piscine, palmiers dehors, rivière en contrebas du jardin. Le cabinet est installé dans une ancienne salle de bains, au rez-de-chaussée.

Le docteur joint la Caisse d'assurance maladie. C'est décidé. Il claque la porte. L'administration ? Indifférente. Il aurait aimé un peu de sentiments.

« Pendant des années, j'ai entendu la même menace : si vous pratiquez des dépassements d'honoraires, on va vous déconventionner. Eh bien moi, je fais un truc de dingue. Comme Bruce Willis le sauveur qui, sans prévenir, tuerait des otages : je me barre. »

Le praticien passe de 2 000 à 300 patients. Il ausculte le matin, remplit des papiers l'après-midi. Deux ou trois visites à domicile par jour, en cas de nécessité. Bien que déconventionné, il accepte d'être médecin traitant, « parce que beaucoup me le demandent ». Pas le choix. La pénurie.

Ses revenus ressemblent à ceux d'avant. Mais les semaines, elles, sont deux fois plus légères. Le docteur Paliard jette parfois un coup d'œil sur les grilles de revenus des condisciples, au détour d'un dossier « Spécial santé en danger » dans les magazines type *Le Point* ou *Challenge*.

Généraliste : 7 640 euros/mois.
Rhumatologue : 8 215 euros/mois.
Cardiologue : 13 797 euros/mois.
Radiothérapeute : 34 710 euros/mois[1].

Au volant de sa Porsche Cayenne – « un cadeau de ma femme » –, en route pour une visite à domicile

1. Drees, *Études et résultats*, n° 1223, mars 2022.

– la seule de la journée –, il dit : « Les gars bossent soixante-dix heures. Ils n'en profiteront pas, de leur fric. Ils vont crever d'un arrêt cardiaque. »

La France des médecins ressemble plus que jamais au monde du football : ligue professionnelle, classement, relégation.

Le secteur 1 compte 80 032 médecins généralistes et spécialistes conventionnés.

Le secteur 2 recense 31 349 praticiens réalisant des dépassements d'honoraires encadrés par la Sécurité sociale.

Le secteur 3, la ligue des « déconventionnés », est composé, pour l'heure, de 796 médecins[1] dont une écrasante majorité de généralistes. « Ils regroupent 0,7 % de l'ensemble des médecins libéraux en France », tempère la direction de l'Assurance maladie. « Ils n'ont pas signé la convention médicale. » Mais le mercato est intense.

*

À La Garenne-Colombes, le docteur Rose est installé comme rhumatologue dans un « centre de soins » hébergeant une dizaine de professionnels. « Médecin non conventionné », c'est écrit sur la plaque collée au mur. Signalé aussi sur les ordonnances. Presque une fierté.

Tarifs :

75 euros la première consultation.

60 euros ensuite.

1. Décompte fourni à l'auteur par la Caisse d'assurance maladie en mars 2023.

«Je suis déconventionné, parce que j'ai fait un *burn-out* », résume d'un souffle le rhumatologue.

Longtemps, dans sa vie d'avant, il a accepté « quarante patients par jour ». Le matin à l'hôpital, l'après-midi au cabinet. Des bouffées d'angoisse l'envahissaient lors de la pause déjeuner.

Aujourd'hui il pratique sur un territoire, l'Ouest parisien, plutôt CSP +, mais lui aussi touché par le manque de professionnels de santé. Les médecins ne courent plus après les villes à gros porte-monnaie. Ils ne courent plus du tout.

La salle de consultation du docteur Rose est étriquée, recouverte d'affiches et objets à l'effigie du rugby. Quotidiennement, une vingtaine de patients reçus, pas plus.

Tous acceptent l'idée de ne pas être remboursés. « C'est très rare mais si je tombe sur quelqu'un qui n'est pas d'accord, il peut disposer et je garde l'ordonnance. Je lui dis : “Bon courage pour trouver un rendez-vous en secteur 1 ou 2. Minimum trois mois d'attente.” Et si je suis énervé, alors je lui dis : “Allez à l'hôpital. C'est un an pour décrocher un créneau.” »

Le docteur Rose livre un diagnostic général qui ne souffre aucune nuance : « C'est la faute de l'État. » Le voilà qui empoigne un dossier précieusement conservé dans ses archives. Sur des dizaines de feuilles, un état des lieux de la santé tricolore en chiffres. Il en extirpe deux. « À la fin des années 1960, il y avait 12 000 médecins formés chaque année dans notre pays. À la fin de mon cursus, quand je suis sorti, nous étions 5 000. Un enfant de 5 ans comprend le problème. »

Le *numerus clausus* a depuis été relevé. « Pas suffisant, râle le docteur Rose. Pendant trente ans, on a oublié de former des médecins. Maintenant, on oublie de les payer. »

*

Combien de praticiens envisagent de fuir la Sécurité sociale pour appliquer des honoraires libres, sans contrainte, à la charge des patients ? Combien agitent la menace pour faire trembler l'administration ?

Un indice perce en ce week-end de mars 2023. Pour la première fois en France sont organisées les « Assises du déconventionnement ». Ils sont 700 médecins dans cette salle parisienne de la Cité internationale universitaire. Un millier, connectés en ligne, d'après l'organisateur, l'Union française pour une médecine libre (UFML). Le patron de ce syndicat, Jérôme Marty, parle d'un moment fondateur, il fait fuiter des images de la salle pleine à craquer. Lui, à la tribune, veste en velours sur fond noir : « On est en train d'écrire l'histoire. » Coup de pression à destination du ministère de la Santé qui, depuis des mois, des années – dans la salle, plus grand monde ne sait –, bloque les négociations sur les revalorisations des actes médicaux.

Ici, personne pour parler de médecine à deux vitesses. Installés à l'étranger, plusieurs praticiens sont invités à prendre la parole. L'un d'eux, domicilié en Suisse, brandit ses tarifs : « 100 euros la consultation. » La salle applaudit.

C'est ensuite au tour d'un docteur expatrié à New York. Il décrit ses journées : « 9 heures-17 heures. » À l'entendre, presque une promenade de santé. Ses revenus ? « 150 000 euros net par an. » Les applaudissements redoublent.

En coulisse, Jérôme Marty jubile. Il a déjà contacté des économistes, des juristes. Une adresse internet a été lancée : deconventionnement.fr.

Le mouvement va prendre de l'ampleur, le système va se rompre, le docteur Marty en est certain. « Un mal pour un bien. » Depuis le temps qu'on décrit le modèle français de la santé au bord du précipice. Il est, pense-t-il, celui qui pourrait donner le coup de pied fatal. « Si, dans chaque département, 20 % des médecins déposent une promesse de déconventionnement, on considère que le territoire est tombé. » C'est la guerre.

*

Quelques jours plus tard, dans son cabinet situé au pied de Montmartre, la patronne d'un autre syndicat de médecins s'étouffe. « On va soigner les riches d'un côté, les pauvres de l'autre. » Agnès Giannotti est à la tête de l'organisme MG France (Fédération française des médecins généralistes). Chaque semaine, elle poursuit son activité de généraliste dans le quartier de la Goutte-d'Or. Son installation remonte à 1990, dans cette zone prioritaire où les docteurs manquent plus cruellement encore qu'ailleurs. Le désert médical à côté du Sacré-Cœur. Au même titre que dans la Creuse.

N'a-t-on pas déjà entendu mille fois que le système tricolore allait subir un écroulement ? « Cette fois, oui », jure le docteur Giannotti qui s'exprime – c'est troublant – en reprenant les éléments de langage des politologues quand ils décryptent les résultats de l'extrême droite les lendemains de soirées électorales. « Je comprends mes collègues qui sont tentés. Quand on traverse une crise, on va vers les extrêmes. » Ici, ce n'est pas Marine Le Pen, le danger ; c'est la sortie de la Sécu.

« La crise des urgences a eu lieu parce que les urgentistes ont fui, explique-t-elle. La crise des pédiatres a eu lieu parce que les pédiatres ont fui. Si les médecins généralistes fuient, le système s'écroule. »

Chez elle, la consultation est à 25 euros. Pas de rendez-vous requis, viennent ici ceux qui ont le plus besoin. Plus de 80 % sont d'origine africaine.

« À qui le tour ? » interroge Agnès Giannotti, devant la porte de son bureau. Le cabinet est ouvert depuis moins d'une heure. Dans la salle, ils sont quatorze à patienter, trois bataillent pour passer en premier. D'autres, encore, attendent déjà dehors.

6

L'infirmière qui travaillait 365 jours par an

Houdan (Yvelines)

Soigner à domicile ceux qui ne doivent absolument pas encombrer les hôpitaux, maintenir le lien social, échanger avec des personnes âgées qui, sinon, ne prononceraient aucune parole de toute la journée, jouer parfois à l'assistante sociale, à la livreuse de médicaments... Et tant pis si les journées des infirmières libérales durent douze heures, week-end compris.

Sa collègue lui avait dit : « Prends ton temps, tu viens d'avoir un nouvel enfant. » Le quatrième. Apoline Mendy avait donc prolongé son congé maternité. L'infirmière pensait que la reprise serait tendue, la parenthèse profitable. « Je vais prendre des forces. »

Juin 2020, la première vague de Covid est passée, les autres ne vont pas tarder à débouler. Il faut redémarrer.

Dans la petite ville de Houdan, où Apoline exerce sa profession d'infirmière à domicile, la mère de famille sait qu'elle va devoir reprendre l'habitude d'avaler des kilomètres. Jusqu'à 150 en une journée. « Quand un patient m'appelle, même si je ne connais pas le lieu exact où il se trouve, je réponds oui par principe, je ne sais pas dire non. Puis je me rends compte que c'est très loin. » Houdan est un désert médical. « Mais où en France n'y a-t-il pas de désert médical ? » interroge l'infirmière.

Tout juste a-t-elle recommencé son travail qu'Apoline perd son mari, des suites d'une longue maladie. Le boulot prend le dessus. « Besoin de m'occuper l'esprit. » Les rendez-vous s'accumulent. Le téléphone sonne dès 6 heures du matin. « C'est vous que je veux », disent certains, trop heureux d'avoir retrouvé leur infirmière, et refusant de la perdre à nouveau. « Elle ne compte pas ses heures, elle parle tout le temps, elle s'intéresse à moi », explique, devant sa bienfaitrice, ce grand-père, au premier étage d'une résidence moderne. Il souffre d'un œdème à la jambe. Les soins sont lourds. Apoline multiplie les blagues. Lui, collé à sa chaise, éclairé par la lumière du jour, rit de bon cœur. « Allez, on se motive ! » On ne sait plus à qui parle l'infirmière.

La collègue de cabinet d'Apoline, celle qui lui avait conseillé de prendre du temps pour elle, plie bagage. « Bordeaux. » Un mot. C'est fini. Deux remplaçantes sont testées. La première tient quelques jours. « Elle est partie pour l'enterrement de sa grand-mère, dans le Sud. Elle n'est jamais revenue. » La seconde tentative n'est pas un succès non plus.

Alors Apoline travaille du lundi au dimanche. « Le libéral, pour moi qui viens de l'hôpital, théoriquement, c'était l'eldorado, mais là... » En voiture, elle manque une fois finir dans le fossé et s'impose, l'instant d'après, une sieste. Cinq minutes, la tête sur le volant. Impossible de lâcher prise une minute de plus. Elle se sent coupable. Les patients vont attendre. Les prochains sont à 20 kilomètres.

Satanés kilomètres. Qui bouffent le budget et l'énergie personnelle. Parfois deux pleins sont nécessaires dans la semaine. Apoline passe d'une Volkswagen à une Mini, puis c'est une Renault Kadjar. Des aides kilométriques sont octroyées par l'État. Bien. Pas suffisant. Aujourd'hui, Apoline roule en véhicule électrique. Qui lui sert aussi de salle à manger. Puisqu'elle grignote au volant. Faute de pause repas salvatrice.

Ses premières visites commencent à 7 h 30. Les dernières finissent en même temps que le journal de 20 heures, que regardent les nombreuses personnes âgées auxquelles Apoline dispense pansements et piqûres. Une vingtaine de patients par jour. Sans prendre un week-end, sans poser la moindre semaine de vacances. Un an à ce rythme.

La mère d'Apoline a dû quitter les Landes, où elle vivait, afin de s'installer dans la maison de sa fille, pour l'épauler, aller chercher les enfants à l'école, gérer la maison...

*

Houdan, une charmante ville structurée autour de quelques commerces de proximité, du calme, à quarante minutes de Paris, la formule « marché & clocher ». Manque juste un système de santé.

Ici, « trois médecins ont raccroché en un an ». Autour, le constat est semblable. Le bassin houdanais compte seulement 9 généralistes pour 40 000 habitants quand la moyenne est de 64 en Provence-Alpes-Côte d'Azur[1]. L'antenne locale de l'UFC-Que choisir parle d'« accès déplorable aux soins sur le territoire ».

1. Rapport de la Commission des affaires sociales sur l'urgence contre la désertification médicale, janvier 2022.

L'Association de défense des consommateurs, qui – changement d'époque – surveille désormais autant la santé que les rayons des supermarchés, a même créé une carte interactive en matière de friches médicales. Houdan est en zone rouge. « Fracture sanitaire. » « Dans un rayon de trente minutes, vous avez un accès difficile aux médecins généralistes quel que soit leur tarif[1]. » Sur la carte, presque tout est rouge.

L'UFC dénonce des dépassements d'honoraires « devenus la règle ». Sans oublier la mauvaise répartition des professionnels de santé, qui est régie par autre chose que le bon sens.

Pourquoi en Haute-Corse les infirmières libérales sont 471,5 pour 100 000 habitants quand dans les Hauts-de-Seine, il n'y en a que 52,3 pour 100 000 habitants ?

*

Alors qu'une nouvelle vague de Covid frappe l'Hexagone, Apoline passe beaucoup de temps au domicile d'une femme avec une plaie « de la taille d'un boulet ». L'infirmière libérale cache difficilement son inquiétude. Nous sommes en décembre. Le médecin généraliste propose un rendez-vous en février. Au téléphone, la secrétaire du dermato le plus proche – « disons plutôt le moins loin » – propose, elle, le 20 mars. « C'est une urgence, proteste l'infirmière, et personne n'en veut. » Insupportable sur-place, où les infirmières, pas plus que les autres professionnels de santé, ne sont en capacité de faire jouer le moindre coupe-file.

1. Étude UFC-Que choisir, « Alerte et mobilisation face à la carte de la fracture sanitaire », novembre 2022.

Un autre cas inquiète Apoline. Une personne âgée de 85 ans, souffrant d'hypertension. « Venez la voir ce soir, elle ne souhaite que vous », implore sa fille, mélangeant dans une même phrase ordre et politesse. C'est un dimanche, Apoline souffle enfin sur son canapé, sans rien faire d'autre que se reposer, elle qui vient, miracle, de trouver une collègue l'assistant ponctuellement dans ses tournées. « J'arrive », répond-elle au téléphone. Parce qu'elle est attachée à cette vieille dame à la santé fragile, parce que c'est comme ça.

Une fois Apoline arrivée chez la patiente, celle-ci pointe son thorax. « J'ai mal là. C'est peut-être à cause des cerises que je suis allée ramasser. » Apoline craint un problème cardiaque. « Je doute. Ça me ronge. » Elle veut appeler les secours. La patiente refuse. Une heure de discussion pour la convaincre. 20 heures, les pompiers embarquent la grand-mère vers les urgences les plus proches, à une vingtaine de kilomètres. Le lendemain, nouveau coup de fil de la fille : « Maman est déjà rentrée. » Apoline repasse derechef au domicile. Le compte rendu de l'hôpital mentionne une « douleur ombilicale ». « Le nombril ? Qu'est-ce que ça a à voir avec le nombril ? » La voix grave d'Apoline résonne dans la pièce. « Et même pas d'électrocardiogramme. »

La grand-mère meurt quelques heures plus tard. Erreur de diagnostic ? « Trop facile de faire des procès après coup », pondère l'infirmière qui, sur le coup, plutôt que de taper sur les autres, tape sur elle-même. « J'aurais dû... » Des semaines durant, c'est abrasif, elle ne peut s'empêcher de remettre en cause son propre travail. Quelques mois plus tard, elle a ce recul-ci : « Je m'en voulais, mais j'étais la seule à m'en vouloir. »

Depuis, à ses patients, les plus âgés, les plus polis, ceux qui ne veulent pas déranger, ceux qui n'osent pas, qui n'ont pas été élevés comme ça, l'infirmière libérale de Houdan conseille ceci : « Si vous n'arrivez pas aux urgences en disant que vous allez mourir, c'est foutu. » Même méthode pour les antidouleurs, si vous êtes sur un brancard. « Réclamez, il faut que ça crie, qu'on entende votre voix très fort. »

*

Apoline gagne, en moyenne, 3 000 euros net tous les mois. Si elle respectait les règles administratives et la paperasse inhérentes à son métier, elle pourrait toucher davantage. Beaucoup de patients l'interpellent : « On ne vous voit pas sur les feuilles de remboursement ! » Le week-end, tard le soir, Apoline oublie de remplir certains formulaires en ligne, les scanners des ordonnances, la description des soins.

3,15 euros l'injection sous cutanée.

8,57 euros la prise de sang – déplacement jusqu'au labo inclus.

La tarification à l'activité n'est pas seulement une grammaire employée dans les hôpitaux. Les infirmières à domicile sont contraintes au même exercice. Or, Apoline passe parfois quarante-cinq minutes chez son patient qui souffre d'un œdème à la jambe, celui qui adore être bousculé par les blagues de l'infirmière. Ce jour-là, allongé sur un fauteuil, devant la fenêtre, il réclame mille attentions. Apoline multiplie les éclats de rire. Dans la cuisine, elle chuchote : « Il a besoin de rigolade. » Trois quarts d'heure de soins, et elle doit encore aider le patient à enfiler des chaussettes de contention. Comme la majorité de ses consœurs, Apoline ne cherche pas à facturer ce dernier acte, « qui n'est même pas répertorié, de toute façon ». Nouvel éclat de rire. Pas facturés non plus, ces moments où, chez des patients, Apoline sort les poubelles, aide pour le paiement d'une facture en ligne, remplit une déclaration d'impôts, court au supermarché acheter des croquettes pour le chat d'une mamie qui n'arrive plus à bouger de son fauteuil.

*

Dans la commune de Houdan, durant le printemps 2022, pour faire face au « désert médical », la ville a installé une cabine de télémédecine. Ouverte de 9 heures à 12 heures, puis de 13 h 30 à 17 heures. Quand un patient malade s'installe devant l'écran, il peut dialoguer à distance avec l'un des presque 200 médecins généralistes rattachés au dispositif. L'autre fois, un riverain a cru que le dispositif servait pour des rencontres amoureuses.

7

Heureusement, il y a encore des ambulances

Vernon (Eure)

La crise du modèle français de santé touche toutes les professions. Y compris les transporteurs ambulanciers. Leur valeur ajoutée est essentielle, eux qui permettent aux malades d'accéder au parcours de soins. Mais dans ce secteur qui, comme tant d'autres, manque de bras, le tri des patients se révèle un casse-tête sans nom. Il y a ceux qui comptent sur le système et en abusent, et les autres, bien trop polis pour déranger.

Une pénurie d'essence frappe la France en cet automne 2022. Et ça commence à taper sur les nerfs de cette jeune ambulancière, qui s'apprête à récupérer son véhicule sur les bords de Seine. Sac à dos bleu et noir, le logo de son employeur « Ambulances vernonnaises » bien mis en évidence, elle s'assied au volant. « Et bam ! Il reste seulement deux barres. » L'ambulancière effectue quotidiennement jusqu'à quatre trajets aller-retour vers Paris ou Rouen. Heureusement qu'il y a encore des autoroutes pour traverser les déserts médicaux.

L'ambulancière, chignon relevé, dodeline de la tête. « Je vais pas tenir. » Elle parle de son véhicule. La veille, à la station essence, des quotas ont restreint deux de ses collègues. Trente litres chacun. « On fait quoi ? » L'ambulancière fonce à l'accueil de l'entreprise, où deux standardistes, micro et casque sur les oreilles, listent les urgences du matin. Devant elles, pour tenir, une boîte de caramels Quality Street. Histoire de calmer ce qui peut l'être. Ça sonne dans tous les sens. Les urgences les plus saillantes en premier.

Sur son écran, l'une des réceptionnistes surveille les véhicules déjà partis. Plusieurs sont coincés dans les embouteillages, autour de l'avenue de Paris, dans le centre-ville de Vernon, cette commune « populaire et bourgeoise » comme la décrivent les agences immobilières du coin.

Les ambulances, ici comme dans beaucoup de départements français, jouent au pansement. « Ça déborde », résume un chauffeur sur le point d'abandonner son métier. Et c'est inquiétant.

De l'autre côté du comptoir, Marine Monville, la patronne des lieux. Cheveux raides, doudoune verte sur pull en laine crème, on la croirait sortie d'un cabinet d'avocats. Elle cornaque une vingtaine d'ambulances. Matin, midi, soir et nuit désormais.

Trop de demandes, il faut prioriser. Les deux réceptionnistes écoutent la patronne qui soigne ses mots : « La pénurie d'essence rend notre activité un petit peu plus compliquée que d'habitude. » Une des réceptionnistes offre un second refrain : « C'est déjà tellement tendu quand les véhicules sont pleins d'essence... Aujourd'hui c'est le méga-bordel. »

*

À bien y regarder, la première source de tension pour les ambulanciers, bien qu'ici, pudiquement, personne n'ait l'outrecuidance de formuler les choses ainsi, ce sont les patients. Une « certaine catégorie » d'entre eux. Ceux qui « abusent ».

Ils attendent que la journée de travail soit passée et, le vendredi soir, réclament *illico* un transport vers les urgences hospitalières. « Ou alors le lundi matin, après le confort du week-end. » D'autres oublient la case « médecin traitant » et joignent le 15 pour un problème de gastro. « J'ai 70 ans, faites quelque chose. » À l'autre bout du fil, le médecin ou l'ambulancier régulateur tranche du mieux qu'il peut. « On reconnaît ceux qui appellent toutes les semaines. On apprend à dire : *non*. Avec le risque d'être accusées de non-assistance à personne en danger. »

Dans la catégorie des « malins » et des « profiteurs », les employés de Marine Monville tombent parfois sur « des parents sans permis de conduire qui appellent aussi pour qu'on vienne les chercher tout de suite avec leurs enfants ». Le fait qu'il n'y ait pas d'urgences pédiatriques à Vernon n'aide pas. « De toute façon, ces familles-là ne se déplacent jamais à pied. Heureusement, ils sont peu à tirer comme ça sur la corde. Disons trois par jour. »

Pour Marine, « les malins » sont encouragés dans leurs démarches, « ils ont la CMU, l'aide médicale d'urgence, tout est pris à 100 %, critique l'ambulancière. Les dossiers sont ficelés avec l'aide de tiers, d'associations. »

Au niveau national, sur les 40 millions d'appels reçus par le 15 – le service médical d'urgence –, « 25 millions ne nécessitent pas de transport [vers les urgences] mais juste une réorientation[1] ».

1. Président de la Chambre nationale des services d'ambulance, *Ouest France*, 17 septembre 2022.

Au quotidien, les équipes de Marine Monville gèrent également une seconde catégorie de patients, les « trop gentils » : ceux qui n'osent jamais appeler, qui soignent la maladie par le silence. « Pour ne pas déranger, parce qu'il y a plus grave qu'eux. » Du coup, quand surviennent des complications, « quand pour la première fois, parce qu'ils sont à bout, ils osent appeler pour suggérer le droit à une ambulance, on leur répond : "Vous n'avez pas d'affection longue durée, donc pas de prise en charge." » En toute logique, certains lâchent l'idée même d'être soignés. Ils restent chez eux. La maladie comme seule compagnie.

L'autre jour, une femme de 90 ans a osé solliciter, pour la première fois de sa vie, son médecin afin de bénéficier d'un déplacement par ambulance, elle qui vit seule et marche encore grâce à une canne. Objectif ? Un rendez-vous médical dans la ville d'Évreux, à une quarantaine de kilomètres.

« Je crois que c'est nécessaire », glisse-t-elle à son docteur.

Le médecin : « Prenez le bus, c'est pratique ! »

La dame de 90 ans n'a pas su quoi répondre, ni quel sourire de façade arborer. Sans prise en charge de la Sécurité sociale, compter 100 euros aller-retour minimum l'ambulance. « Non merci. »

Les patients âgés, souvent seuls, sont ceux qui broient le plus le cœur de Marine Monville. « Certains ne voient personne à part nous, des mois durant. Ils ne font plus le ménage. Ils sont à bout, livrés à eux-mêmes. Ils n'ont plus envie. » Les proches ? « Trop loin. Les enfants à 500 kilomètres d'ici. »

Les seniors en détresse, les souffrances indicibles, celles qui révulsent, les crises cardiaques dans le véhicule, les accouchements qui finissent de manière dramatique avec la mort du nourrisson. Les ambulanciers encaissent comme ils peuvent. Et ils peuvent de moins en moins.

Pourtant, Marine Monville l'aime viscéralement, ce métier. De toute façon, il n'y en a jamais eu d'autre dans sa tête. Ses parents étaient ambulanciers. Petite, à 7 ans, elle se roulait par terre pour partir aux côtés de sa maman, afin d'observer comment s'effectuent les dialyses – la permission était octroyée les soirs de vacances seulement.

*

Aujourd'hui, comme dans tant d'autres métiers de santé, recruter est un calvaire. Les candidats, quand ils commencent et après avoir justifié d'une formation qui dure huit mois, touchent 2 000 euros net. « Il y a aussi des primes, des paniers repas, les heures sup... » tente de convaincre Marine. Hier on épousait une carrière. Dorénavant, on embrasse la porte. Certains jeunes démissionnent au bout de deux jours, prenant conscience de l'étendue des contraintes. « Vous portez pour la première fois un patient qui pèse 150 kilos depuis le cinquième étage de son logement jusqu'à votre véhicule, et après vous comprenez le décalage avec l'image de l'ambulancier passant ses journées devant la machine à café. »

Dans la profession, 15 000 postes sont à pourvoir à travers toute la France. Raison pour laquelle de plus en plus de voix réclament un baccalauréat professionnel spécifique, ainsi que la possibilité d'embaucher dès 18 ans sans attendre les trois ans de permis.

Le manque d'effectifs, Marine Monville y fait face, à sa manière, en cumulant deux postes : l'administratif et le volant. Il y a les journées en ambulance puis, à partir de 18 h 15, les papiers au bureau, durant une partie de la nuit s'il le faut.

Elle : « Jusqu'où ira la crise des vocations ? Jusqu'à quel point cela va paralyser encore un peu plus le secteur tout entier ? » La patronne des Ambulances vernonnaises se désole d'être transparente, jamais dans la liste des métiers qui souffrent. Sa profession n'est pas même représentée dans ce grand récit catastrophe qu'est le système de santé à la française. Ne pas être associé, presque une double peine.

Les confrères, au Samu de Rouen, au moins, savent faire peur. La comptabilité comme électrochoc. Cent vingt mille appels en un an. Trois fois plus qu'avant la première vague de Covid. Alors l'ensemble des équipes – une trentaine de personnes dont le médecin chef – a décidé de faire grève. Le lendemain du 1er janvier.

Marine aimerait bien qu'on comptabilise aussi chez elle les appels, les souffrances qu'il y a derrière.

Mais les hôpitaux craquent depuis si longtemps qu'on ne regarde plus les fissures sur les murs annexes, quand bien même ces murs seraient porteurs. « Les ambulances, ajoute Marine, portent beaucoup, mais de plus en plus mal », laissant filer droit devant les taxis, désormais premier moyen de transport sanitaire en France[1]. Lesquels taxis récupèrent une part chaque année plus importante du gâteau – celui des dépenses annuelles totales en matière de transport sanitaire en ambulatoire à travers le pays, soit 5,6 milliards d'euros en 2022. Une somme très largement financée par la Sécurité sociale, donc par les contribuables[2].

1. Drees, « Les transports sanitaires », rapport 2022.
2. *Ibid.*

Dans le hall d'entrée de son entreprise, face à une plante verte en perdition, une centaine de cartes postales sont punaisées. Des images de plages, de soleil, d'îles paradisiaques. Marine ne les regarde même plus.

TROISIÈME PARTIE

ENFANTS, LYCÉENS, ÉTUDIANTS : ÇA DÉCROCHE DÉJÀ

En France, plus d'un enfant sur cinq vit sous le seuil de pauvreté[1].

La manière dont l'État appréhende cette précarité pousse à s'interroger. Trop éparse, peu efficace, pas lisible...

Que dire des vents contraires qui animent désormais les professionnels du secteur ? Beaucoup se battent avec force et désenchantement.

L'une d'eux décrit une Aide sociale à l'enfance en bout de course, où les bonnes décisions finissent parfois par ne plus être prises.

L'autre, infirmière scolaire dans des collèges et lycées, alerte sur les délais qui se comptent en mois avant qu'un mineur, après une tentative de suicide, puisse obtenir un rendez-vous médical.

Il faut aussi comprendre la détresse des étudiants, qui s'accentue grandement. En Île-de-France, ils sont un sur deux à fréquemment ne pas manger à leur faim.

Des jeunes qui rationnent toutes leurs dépenses, se nourrissent via *des banques alimentaires et effectuent trois heures*

1. Unicef, 2022.

de transport par jour pour éviter de payer une chambre de bonne. Ils arrivent cassés sur le marché du travail. N'ont plus honte de l'exprimer ainsi.

Et puis il y a le cas particulier de Mayotte. Particulier tant la situation sécuritaire y est dramatique. Toute une génération est menacée scolairement, faute de conditions sereines pour étudier. Des lycéens dont les bus sont quotidiennement caillassés sur le chemin des cours. Certains vont jusqu'à porter des casques de moto pour éviter les projectiles.

8

Quand l'Aide sociale à l'enfance appelle à l'aide

Valenciennes (Nord)

En France, plus de 340 000 enfants sont « protégés » par l'Aide sociale à l'enfance, soit l'équivalent de la population de la Corse. Les situations de souffrance se multipliant, les places d'accueil en institution ont doublé en vingt ans. Mais la machine ne suit pas. Manque de bras, de moyens, de formations... Exténués, les professionnels peinent à répondre aux souffrances des mineurs.

À la fin, c'est la justice qui tranche. Brutalement, parfois.

Dans cette salle froide du tribunal de Valenciennes, face au juge des enfants, Aurélie se dit qu'elle pourrait craquer. Un premier coup est lâché. « Vous n'agissez pas dans l'intérêt de l'enfant. » Le ton du juge est froid. Aurélie force sur sa respiration, puisée au fond du ventre. Elle se retient, ne sait pas bien de quoi. Un goût d'injustice se propage dans la bouche.

Aurélie œuvre depuis dix-huit ans « dans l'intérêt des mineurs », pour l'Aide sociale à l'enfance. Le garçon qu'elle accompagne ce jour à l'audience ne doit absolument pas rentrer chez ses parents, par mesure de sécurité, parce qu'il est exposé à des violences – elle a recueilli trop de confidences en ce sens. Face au juge, Aurélie pourtant se tait. Paralysée. On l'attaque, elle. « Vous n'écoutez pas les parents », lance le magistrat.

Aurélie est habituée aux situations tendues. Mais là, l'impression furtive est qu'elle assiste à son propre procès.

Une troisième salve, sur un ton plus neutre, mais les mots coupent : « Elle est où, la bienveillance envers les enfants ? Vous n'êtes pas dans la bienveillance. »

Riposter ? « Surtout pas, se contient Aurélie, ça vaudrait outrage à magistrat. » Le silence pour seule armure. Elle n'arrête pas de penser à ce mot, « bienveillance », dégoupillé comme une grenade. Un juge qui « calme ses nerfs » sur elle. Contre elle. Un « geste gratuit ». À la maison, le soir, elle se dit qu'elle pourrait tout arrêter.

Quelques jours plus tard, Aurélie décide, pour la première fois de sa vie, d'exercer son droit de retrait. « Presque vingt ans au service des enfants. Là, *basta* ! »

Octobre 2022, elle descend dans la rue. Réchauffés par un soleil anormalement généreux pour la saison, ils sont quelques milliers de manifestants dans le centre-ville de Lille, porte de Paris. Une banderole, la plus grosse du cortège, indique : « Contre la répression syndicale, pour le droit de grève, l'augmentation des salaires et la défense des retraites. » Sur le trottoir, un peu en retrait, Aurélie aurait aimé qu'on ajoute sur la banderole : « ... et de l'Aide sociale à l'enfance ».

Quelques passants, curieux de prendre la température, questionnent des manifestants. C'est au tour d'Aurélie. Elle raconte un bébé de trois mois, retiré du domicile familial, qui passe de bras en bras toute une journée, dans le décor impersonnel d'un bureau administratif de l'Aide à l'enfance. Aucun interlocuteur pour décrocher un foyer. « Il faut pousser jusqu'à 20 heures pour qu'on lui trouve un lieu où dormir. » Aurélie n'attend pas l'effet que produit l'anecdote sur ses interlocuteurs. C'est la conclusion qui lui importe : « La République abandonne les bébés. » Drapeau CGT dans les mains, une gréviste se retourne, interpellée par la phrase. Aurélie prend alors soin de préciser qu'elle ne descend pas dans la rue pour réclamer une hausse de salaire – elle gagne 2 500 euros net, payés par le Département, qui a même reconnu son statut bac + 3. « On veut juste des moyens, des places dans les foyers pour les enfants. » Les passants sont conquis, lui adressent des mots de félicitations. Comme pour s'excuser d'avoir trop parlé d'elle, Aurélie préfère, dans la foulée, évoquer une collègue assistante maternelle. « Dans sa maison, elle accueille en ce moment six enfants. C'est illégal. Elle veut juste aider. »

*

L'Aide sociale à l'enfance est un mécanisme plus que jamais essentiel d'assistance aux mineurs. Mais elle ploie sous les contraintes et les injonctions paradoxales. Le Défenseur des droits parle d'« état dramatique de la protection de l'enfance[1] ». Les réclamations au sein de l'institution indépendante ont bondi en un an de 20 %. Le même Défenseur des droits compare la situation à celle des... Ehpad. « On manque de moyens pour les personnes vulnérables. »

Alors que les urgences s'accumulent, plus d'un quart des départements ne respecte pas les délais de trois

1. Rapport annuel du Défenseur des droits, avril 2023.

mois de traitement des informations dites « préoccupantes[1] ».

Au commencement, toujours ou presque, la même racine, la plus profonde : la pauvreté. Aurélie et ses collègues ont en tête la dernière campagne des Restos du cœur – 110 000 bébés accueillis. « Une augmentation de 25 % sur les six derniers mois, c'est affolant[2]. »

Dès l'école primaire, alors que ses copines se rêvaient coiffeuses ou astronautes, Aurélie, elle, espérait devenir assistante sociale. « Un truc utile. » Après le bac, elle part en Belgique. Contrairement à ce qu'il se passe dans l'Hexagone, là-bas, pas de concours d'entrée. Elle intègre l'École normale, département sciences de l'éducation. En première année, la promo compte 300 étudiants. « Dix classes de trente. » L'année suivante, seulement « six classes de vingt ». La dernière, « quatre classes de vingt élèves ».

Le diplôme empoché, son premier poste amène Aurélie à Carcassonne. Parlant d'elle-même à l'époque : « J'étais un Bisounours, je me suis pris une bonne baffe. »

En Belgique, elle planchait sur des matières aussi diverses que la psychomotricité et les troubles du handicap. Dorénavant, à Carcassonne, à tout juste 21 ans, elle travaille dans une ancienne maison de maître, face au musée des Beaux-Arts.

Au premier étage, quatre chambres regroupent chacune trois jeunes garçons. Ils ont entre 3 et 18 ans. Le second étage, celui des filles, compte trois chambres.

Sur le même modèle que les urgentistes dans les CHU, la jeune diplômée effectue parfois des permanences de vingt-quatre heures. Seule aux manettes. Enfin

1. Rapport annuel 2023 de la Cour des comptes.
2. Patrice Douret, *C à vous*, France 5, 21 novembre 2022.

presque. « Si ça dérape, le téléphone du veilleur de nuit est tout le temps branché. »

Les enfants en situation de détresse sont placés dans ce centre pour une période allant jusqu'à trois mois. Le temps de trouver une place dans un établissement adapté ou dans une famille d'accueil. Mais le manque d'offres crée des dérèglements. À Carcassonne : « vingt lits environ et jusqu'à cinquante enfants en même temps. »

Ce sont des mineurs non accompagnés, des migrants, des jeunes qui fuguent, d'autres – plus rarement – récupérés après l'école parce que les parents ne sont pas venus les chercher.

Le quotidien d'Aurélie ? Essuyer les larmes d'un enfant assis sur le bord de son lit. Puis contacter les forces de l'ordre car un petit de 6 ans vient de s'échapper de la structure d'accueil, entraîné par un autre, de dix ans son aîné... « Des coups de bambou, comme ça, tous les jours. »

Un soir, Aurélie s'enferme à double tour dans sa chambre, alors qu'un adolescent, grand gabarit, épaules larges, se fait menaçant. « J'apprends après coup qu'il est recherché pour viol sur ses sœurs en Belgique. Bien entendu, personne ne nous avait prévenus. »

Un autre soir, après un coup de filet des forces de l'ordre visant la communauté des gens du voyage, Aurélie accueille « d'un coup quarante enfants âgés de 3 mois à 18 ans ». Les parents ? Gardés à vue pendant soixante-douze heures. Il faut décrocher des places de secours chez des assistantes familiales débordées.

*

En 2018, déjà usée « mais encore motivée », Aurélie décide de se rapprocher de sa famille. Direction

Valenciennes. Nouveau contrat de travail. « À Carcassonne, j'étais en lien permanent avec une assistante sociale, nous formions un binôme. Là, je deviens assistante socio-éducative. » Deux jobs. Une personne.

Au quotidien, Aurélie jongle avec les parents, les familles d'accueil, les écoles, les centres médico-psychologiques. « Mon record : trente-deux enfants à suivre en même temps. » Pourquoi se plaindre ? « L'une de mes collègues gère cinquante mineurs. »

Le plus dur, « ce sont les adolescents en grande détresse qui expriment beaucoup de violence ».

Lui a 16 ans. Depuis plusieurs jours, il menace de tuer son père puis de se suicider. L'Aide sociale à l'enfance lui trouve une chambre dans un hôtel du centre-ville de Valenciennes. « Il se drogue, boit. Un danger pour lui-même et pour les autres. » Il n'a plus de mère. Le père a signé un procès-verbal d'abandon. L'ado réclame de revoir sa sœur, son rempart affectif, « elle-même victime selon toute vraisemblance d'un viol de la part du père ». Trois ans qu'ils ne se sont pas côtoyés, le frère et la sœur. « Que fout-il dans cet hôtel ? » proteste Aurélie. Son supérieur tranche : *statu quo*. Mais le responsable a-t-il une autre option, alors que les places manquent partout ?

Dans ce même établissement hôtelier « miteux » dort une jeune fille de 15 ans « tout juste sortie d'un réseau de prostitution ». Devant l'hôtel, face à la gare, rôdent plusieurs rabatteurs, qui vont très vite se poster devant la chambre de l'adolescente. Comment l'aider ? questionne Aurélie. « Impossible techniquement d'acheter à cette petite ne serait-ce que des vêtements. » Et pour cause, le Département, qui est l'autorité compétente en la matière, exige qu'une assistante familiale soit mandatée pour, ensuite, verser de la main à la main le coup de pouce financier. Or, dans ce dossier, aucune assistante familiale n'est pour l'heure saisie. Pas le temps.

À partir de ce jour-là, Aurélie se dit qu'une fois à la maison, le soir, il est préférable qu'elle débranche. Après 17 h 30, elle prend la décision d'éteindre le téléphone portable pro que le Département lui a confié après le Covid, quand il est devenu urgent d'investir dans des moyens de communication.

Un sas de protection avant de retourner dans les salles d'audience.

*

Tous les juges ne sont pas « cassants ». Certains posent dans leur voix une forme de douceur, ils écoutent avec attention, prennent d'infinies précautions. D'autres sont raides, déroutants, expéditifs. Résultat : « Le mineur pense souvent être convoqué parce qu'il a fait une bêtise. »

Tribunal de Valenciennes. Sur le banc, au premier rang, une fratrie de deux enfants. Le frère a 8 ans, sa sœur, 6 ans. Douze mois qu'ils n'ont pas vu leur mère. Droguée, alcoolique, elle a disparu de la circulation. L'audience va bientôt commencer, avec l'objectif de statuer sur la prise en charge de la fratrie. La mère surgit, tremblante. Dans les bras : une Barbie et des vêtements d'où dépassent encore les étiquettes d'achat. « C'est pour Noël, pour vos anniversaires. » Des baisers sont distribués. Les enfants peinent à les recevoir. Aucun mot ne sort de leurs bouches. Le frère et la sœur ne vacillent pas encore. La juge prend la parole, sermonne la maman, lui impose de passer par une assistante sociale avant toute nouvelle prise de contact avec ses enfants. Mais y a-t-il une seule assistante sociale disponible immédiatement ? se demande intérieurement Aurélie.

Dans quelques jours, elle ira de nouveau manifester pour réclamer plus de moyens. Pas pour elle. Mais bien pour sa profession. Le lieu du rendez-vous circule par SMS. « 13 heures, devant le tribunal de Valenciennes. »

Aurélie aura son drapeau jaune du syndicat SUD. « Ils ne sont pas toujours bien vus parce qu'ils prônent des actions coup de poing », s'excuse-t-elle. Pour la première fois, au côté d'Aurélie, outre des avocats, il y aura aussi des juges.

9

L'infirmière scolaire qui n'arrivait plus à soigner

(Seine-Saint-Denis)

Alors qu'un jeune sur cinq présente des troubles dépressifs[1]*, les infirmières scolaires alertent sur la santé d'adolescents de plus en plus abîmés. En Seine-Saint-Denis, où le taux de pauvreté flirte avec les 30 %, plongée dans le quotidien de Samia, qui jongle entre plusieurs établissements et se désole face au manque de moyens, à commencer par les rendez-vous chez le psy qui nécessitent parfois un an d'attente.*

Elle veille sur 1 300 élèves. Quatre établissements distincts. Le tout dans le département « le plus pauvre de l'Hexagone ». Elle déteste cette étiquette, mais personne n'a encore réussi à en trouver une autre. Samia Bounouri dit qu'elle a « honte » de pratiquer une profession sans moyens, sans prise, sans capacité d'action ni rien qui soit à la hauteur de ce qu'elle croyait pouvoir offrir en se lançant dans l'aventure en 2005.

La première fois que l'on rencontre Samia, le Covid ruisselle sur le territoire et les confinements successifs

1. Enquête Santé publique France, 2023.

ont déjà fait de gros dégâts psychologiques. Avec une collègue, elle évoque une « situation alarmante ». Pour se soigner, prière de patienter. « Un an et demi d'attente pour un rendez-vous au sein d'un centre médico-psychologique. » La consultation est remboursée. D'où l'embouteillage.

Sinon, option privée, plus rapide, mais il faut compter 65 euros. « Payer ? Ici, les jeunes lâchent l'idée. »

Les deux infirmières scolaires côtoient des établissements où les détresses sont plurielles, les addictions, précoces. Jeux vidéo, drogue, porno... Les maux des adultes – dans les mains des enfants. Le Covid ne crée rien, accélère tout.

Trois ans plus tard, quand on reprend contact avec Samia, l'infirmière scolaire est très préoccupée par la multiplication des tentatives de suicide. L'une d'elles concerne un enfant de 8 ans.

Ce petit garçon, Samia le rencontre lors d'une consultation en primaire. Il est en CE2. Proche de décrocher scolairement. Le père qui a perdu son travail, le budget familial source d'angoisse, des tensions incessantes au sein du foyer, ça crie, chaque soir un peu plus. Les disputes traversent les murs. Faisant face à des problèmes de santé, sa mère est hospitalisée. Dans sa chambre, le garçon encaisse. Au petit déjeuner, il continue de sourire.

Une nuit, depuis sa chambre, au quatrième étage de l'immeuble, l'élève de CE2 glisse une jambe par la fenêtre, avec l'idée de sauter. « Il entend un bruit. Abandonne son geste. » Il garde le secret, jusqu'à craquer devant l'infirmière scolaire.

« Une tentative de suicide à cet âge, c'est d'une violence immense. Mais le plus inquiétant, c'est le manque de prise en charge ensuite », dit-elle.

Sitôt les mots du petit garçon recueillis, la première étape pour l'infirmière scolaire est de prévenir les parents. « Un suivi psychologique serait hautement recommandé. » Samia cherche la formulation la plus douce. « Pour votre enfant, et pour vous aussi. » Réponse du centre médico-psychologique le plus proche : « Pas de place. » Aux urgences : « Liste d'attente de plusieurs mois », se souvient Samia, qui finit par trouver un hôpital de référence. Une heure et demie de transport pour s'y rendre. La famille, à terre en raison du choc émotionnel lié à la tentative de suicide, accepte derechef. Deux RER, puis un tramway.

Le père, la mère, le petit garçon, tous les trois rejoignent le centre hospitalier. Plusieurs heures d'attente avant que n'ait lieu l'entretien. Ils en sortent perdus. Ont l'intelligence de n'en vouloir à personne. « Trop de demandes, pas assez de personnel. »

Dans toute la France, les urgences des hôpitaux traitent chaque semaine entre 150 et 200 tentatives de suicides d'adolescents[1]. Les situations sont toutes plus complexes les unes que les autres. Le constat, cependant, est facile à brosser. « L'état de santé des jeunes, dit celle qui est aussi secrétaire départementale Snics-FSU[2], se dégrade socialement, psychiquement, physiquement. Nous n'avons jamais connu une telle accélération. »

« Le Covid, l'inflation, l'Ukraine, la réforme des retraites... » Tout se bouscule dans la bouche de Samia, au moment de trouver des explications.

Un détail interpelle l'infirmière scolaire. À travers tout le territoire, les collégiens régressent physiquement.

1. Santé Publique France, 2022.

2. Le Syndicat national des infirmier·ères conseiller·ères de santé-Fédération syndicale unitaire.

Ils courent moins vite que dans les années 1980. Les garçons ont perdu 1 km/h. Les filles, 0,6 km/h. Ce qui signifie que même les capacités physiques s'effritent. Précarité, malbouffe... L'étude, financée par le ministère des Sports, sur 9 000 collégiens, conclut que le capital santé des jeunes est en danger. « Aujourd'hui, un sujet de 65 ans qui est actif, sans être sportif, ferait mieux que les jeunes[1] », conclut le professeur de médecine ayant piloté le projet.

Parfois, le corps devient terre de bataille. On parle de consommation d'alcool et de stupéfiants « dès la fin du collège ». Au lycée, il y a ceux qui dealent. D'autres qui postent sur les réseaux sociaux des sextapes accolées à un numéro de téléphone, le leur – « 10 euros la fellation ». D'autres encore qui proposent une relation sexuelle « contre un iPhone ». Samia aimerait dire qu'elle exagère, qu'elle force le trait comme dans les magazines télé racoleurs. « Mais ces cas particuliers, de moins en moins particuliers d'ailleurs, doivent être regardés en face », note l'infirmière scolaire.

Autre fait marquant : en Seine-Saint-Denis, la minorité qui s'en sort financièrement se cache, honteuse. Lors d'une consultation, un ado confie à Samia avoir été poussé par un camarade de classe à accepter des vêtements distribués par une association. « Prends ce sweat, c'est ton style », lui dit le copain. L'intéressé a le sentiment de voler ceux qui en ont besoin. Il se tait. Peur de paraître hautain. Peur du décalage. La lutte dans la classe.

Rebelote lors d'une distribution alimentaire orchestrée par une petite association de quartier. Une lycéenne

1. « Nos collégiens sont en train de préparer leur infarctus », *Le Parisien*, 6 février 2023.

prend sa meilleure amie par la manche : « Des cookies gratos, vite ! » La meilleure amie tend les mains. À l'infirmière scolaire, elle dira ensuite : « Je n'ai pas osé refuser. Pourtant, mes parents peuvent me payer des cookies. »

À la pause déjeuner, dans les établissements scolaires de Seine-Saint-Denis, près d'un collégien sur trois paie moins d'un euro son repas à la cantine. Ils sont 15 % à régler 32 centimes (la première tranche). Baromètre relatif aux revenus des parents.

« Comment mieux écouter cette souffrance, l'accompagner ? » questionne Samia. La France compte 7 700 infirmières scolaires. Une pour 1 600 élèves. Les représentants syndicaux en réclament le triple. Ils aimeraient aussi quelques marques de considération. Pour l'heure, la profession n'apparaît pas comme une priorité. Dans les plans d'urgence, les Grenelle de l'éducation, les Ségur de la santé, jamais ou presque les infirmières scolaires ne sont mentionnées. L'impact de ce désamour est tel que, lors du concours d'entrée de 2022, on a dû sacrifier 58 postes, faute de candidats (395 postes étaient ouverts[1]).

*

Longtemps, quand elle recevait des parents, Samia présentait des listes de professionnels de santé proches du domicile familial à même d'être consultés. Désormais, elle ne propose même plus d'imprimer la liste. « On doit faire des économies d'encre. » Elle tourne

1. « La médecine scolaire et la santé à l'école », rapport d'information de l'Assemblée nationale, 11 mai 2023.

l'écran de son ordinateur, propose de photographier avec un smartphone. « Ça altère notre crédibilité par rapport à tous ces gens en détresse. » Le mot revient : « Honte. » Ça n'arrête pas, dans la bouche de Samia, comme de tant d'interlocuteurs ayant choisi de servir l'État : « Honte. »

10

« Bienvenue au pire lycée de France »

Kahani (Mayotte)

Dans cet établissement, théâtre quasi quotidien de caillassages, de rackets, voire d'agressions au couteau ou à la machette, voici la parole de quatre lycéennes désemparées, se demandant pourquoi « la France [les] oublie », alors que les violences entre bandes rivales prospèrent, faisant de Mayotte un territoire qui bascule. Les premières victimes ? Les élèves eux-mêmes.

Personne, pas un professeur, pas un lycéen, n'a pensé que l'action allait résoudre quoi que ce soit. Mais afficher, c'est lutter. Alors, fin 2021, une grande banderole marron a été déployée devant l'école Gustave-Eiffel de Kahani. « Bienvenue au pire lycée de France !! » Deux points d'exclamation pour ponctuer la phrase.

Suit un autre jour la mobilisation de professeurs, allongés par terre. Tous portent des tee-shirts blancs tachés de faux sang. Comme dans les scènes de crime des séries américaines, on a tracé une ligne autour de leurs silhouettes avec une bombe de peinture blanche.

Entouré de bidonvilles, le lycée Kahani – plus de 2 000 élèves – est devenu un tel concentré de brutalité que certains professeurs ont fait jouer leur droit de retrait. Des mois que les violences entre bandes rivales, au départ polarisées devant l'établissement, se sont invitées entre les murs.

Le 101e département de France, 77 % de taux de pauvreté[1], compte officiellement 300 000 individus – plutôt 400 000 en réalité. L'immigration clandestine est massive et incontrôlée. La population a été multipliée par onze en soixante ans. Aujourd'hui, la moitié des habitants de l'île a moins de 18 ans. Près de 10 000 enfants en âge d'aller à l'école y seraient déscolarisés. Des milliers de mineurs appelés « isolés » n'ont aucun parent à leurs côtés.

Au lycée Kahani, une quinzaine d'agents de sécurité issus du secteur privé ont été recrutés par le rectorat et dédiés à cette école. Ils portent des tee-shirts rouges avec, écrit sur le dos, « EMS » (équipe mobile de sécurité). Des fouilles sont pratiquées le matin. Dans les sacs de certains élèves, on trouve des barres de fer, des couteaux, l'autre jour une machette.

*

Assises sous un préau en tôle, à quelques mètres de grilles vertes surmontées de fils barbelés, quatre lycéennes acceptent, en ce mois de décembre 2021, de décrire leur quotidien. Trois portent un foulard sur la tête, la dernière arbore un chignon parfaitement ramassé. Elles ont entre 17 et 19 ans. Deux d'entre elles passent le bac dans moins de six mois. Une de leurs amies a reçu récemment un coup de couteau, en sortant de classe.

1. Insee.

– La peur, ça commence dans le bus, le matin. On est souvent caillassés. Les chauffeurs aussi ont peur. Si, sur la route, il y a un container, ça veut dire qu'un règlement de comptes ou un racket peut se produire. Alors le bus fait demi-tour. Tant pis pour nous, si, depuis la maison, on voit le bus partir.

– Un jour, j'étais dans le bus, au départ de Combani. On a reçu tellement de cailloux, ça cognait sur toutes les vitres, la fille assise à côté de moi a été touchée à la tête.

– Certains chauffeurs ont si peur qu'ils portent parfois des casques de moto quand ils conduisent. Moi comme d'autres élèves, il nous est déjà arrivé de faire pareil. Pour éviter d'être blessées.

– La place où s'arrêtent les bus, juste devant le lycée, on l'appelle le « Centre de guerre ».

– Même les oiseaux ont peur de nous, ils ne viennent plus voler au-dessus de nous.

– Qui fait ça ? Des bandes rivales. Des jeunes qui n'ont – certains en tout cas – même pas 13 ans. Ils arrivent parfois devant le lycée avec des boubous. Des garçons. Ils cachent leur visage, et puis ils commencent à faire la baston.

– Peut-être qu'ils sont jaloux ? Peut-être qu'ils ont une rancune. Parce qu'ils n'ont pas leurs papiers, qu'ils ne peuvent pas, eux, aller à l'école.

– J'y crois pas. Y a des garçons qui ont leurs papiers et qui participent aussi.

– Avant, la violence, c'était juste à l'entrée du lycée, là où les bus arrivent tous les matins. Maintenant c'est aussi à l'intérieur. Dans les toilettes, notre copine s'est fait agresser avec un couteau.

– Je ne sais même pas s'il y a des caméras de surveillance. On nous dit qu'il y en a. Si c'était vrai, si elles marchaient, on arrêterait ceux qui font ça. Or, il ne se passe rien.

– Quand un prof est agressé, il se passe des choses : les cours sont arrêtés pendant une semaine.

– On loupe tellement de cours. Comment je vais faire avec le bac ? Je voudrais être infirmière. Je ne vais pas y arriver. Les profs savent bien qu'on a subi trop de retards. Certains nous ressortent des cours de 5e et de 4e pour qu'on revoie les bases. Je suis en terminale !

– Quand il y a trop de violences, ma mère me dit : « Tu restes à la maison », mais à la maison, c'est pire. J'ai pas envie de finir voleuse !

– Qu'au moins, on puisse travailler à l'intérieur du lycée calmement. J'ai rien bossé cette année. Beaucoup de profs ont écrit sur les bulletins : « Non notée. » À cause des grèves.

– Avant, je voulais descendre dans la rue et manifester. Mais j'avais peur. Tout le monde se taisait. Pourquoi j'aurais été la première à parler ? Un soir, à la maison, j'ai beaucoup réfléchi. J'ai pleuré. Je me suis décidée. On a été plusieurs à manifester. Avant, j'étais très timide. Maintenant c'est fini, je ne suis plus timide.

– Dans les toilettes du lycée, on a un jour lancé une conversation pour motiver celles qui hésitaient à manifester. Elles nous ont dit qu'on était des folles, des bêtes, que ça allait nous retomber dessus, qu'on subirait des vengeances. Y a trop d'élèves qui ont peur de se faire taper.

– L'État, il ne fait rien. Pourtant l'État connaît ceux qui font des horreurs. Ils ont une machette, un couteau. Ils se font arrêter, ils passent par la gendarmerie. Ils sont trop jeunes, ils n'ont pas le bon âge, ils sont relâchés, on les revoit le lendemain.

– Je ne crie pas pour moi. Moi, c'est trop tard. Mais ma petite sœur va bientôt arriver au lycée. Je crie pour elle, parce que j'ai peur pour elle.

– On étudie dans un lieu qui ressemble à une prison. Alors que le lycée, c'est notre avenir. Y a quelque chose qui ne va pas.

– Quand on reçoit du gaz lacrymogène dans la cour, ça veut dire que les gendarmes affrontent les bandes devant le lycée. Parfois, les gaz lacrymogènes tombent carrément dans la cour, à l'intérieur de l'école.

– On ne porte plus de chaussures avec des petits talons. Uniquement des baskets, H24. Pour pouvoir courir vite.

– Quand j'étais au collège, on me disait : « Va dans ce lycée plus tard, c'est le meilleur. T'es sûre d'avoir un métier grâce à lui. Y a les meilleures options à choisir. » Regardez le résultat !

– Moi, j'ai cherché une place à Mamoudzou [le lycée de Mamoudzou Nord], tellement j'en pouvais plus. J'ai pas trouvé.

*

Quelques mètres plus loin. Sur l'immense parking faisant face au lycée, un Duster blanc de la police municipale passe pour mieux repartir. Dans un petit bus scolaire, matricule PM15, Chico assis sur son siège conducteur. Sa sacoche verte solidement attachée à son dos, pour éviter tout vol. Le véhicule est à l'arrêt en attendant la fin des cours. « Rien ne marche ici. Sur un trimestre, les enfants n'ont pas eu cours pendant un mois et demi. Quand j'en parle à des copains en France, ils ne me croient pas. Mayotte est déjà tellement en retard par rapport à la France. Rien n'avance. On recule. » Pour Chico, Mayotte n'est pas en France...

11

La précarité étudiante, même plus honte

Paris (Île-de-France)

Se nourrir grâce aux distributions alimentaires, passer trois heures quotidiennes dans les transports en commun, faute de pouvoir louer un appartement, multiplier les petits boulots au risque de décrocher en cours... La précarité étudiante a toujours existé. C'est aujourd'hui son ampleur qui interroge. A fortiori *quand les étudiants en question n'ont plus honte de dire qu'ils triment.*

Elles appellent cela l'« autosuffisance ». Étudiantes, Ely et Pauline vivent « sans l'aide de papa ni maman ». Pas d'association pour leur filer un coup de main, aucune distribution alimentaire. Elles ne sollicitent que leur propre volonté. Et ça passe par des petits boulots. Elles ont 19 ans, ne sont encore jamais allées en boîte de nuit. Ce ne sont pas les parents qui interdisent. « C'est le compte en banque », répondent les deux amies. Un resto ? « Même pas en rêve », dit Pauline. « À la limite, ajoute Ely, pendant les vacances, on peut prendre un ou deux verres. » Mais faire la fête : impensable. « La priorité, c'est de remplir l'estomac. »

Pour chacune, le « budget bouffe » ne dépasse jamais 70 euros par mois. « Pâtes, riz et, quand on peut, des condiments. Jamais de viande. »

La semaine dernière, Ely a craqué. « Des bonbons, achetés au supermarché. » D'habitude, si elle a le choix, ce qui arrive rarement, Ely préfère les produits d'entretien. Plus utile.

Côté étiquettes, l'étudiante connaît toutes les marques discount, les prix, leurs variations. Elle est caissière chez Leclerc. Le samedi et le dimanche. 13 heures hebdomadaires. 539 euros de salaire à la fin du mois.

Assises sur un banc public face aux grilles de la faculté des sciences de Jussieu (Paris), Ely et Pauline évoquent le risque de redoublement. Financièrement s'entend. Devant elles, le campus, cubique, infuse une ambiance grise. Par terre, un écriteau posé au pied d'un arbre supplie : « Ne nous piétinez pas. On pousse lentement. »

Quand il a été question d'un logement, Ely a eu la « bêtise » d'approcher le parc privé. Elle a consulté en ligne les offres de location dans Paris *intra muros*. « 780 euros le placard. » Autour de l'université, plusieurs agences immobilières affichent des biens inférieurs à 10 mètres carrés pour des tarifs démentiels. La jeune femme, longues tresses africaines teintes aux extrémités en rose fuchsia, a très vite laissé tomber. Elle a finalement décroché une place au sein d'une résidence universitaire. Mais pour cela elle a dû poser ses valises dans le département voisin, les Hauts-de-Seine. 461 euros le loyer. Ely est boursière, « échelon 1 ». 179 euros tous les mois.

De son côté, Pauline a « manœuvré » pour ne pas payer de loyer. Sa combine ? Travailler dans un internat.

Elle gère les devoirs du soir des lycéens et encadre l'heure du sommeil. En échange, le logement est « offert ». Soirées monacales. « Pas grave. J'ai un endroit où dormir. Franchement, je m'en sors bien. »

*

Adossé aux grilles de Jussieu, Arthur expérimente également l'« autosuffisance ». En première année à la faculté Curie, il a des cernes couleur charbon. Chaque jour de la semaine, ce taiseux qui exècre se plaindre jongle entre les amphis, les TD, le soutien scolaire qu'il dispense dans plusieurs appartements parisiens pour des lycéens inscrits dans de beaux établissements au sommet des classements du *Figaro* ou du *Point*. « Leurs parents stressent. Ils compensent en dépensant dans des cours particuliers. » Arthur décrit « les moulures au plafond, le parquet qui grince, les murs blancs ». Même pas envieux. Factuel, désintéressé.

La journée terminée, le jeune homme reprend le métro, avant de s'engouffrer dans un TER. « Parfois ça roule, parfois ça bloque, souvent ça bloque. » Il lui reste ensuite à marcher de longues minutes pour rejoindre le domicile familial, en pleine campagne, là où vivent son père, sa mère, ses trois frères et sœurs.

Jussieu derrière le dos. Ligne 7, fin des cours, début du périple de retour pour Arthur qui tient d'une main la barre métallique du métro. Ses yeux n'arrivent plus à fixer un quelconque horizon. « Je peux mettre au quotidien jusqu'à cinq heures aller-retour en transports. »

Comme Ely et Pauline, il ne viendrait pas à l'idée d'Arthur de solliciter l'aide de ses parents. C'est même le contraire. « Ils ont trois enfants à charge. Pas facile pour eux de subvenir à nos besoins. » Il dit « on ». Chez lui, le chef de famille, c'est tout le monde. « On essaie de manger correctement, on essaie de mettre de bonnes choses dans l'assiette. » Quand il en a la possibilité, Arthur donne un coup de pouce financier à sa mère et son père. « Ça arrive à beaucoup d'étudiants. » Ceux qui aident sont souvent ceux qu'il faudrait aider. Fini la pyramide des âges et des devoirs.

*

Certes, les frais de scolarité dans l'enseignement supérieur n'ont, en France, rien à voir avec ceux des pays anglo-saxons. Mais le mouvement général est à la hausse. Sensiblement, même.

Pour intégrer le haut du panier des écoles de commerce tricolores, le chèque dépasse les 50 000 euros. Au rayon « ces diplômes devenus des produits de luxe », un MBA de l'école Insead Business School se décroche moyennant une facture de 91 225 euros[1]. Pour ce prix-là, l'hébergement et les repas ne sont pas pris en compte.

Voilà qui rappelle qu'outre-Atlantique, chaque jeune diplômé arrive sur le marché du travail avec un fardeau se chiffrant à 32 000 dollars en moyenne. La somme a triplé en l'espace de douze ans. D'un point de vue macroéconomique, cet endettement estudiantin pèse 1 600 milliards de dollars[2]. Mais, depuis des années, l'équation « études et carnet de chèques » n'est plus réservée aux seuls élèves américains.

1. « Le vrai coût d'un MBA », *Le Figaro*, 27 juin 2022.
2. Congressional Budget Office.

En France, où l'université – doit-on le rappeler ? – reste publique, de plus en plus de jeunes frappent aux portes des banques afin de financer leurs études. Non pas pour faire face aux frais de scolarité mais – sacrée différence avec le pays de l'Oncle Sam – pour faire face au « coût de la vie étudiante ». Quand ils sont contractés, les prêts bancaires représentent alors plus de la moitié des ressources mensuelles des étudiants – 479 euros en moyenne[1].

Nombre d'économistes craignent qu'une génération d'étudiants précaires n'ait, ensuite, des conséquences délétères pour la société dans son ensemble. Même le Sénat juge « regrettable » que ce « phénomène demeure aussi mal appréhendé[2] ».

Si l'on manque de chiffres nationaux sur la précarité étudiante, personne ne nie qu'elle affecte chaque année un public jeune de plus en plus large. Un modèle inédit s'enracine, en contradiction totale avec le « rêve étudiant » tel que remémoré par ceux qui approchent aujourd'hui de la retraite.

Désormais, on n'évoque plus l'envol du nid familial mais on parle – le terme est connoté négativement – de « décohabitants ». Ceux qui n'ont d'autre possibilité que d'abandonner le logement des parents, parce que géographiquement trop éloigné des facs. Il y a plus de vingt ans, on disait « un Tanguy », pour se moquer. Aujourd'hui, quand on est étudiant, rester chez papa-maman est une chance. Budgétairement, à tout le moins.

Alors pourquoi choisir la ville la plus chère de France ? Certains diplômes, certains stages n'étant proposés qu'en

1. Observatoire de la vie étudiante.

2. « Accompagnement des étudiants : une priorité et un enjeu d'avenir pour L'État et les collectivités », rapport d'information du Sénat n° 742 (2020-2021), déposé le 6 juillet 2021.

Île-de-France, Paris devient, pour les étudiants provinciaux, non une destination magique, mais maudite. Un accélérateur de problèmes. Le budget logement absorbe tout. Au point qu'aujourd'hui, dans la capitale et sa région, un étudiant sur deux assure ne pas manger à sa faim fréquemment.

*

C'est là qu'intervient Linkee. Grâce à un système logistique très élaboré, cette association offre une seconde vie aux aliments sur le point d'être jetés aux ordures en raison de leur date de péremption. Depuis le confinement et l'explosion de la précarité étudiante, Linkee s'improvise pompier de la détresse alimentaire en milieu universitaire. À la tête de la structure, un homme qui parle comme un politique : Julien Meimon. Normal, il a beaucoup pratiqué le milieu. Avec Emmanuelli, en 1999. Jospin, en 2002. Puis comme directeur de cabinet de la garde des Sceaux, Christiane Taubira, place Vendôme. Il a conservé de ce passé un certain art des phrases qui claquent. « Les étudiants, déclare-t-il depuis un centre de distribution du 18e arrondissement de Paris, c'est l'avenir du pays. Les abandonner, c'est abandonner notre propre avenir. Impossible. »

Tous les jours, le fondateur de Linkee et ses équipes contactent une kyrielle d'entreprises agroalimentaires afin de récupérer denrées et lots périssables. Ces dons offrent une importante défiscalisation : 60 % du montant total des produits dans la limite de 20 000 euros ou d'un ratio de 5 pour 1 000 du chiffre d'affaires. Présenté comme ça, c'est aride, mais chez les grands groupes comme Danone et L'Oréal, on apprécie. Certains cadres sup se sont même fait une spécialité de calculer les coûts/

avantages en quelques minutes. Un feu vert est ensuite envoyé. Un camion Linkee, affrété.

Avec ce mécanisme de défiscalisation, *in fine*, c'est l'État qui finance un tiers de l'aide alimentaire annuelle dans l'Hexagone[1]. « Donc on arrête ? » questionne une cheville ouvrière de Linkee, bien consciente que la générosité, dans le monde de l'entreprise, est toujours intéressée.

Automne 2021. Mercredi soir. Sur les étals d'une distribution Linkee, des gels douche côtoient des cagettes de courgettes. Parfois Ferrero cède des Kinder. L'autre jour, un producteur de cinéma a apporté de la nourriture non consommée ayant servi pour le décor d'un film. « Promis, les acteurs n'ont rien touché. » Le boulanger du coin, ému par la détresse des étudiants attendant patiemment dans le froid, a livré spontanément pains frais et viennoiseries sortant du four. Lui n'a jamais entendu parler d'avantages fiscaux.

Dans la file, un visage se détache des autres. Peut-être est-ce dû à ses yeux bleus qui crépitent. Apolline attend depuis quarante minutes. C'est son tour de recevoir plusieurs kilos de denrées alimentaires (même poids pour tous). Elle n'a pas encore eu le temps d'ouvrir son sac à dos qu'une bénévole lui tend un ticket resto. « 9 euros », c'est écrit sur le coupon en papier. Apolline croit à une blague.

Élève en master affaires internationales à Sciences Po Paris, la jeune femme n'a pas de bourse, pas d'aide de ses parents. Elle est à la limite de tout. De payer son loyer. De boire un café. De ne plus profiter. « Ce n'est pas parce qu'on est à Sciences Po qu'on a tous des

1. Rapport sénatorial Bazin et Bocquet, 2018.

sous. » Elle parle fort. Autour d'elle, tous entendent, elle le sait, elle en est presque fière. « Il y a quelques années, c'était impensable de dire qu'on n'arrivait pas à manger. Maintenant, c'est presque un cri de ralliement de dire : "Ah, toi aussi !" »

Chez Linkee où, chaque mois, 200 000 paniers sont distribués, 90 % des bénéficiaires avouent sauter des repas. « Comme si nous avions toujours été là. Comme si c'était notre rôle de nous substituer à l'État », s'énerve le fondateur de l'association, qui se désespère d'avoir aussi peu d'écho dans les ministères, malgré les réseaux, les connexions, les tribunes dans la presse. Pourtant Julien sait qui appeler. Il a les numéros. Il y a peu, il était encore de l'autre côté du rideau.

Apolline, elle, a rangé le ticket resto dans son porte-monnaie. Ça servira pour un tour au supermarché. La semaine prochaine. Elle a appris à ventiler.

*

Un an plus tard, cette fois en bas d'un immeuble moderne du 13ᵉ arrondissement, quelques-uns des 3 000 bénévoles de Linkee finalisent une nouvelle distribution. Au loin, la fumée d'une cheminée industrielle donne aux lieux une ambiance new-yorkaise.

Les portes n'ouvrent que dans quarante-cinq minutes. Déjà 723 inscrits.

Dominique, l'attachée de presse : « C'est comme l'année dernière, mais en pire. » Une femme en master, accompagnée de ses deux enfants, dont l'un est encore dans une poussette, passe devant les autres. « Il va falloir que je les fasse vite dormir », s'excuse-t-elle.

Dans la file d'attente qui dépasse dorénavant les 300 mètres, un étudiant libanais. Il sourit. « La crise, comment dire, je commence à avoir une relation privilégiée avec elle. »

Dix mètres plus loin, un étudiant inscrit au conservatoire dit que la veille de sa rentrée scolaire, il dormait dans la rue.

À proximité, deux jeunes admettent – tel un péché avoué – acheter « par groupe » les livres programmés dans leur cursus de licence. « En économisant sur les bouquins, on s'offre du poisson. » Juste derrière, une silhouette retient l'attention de tous. Celle de Galaad. Il dépasse tout le monde d'une tête. Galaad, en gallois, signifie « faucon en bataille ». Étudiant en master d'architecture, les cheveux mi-longs finement bouclés, veste marine à bretelles, on l'imagine sortant d'un film de Fassbinder. Galaad a connu les mois sans viande. Maintenant, ce sont les mois sans marché. « Fini les pommes de terre et les courgettes fraîches. Pourtant pas des produits de luxe. » Tous les lundis, il patiente une heure dans la file de Linkee avant de recevoir des vivres qui lui dureront plusieurs jours. Dans son panier ce soir : deux oignons, quatre pommes de terre, une salade traiteur végétarienne emballée, un *chicken masala* sous vide, un poulet entier, des gésiers et du jambon dont la date de péremption est fixée à... aujourd'hui.

« Au pire, ça sent juste un tout petit peu », rigole Morgane Dayma, une des bénévoles. Elle aussi est en galère. L'été, elle se transforme en saisonnière. Début juin jusqu'à mi-septembre. « De quoi mettre 300 euros de côté tous les autres mois de l'année. » Elle ne peut plus compter sur le prêt de ses parents pour financer ses études. Il a déjà été intégralement dépensé.

Morgane souffre du dos et des articulations. Son médecin lui a imposé des séances chez l'ostéo « toutes les trois semaines ». La Sécu en rembourse sept par an.

Morgane s'est arrêtée là. Ce soir, ça ne l'empêche pas de déplacer des dizaines de cagettes de tomates.

Également mobilisée, Myriam Boudali, la « responsable des projets » chez Linkee. Cette dernière se fait parfois rabrouer par le ministère de l'Enseignement supérieur quand elle sollicite un coup de pouce. « On a déjà mis en place le repas à un euro dans les Crous, on ne peut pas faire un truc nouveau toutes les semaines. »

Myriam sait quoi répondre. Les arguments sont à puiser dans la dernière étude de Linkee, réalisée auprès de 4 000 étudiants. « Une fois qu'ils ont réglé leur loyer, les factures d'énergie et de téléphone, il reste, pour deux tiers de nos étudiants, 50 euros par mois. Soit 12 euros toutes les semaines. Avec ça, ils doivent se nourrir, payer les transports... Avec l'inflation, 12 euros, c'est quoi ? » interpelle Myriam Boudali.

Dehors, les étudiants sont de plus en plus nombreux, investissant trois trottoirs successifs. Pour eux, l'aide alimentaire est devenue solution pérenne.

On décide alors de filmer – je suis en reportage – cette imposante file d'attente. Un long traveling en accéléré, qui offre l'avantage de ne dévoiler aucun visage, par respect pour chacun.

La mise en ligne de la vidéo a lieu sur Twitter.

Les réactions confirment, pour ceux qui en doutaient, une France archipelisée. Même sur les questions de solidarité.

GB : « On fait des gosses, on les assume. »

Maïssdelacolline : « Ils sont tellement silencieux, ces jeunes, qu'on les oublie. »

Franckparis01 : « La plupart auront des bullshit diplômes, tout est mauvais dès le départ, on leur apprend l'assistanat, ils font des études qui ne servent à rien et ils finiront pauvres et aigris donc gauchistes. »

Jeffbeck67 : « La longueur de cette file est inverse à celle des postulants aux jobs d'été. »

LucileChabet : « L'avantage, c'est que ces futurs riches ne viendront pas râler quand il faudra payer plus d'impôts, travailler plus longtemps. »

Ezequiel : « Je suis choqué, c'est juste à côté de chez moi. »

FloTimo : « Je serais quand même curieux de voir les statistiques sur les origines de ces étudiants. »

Frihet : « Vendez vos iPhones, jeunes gens ! Vous aurez de quoi manger pendant un an ! »

Letripou40 : « Les jeunes qui ne comptent que sur les aides de l'État ne sont pas l'avenir du monde ! »

Alano54 : « Ils devraient descendre dans la rue pour manifester, ce serait plus utile ! »

Sobrio99 : « On a vingt fois plus de raisons de faire un Mai 68 qu'en 68. »

Gilbert_FR : « Ils ont des parents et ce n'est pas à l'État de payer leurs études avec nos impôts. »

Ar_go_me : « Vous pensez vraiment qu'ils font la queue pour le plaisir ? (Et que tous les parents ont les moyens d'aider leurs enfants.) »

LionBenjamin : « Quand j'étais étudiant, j'avais un copain qui bossait les vacances scolaires pour financer ses études, il en est mort, il avait 22 ans, fauché dans un carrefour à 5 heures du mat en sortant de l'usine. Ce n'est pas ce monde dont je rêve pour mes enfants. »

Nimbusine : « Ah, s'ils étaient allés voter. »

Milhpertuis : « Ces jeunes méritent ce qui leur arrive... des brèles. »

ElieSoucoupe : « Qu'ils mangent de la brioche. »

Cernusko Ivan : « J'imagine qu'il s'agit de sans-papiers. »

Un_indealiste : « Nous avons du bio, du lait, des œufs, de l'hygiène mais également des chocolats. Nous sommes au 12 rue XXXX[1] 75014 Paris. Carte étudiante et sacs obligatoires. »

1. Adresse non dévoilée, pour respecter les éléments relevant de la vie privée.

QUATRIÈME PARTIE

LE LOGEMENT, CETTE USINE À CAUCHEMARS

La question, pour nombre de citoyens, n'est plus depuis longtemps de savoir qui est en capacité de devenir propriétaire, mais plutôt : qui est encore en mesure de payer les factures d'énergie ? La crise du logement fragilise 12 millions de Français[1]*. Décrocher une place en HLM ? Prière, dans certaines villes, d'attendre une décennie. Les communes qui ne construisent pas assez sont sanctionnées et celles qui construisent trop... le sont aussi, alors que des rapaces en profitent pour gonfler leurs comptes bancaires sous les yeux d'un État qui agit non au mieux, mais comme il peut.*

1. Fondation Abbé-Pierre, 28e rapport sur le mal-logement en France, 2023.

12

La fin de vie des plus grandes barres HLM de France

Nancy (Meurthe-et-Moselle)

Que faire de ce symbole des Trente Glorieuses que sont les barres HLM, où des milliers de personnes ont vécu entassées mais heureuses, et qui aujourd'hui prend l'eau de toutes parts ? Les locataires toujours en place font preuve de débrouille ; les pouvoirs publics, eux, sortent les pansements.

En matière de logement, l'enfer d'aujourd'hui est parfois le paradis d'hier.

Dans les années 1960, un faire-part sidère toute la France : la naissance de deux titanesques immeubles. Quartier du Haut-du-Lièvre, à Nancy. « Les deux barres les plus longues d'Europe. » Des murailles déroulées sur 600 mètres. Le Tilleul-Argenté et Le Cèdre-Bleu. Hommage du béton à la nature. Les immeubles ne se touchent pas, mais forment une ligne de crête, repérable depuis d'innombrables points de vue.

La curiosité étant vive autour de ce « gros machin », une visite est organisée pour une équipe de l'ORTF, à quelques jours du printemps 1967. La caméra entre dans un premier appartement. Couloir d'entrée lumineux. Au fond, la locataire passe la serpillière. « Un quatre-pièces, cuisine, salle de bains, j'ai trois enfants », résume-t-elle, intimidée. Elle porte sur les épaules la lourde responsabilité de représenter ces Français qui accèdent au confort. Des lunettes à verres fumés, un pull angora, une jupe. La serpillière à peine rangée, vite, la mère de famille se précipite dans le salon. Une table basse, des fauteuils – style épuré, ça ferait fureur aujourd'hui chez Artcurial. Au moins cinq cendriers disséminés partout dans la pièce, dont l'un estampillé Suze, c'est écrit si gros qu'il est impossible de passer à côté. Pour éclairer la lecture de madame, qui feuillette un ersatz de *Paris Match*, un lampadaire arqué follement futuriste.

Direction la cuisine. Ordonnée, lustrée, c'est pour la télé. L'évier comporte un plan de travail, il est collé au four, lui-même à proximité du réfrigérateur. Tout est blanc.

La caméra s'approche. La locataire aux verres fumés a décidément une sacrée responsabilité, ce jour-là. La voilà présentée comme étant la première à avoir pris possession des lieux, dans ce quartier ouest de Nancy, tout juste sorti de terre, à 110 mètres d'altitude, sur le plateau de Haye, avec vue saisissante sur le centre-ville. En posant ses valises ici, elle dit profiter pour la première fois, chez elle, d'une salle de bains, de l'eau courante, du chauffage au sol.

Le journaliste : « Si on vous offrait la possibilité de retourner en ville, le feriez-vous ? »

Elle, dodelinant de la tête : « Ah non[1] ! »

Une vraie plaquette de pub, en noir et blanc, diffusée à la télévision française. Mais, en cette journée de mars 1967, le journaliste de *Lorraine soir* décide soudain

1. Archives INA, reportage « Le Haut-du-Lièvre à Nancy », *Lorraine soir*, 21 mars 1967.

de gratter un peu. Le voilà qui investit un autre étage. Face caméra, solidement enracinée dans sa cuisine, nettement moins élégante que la précédente interlocutrice, une voisine vêtue d'une blouse blanche se plaint, elle, du montant du loyer. « 230 francs, pour un salaire de 500 nouveaux francs. »

Le reporter poursuit sur sa lancée. Il frappe à une autre porte. Nouvel appartement, nouvelles complaintes. L'insonorisation, le chauffage, l'eau chaude qui met tellement de temps à arriver. C'est bien, la vie dans les grands ensembles, mais il aurait fallu soigner les finitions, dit en substance l'un des locataires.

Quelques mois plus tard, 3 000 personnes sont logées dans cette même et unique structure de 900 appartements. L'équivalent d'une commune dans une barre.

On ne compte alors pas les chômeurs mais la jeunesse. Dans ce quartier du Haut-du-Lièvre cohabitent 7 000 enfants âgés de 0 à 15 ans. Les parents sont qualifiés de « jeunes ménages ». Et les vieux ? Quasi absents. Les autorités en dénombrent seulement une centaine, dépassant les 65 ans.

Tout le monde est entassé, c'est la nouvelle règle du jeu. Une porte d'entrée au rez-de-chaussée ouvre sur 90 appartements.

Les rues sont encore en construction. Les voitures, des objets de curiosité. Au pied des barres d'immeubles, les commerces sentent bon la France des Trente Glorieuses. Dans la vitrine de la pharmacie, sur un drap blanc satiné, les marques Gemey et Peggy Sage font des œillades aux clientes. « Crème traitante », « Fluid make up ». Ça claque, *a fortiori* quand c'est écrit en anglais. La mercerie plastronne, elle propose du Éminence et du Petit Bateau – trois chaussettes achetées, la quatrième offerte. Le tabac vend des journaux – beaucoup. Des parfums – un peu. À côté, il y a même la Société nancéienne de crédit industriel.

Deux centres commerciaux complètent l'offre. Ils sont éloignés d'à peine un kilomètre l'un de l'autre. Les Ombelles et Les Tamaris. Cette manie, déjà, d'emprunter le champ lexical des fleurs pour nommer des blocs de béton.

*

Près de six décennies plus tard, a-t-on besoin de préciser que les plus longues barres HLM de France ne font plus rêver personne ? Les seuls encore intéressés sont les réalisateurs de films et séries qui se bousculent au Haut-du-Lièvre pour tourner. Un appartement est même encore dans son jus, années 1960, mobilier d'époque ; ça épargne de refaire la déco. Mais qu'ils fassent vite... Car Le Tilleul et Le Cèdre sont en pleine reconfiguration avec un ravalement version XXL qui dure, dure, dure.

Le chantier, cornaqué par le bailleur social nancéien OMh, court depuis 2004. La facture globale flirte avec les 400 millions d'euros – aides de l'État comprises. Quand nous arrivons, une barre a déjà été totalement vidée de ses habitants. De l'extérieur, des tuyaux d'aération blancs permettent de ventiler les pièces. Car il y a de l'amiante en pagaille. Vingt six mille tests réalisés. Voilà qui va encore rallonger considérablement le chantier.

En attendant, on désosse. Dans un ancien supermarché, fermé depuis plusieurs années, sont entreposés les trésors liés au dépeçage du Cèdre. Quatre kilomètres de garde-corps, 1 700 robinetteries, 900 w.-c., 800 lavabos. Même les boîtes aux lettres sont conservées. « On ne jette rien. » Le prix des matières premières s'envolant, toutes ces reliques seront revendues ou réutilisées.

Le calendrier de reconstruction étant gigantesque, certains habitants restent pour l'heure dans les structures antédiluviennes du Tilleul-Argenté, « TA » pour les initiés. Soit 200 familles « en attente de solutions ».

*

Devant le 9 *bis*. Johnny et Myriam, deux gardiens d'immeuble, discutent avec une femme, agent d'entretien. « Moi, je suis la sous-traitante. Regardez, c'est écrit dans mon dos. » Elle se retourne. Sur son blouson, le logo de l'entreprise qui l'emploie, Atalian.

Quelle répartition des tâches, entre eux trois ? Les deux gardiens prennent en charge le nettoyage des entrées ainsi que l'ascenseur. Les autres parties communes, c'est pour l'agent d'entretien, qui est très embêtée, ce matin, à l'idée de monter au dernier étage.

– Tu devrais prendre une plaque à glace, conseille Myriam. Et t'en servir comme d'un grattoir.

– Le sang, ça pue, non ? demande l'agent d'entretien. J'ai pas très envie d'y aller.

– Quand il a coagulé, le sang, c'est chiant à enlever. Prends des gants en caoutchouc, hein. Et de l'eau pétillante, ça décolle mieux.

– Si, avec ça, je n'ai pas une prime à Noël !

Un homme a été blessé à la main, le samedi soir précédent. Et une imposante flaque de sang sèche depuis trois jours devant la porte. « Un guet-apens », a écrit le journal local. Myriam a conservé la coupure de presse dans son salon.

La victime ? Un trentenaire, originaire de Troyes, venu à Nancy pour une rencontre d'un soir avec une

« call-girl ». Quand il s'est trouvé face à la barre d'immeuble, il a grimpé *illico* au quinzième étage.

Elle était du quartier. Promis, juré. Le trentenaire était en contact avec elle depuis plusieurs jours par Internet. Ce serait discret. Chez elle. En plus, c'est grand – un T3.

Dans les faits, l'appartement est officiellement inoccupé.

Quand le Troyen frappe à la porte, six individus lui tombent dessus. Ils lui dérobent 400 euros. Une bagarre. Un coup de couteau. Le jeune homme blessé à la main. Doigt entaillé. Le Troyen s'échappe par un balcon. « Il a escaladé, étage par étage, l'immeuble, pour redescendre », croit savoir Myriam, la gardienne, elle-même ayant du mal à adhérer à sa propre version des faits.

L'agent de nettoyage écoute. La voilà encore moins rassurée. « On se fait à l'odeur du sang, tu verras », conclut Myriam – façon : j'en ai vu d'autres.

De la violence au « TA » ? Oui, souvent, mais pas tous les jours non plus. « Si on pouvait éviter les clichés », demande Myriam.

Dans la seconde qui suit – tant pis pour lesdits clichés –, elle sort son téléphone portable afin de nous montrer une vidéo. Celle d'un bâtiment en flammes. C'était il y a trois semaines. Un ancien centre commercial, 1 000 mètres carrés, sur deux étages, lieu désaffecté depuis deux ans, soudain avalé par le feu. Depuis, la machine à rumeur fait beaucoup de bruit. « Ça arrange bien le bailleur, cette histoire », dit un locataire du Tilleul-Argenté qui vient de rejoindre la conversation, devant la porte du 7 *bis*. « Comme par hasard, ça s'est arrêté avant la mosquée », rebondit un autre, attiré par le récit. Personne ne sait, tout le monde fait croire.

Des anecdotes, Myriam en a à revendre, qui illustrent une violence étuvée, ne débordant pas du cadre géographique délimité par le grand ensemble en béton.

La gardienne réfléchit par étages. Tant pis – encore une fois – pour les clichés.

Quatorzième : « Lui, je l'appelle Spiderman. Les pompiers déroulaient l'échelle quand je suis arrivée. Le petit m'appelait du balcon. Il était en train de descendre par ses propres moyens, à mains nues. » Pour fuir des violences. La gardienne ne dira pas lesquelles.

Onzième : un tir de fusil à pompe. La balle termine sa course dans la main d'un locataire. « À l'époque, je ne savais pas qu'on pouvait déranger la police le dimanche, ponctue Myriam. J'ai attendu le lundi pour prévenir. »

Sixième : deux filles ont voulu incendier un appartement. Une vengeance. « Je préfère pas vous dire pourquoi. »

La concierge doit aussi gérer les décès, les corps de locataires retrouvés dans leur chambre ou dans le salon. Myriam compte. Elle en est à trois. « J'en ai un qui est mort au premier tour de l'élection présidentielle. Un autre, l'an dernier, resté quatorze jours dans son appartement, sans que personne sache. Et puis un jeune aussi, mais là, les causes de son décès sont troubles. »

La gardienne ne parle pas de travail éreintant, mais dit : « Je fais abstraction du mauvais. » Elle regrette « le manque de solidarité », précise : « C'est plus comme avant. Un gosse faisait une connerie, il prenait une baffe, de la part de ses parents ou d'un voisin, peu importe, c'était réglé. »

Sur les six entrées d'immeuble dont elle a la charge, durant la période de Noël, une seule locataire lui tend, immanquablement, une enveloppe. Des étrennes.

Tous les jours, Myriam court au-devant des emmerdes. Régler, par exemple, les loyers en ligne – les quittances sont dématérialisées – parce que des locataires n'ont pas Internet. « On en compte beaucoup dans la tour, des comme ça, et pas seulement les vieux. » Alors Myriam jongle avec les comptes en ligne, utilise sa propre adresse mail ou, pour les plus volontaires, en crée une. « Ma mère faisait le même métier que moi. Rendre service, je sais faire. »

La gardienne participe aussi au portage des courses, elle change les ampoules, nettoie les excréments dans l'ascenseur. Au départ, le flot des demandes était incessant. « Ils sonnaient à la porte à 2 heures du matin. J'ai mis le holà. » Myriam vit au deuxième étage. Avec ses ados et « la grande » qu'elle dépanne aussi. Du coup elle dort dans le salon, les enfants, dans les chambres. Un T3.

Myriam touche 1 200 euros par mois. Pas de loyer à verser, mais les charges sont à régler. « Avant, dans mon ancien boulot, je gagnais 400 euros de plus. » C'était dans le milieu hospitalier. « Lever les malades, coucher les malades, leur donner les médocs à la place des infirmières. Mais je n'avais pas la sécurité de l'emploi. » Va donc pour un poste au TA.

Elle parle le créole antillais, le créole mauricien, le créole réunionnais aussi. « L'arabe, je le comprends mais je ne le cause pas. » Elle connaît tous les étages, tous les numéros d'appart. Ça ressemble à des codes pour wifi. Sur les boîtes aux lettres : LOGT/2335 E/7B AU 2E.

Elle sait aussi l'activité de tous les voisins qui travaillent. En périphérie de Nancy comme ailleurs : un quart des emplois dans les banlieues viennent du secteur de l'économie sociale et solidaire[1]. Autrement dit, quand le secteur privé et les services publics désertent,

1. ESS France.

ne reste plus que le filet solidaire. Ça limite les perspectives d'emploi.

*

Chez OMh, le bailleur social, les responsables ont bien conscience que la mixité sociale dans les HLM est un rêve, mais ils tentent, avec les moyens qui sont les leurs, d'apporter du mieux.

À Nancy, 7 000 noms sont inscrits sur la file d'attente pour espérer une place en HLM. Délai officiel pour une réponse : sept à huit mois. En Île-de-France, on compte en années, un dossier sur seize est retenu[1].

Dans l'agglomération nancéienne, 70 % des attributions concernent des couples avec moins de 16 800 euros par an de revenu net imposable. Sans coup de pouce financier de l'État, ils ne pourraient pas se loger. « Quasiment les deux tiers de nos locataires sont "apéelisés" » (comprendre : ils reçoivent l'aide personnalisée au logement, APL), explique Jérôme Dal Borgo, le directeur général. Ne pas se méprendre : « Ils ne constituent pas la population la plus vulnérable. » Ceux sur le point de craquer ? « Les jeunes couples avec deux enfants. Quand chacun a 1 500 euros de revenus, sans toucher d'aides, là, ça décroche encore plus violemment. »

*

Pour les retraités aussi, les décrochages se multiplient.

Pendant une décennie, Nicole a habité le quinzième étage. Vue imprenable sur Nancy, depuis les hauteurs

1. « Tableau de bord de l'Agence nationale de contrôle du logement social », octobre 2022.

du Tilleul. En 1985, elle est redescendue de quelques niveaux, son train de vie aussi. « C'est un peu moins beau, le quotidien au douzième. » On comprend qu'elle ne parle pas que des paysages à la fenêtre.

Le premier poste de dépense, pour Nicole : son loyer. 310 euros, tout compris. « Le mois dernier, j'avais un peu d'argent de côté, alors j'ai versé 320 euros. » Des fois que le mois prochain, elle ne puisse pas payer le montant exact.

Nicole a mal à l'œil, elle s'est fait opérer d'un kyste à la paupière la semaine dernière. Elle dit qu'elle n'est pas de bonne humeur. Elle vit seule. Son tabac à rouler trône en maître sur la table à manger, à côté d'une bougie senteur *red berries*. Son passe-temps favori : un « méli-mélo de poche » déjà bien entamé. « Mieux que les mots croisés. »

Myriam, la gardienne : « T'as toujours pas Internet ? »

Nicole : « J'en veux pas, d'Internet ! J'ai *Demain nous appartient*[1], ça me suffit. Mon portable, il est depuis sept ans dans le tiroir, faudrait que je mette une puce dedans. J'ai pas envie. »

Myriam : « Je t'aime bien quand t'es énervée. »

Pour seul plaisir, Nicole dit s'offrir occasionnellement une virée au Royal Gambas. Grillades, woks, sushis, buffet à volonté. Elle y va avec sa copine Monique.

Le cinéma ? « Là, j'ai personne pour me suivre. » Elle n'a pas de voiture, fait ses courses à pied. Plus pratique. Plus cher aussi. Elle a 73 ans. Peu de rides. « Ma crème Nivea, comme le portable, je n'y ai pas touché depuis sept ans. »

Nicole dit : « J'ai quand même de la chance d'être en HLM. » Cela, alors qu'un million et demi de ménages

1. Téléfilm quotidien sur TF1 diffusé en fin d'après-midi.

sont en attente d'un logement social en France[1] et que les chantiers de construction, faute d'ambition politique, se réduisent. 124 000 logements sociaux financés en 2016. 95 000, six ans plus tard. Quand on pense que les pouvoirs publics affichaient, il y a peu, l'objectif officiel de 150 000 HLM annuels[2].

Sur le pyjama que Nicole porte ce soir, il y a écrit « Sweet Dreams ».

*

Myriam prend désormais la direction du premier étage, où elle croise Christiane. Cette fois, la gardienne ne reste pas. « Elle, c'est moins rigolo. »

Christiane est installée ici depuis 1999. Un pantalon style militaire, un sweat et des chaussons roses, un morceau de scotch sur le carreau droit des lunettes. Au départ, elle préfère discuter sur le palier. Avant d'accepter de nous faire entrer.

Elle s'excuse pour le « bordel ». La cuisine ressemble à un tableau de Soutine, sens dessus dessous. Dans l'évier s'empilent des poêles, des assiettes, une bouteille de soja. Par terre, des saladiers en plastique. Dans le salon, un capharnaüm plus dense encore. Pas un centimètre carré de libre au sol. La table croule sous les objets. Beaucoup de boîtes de tabac à rouler. Un spray contre les insectes rampants. Sur les murs décatis, là où la peinture ne tombe pas : des posters de Bouddha. Une dizaine. Certains sont des photocopies, d'autres brillent

1. « Bilan de la demande de logement social », Union sociale pour l'habitat, juin 2022.

2. Fondation Abbé-Pierre, « L'état du mal-logement en France », rapport annuel 2023.

sur du carton à relief. « Mon mari l'adorait, Bouddha. » Il est décédé en 2018.

La locataire ouvre le réfrigérateur. Empoigne une bouteille de Cherry Coke. Puis se dirige vers la fenêtre. « Pour le moment la température est acceptable. » Christiane pointe du doigt le système de chauffage collectif, dont on devine une partie encastrée, collée au plafond. Biomasse, bois et gaz ; plutôt judicieux comme choix à l'époque, car peu onéreux aujourd'hui. Tant mieux pour Christiane qui vit avec moins de 600 euros par mois. « Parfois, c'est 400. Le montant change tout le temps. »

Ce revenu unique correspond aux indemnités liées à son récent accident du travail. « Moi qui m'étais décidée à reprendre un boulot. » Elle avait dit oui pour quatre heures par jour, 700 euros tous les mois. Il fallait prendre le bus, ligne 2, jusqu'à son employeur : la mairie. Là-bas, elle s'occupait du nettoyage. Mais – la date est gravée dans sa tête – le 3 mars 2021, Christiane tombe dans un escalier. Les vertèbres sont touchées. Une première opération. Ça ne donne rien. Il faut poser deux vis. Depuis, elle peine à se déplacer. Aucune mutuelle pour amortir ce qui peut l'être côté dépenses médicales, seulement la CMU.

Le mois dernier, elle n'a pas payé son loyer. « De toute façon, l'assistante sociale m'a dit de ne rien verser, sinon ça sera encore pire. » Sur son compte courant, elle est à découvert. « Moins 38 euros. »

*

Au Haut-du-Lièvre, c'est dur financièrement, même pour les gardiens d'immeuble. Nous voici face à une nouvelle concierge qui veille sur une soixantaine de ménages au total. Toujours un portable dans la main.

Elle jongle entre deux cartes SIM. Celle du travail, et celle dédiée à sa ligne perso. Les journées se terminent avant le journal de 20 heures quand ça va bien ; au milieu de la nuit quand activité annexe il y a.

Car, pour arrondir ses fins de mois – elle touche le Smic –, celle qui est aussi mère de famille se transforme, le soir venu, en « bar ambulant ». « Les clients passent commande *via* Snapchat. » Et la gardienne fait la distribution, version porte-à-porte.

Le procédé est le suivant : au moins une fois par mois, elle prend sa voiture direction le Luxembourg – 1 h 22, 109 kilomètres d'après Mappy. De ce côté-là de la frontière, les alcools sont moins chers. Dans son Caddie, des bières – « Beaucoup de Desperados, ils adorent » –, de la vodka, du whisky. « J'ai le droit à 110 litres de bière et 10 litres d'alcool fort. » Dans le véhicule, elle est toujours accompagnée d'une ou deux personnes, très heureuses de faire, elles aussi, un plein pour moins cher que dans l'Hexagone. Notamment en cigarettes. « Et puis, à plusieurs, ça passe mieux vis-à-vis des douanes. »

La nuit tombée, au premier message reçu sur son portable, elle alimente des dizaines de voisins. Ils peuvent se déplacer mais la plupart du temps la gardienne joue à Deliveroo, monnayant un petit supplément.

Pour le tabac : à partir de 15 euros le paquet, davantage quand la soirée est bien avancée. Pour les alcools, tout est servi dans des bouteilles en plastique petit format de la marque Cristaline, la moins chère du marché. 20 centilitres de vodka ou de whisky, coupés ensuite avec du Red Bull ou d'autres *soft drinks*. Ce qui donne un « flash », le nom du cocktail. Entre 8 et 10 euros, prix plancher. « À 4 heures du mat, quand ils sont cuits, les tarifs montent. Même si je reste bien moins chère que l'épicerie. » Où l'on comprend que la gardienne est loin d'être la seule à pratiquer la mixologie de quartier dans des contenants passe-partout.

Ce soir-là, plusieurs jeunes croisés remercient la reine des cocktails pour les tarifs pratiqués, récitant la carte des prix telle une chanson populaire. La gardienne sourit. « Allez, je vous laisse, j'ai une raclette à préparer pour les enfants. » Certains soirs, la vendeuse de « flash » empoche jusqu'à 500 euros.

*

Pour ceux qui, au Haut-du-Lièvre, n'arrivent pas s'accrocher aux branches du système D, une porte reste ouverte. À l'extrémité ouest de l'immense barre du Tilleul-Argenté. Celle des Restos du cœur.

Contrairement à d'autres antennes locales, ici, le nombre de familles épaulées est le même en janvier qu'en août. Marylise Desailly est bénévole. Elle jongle avec Google Trad pour discuter avec des bénéficiaires qui, de plus en plus, ne parlent pas bien français. Parfois les traductions du smartphone sont si mauvaises que, depuis le couloir, on appelle à l'aide afin de donner un coup de main, en arabe, ukrainien ou russe...

Épaulée par une collègue, Maryse reçoit ce matin dans son bureau la jeune Lusine, une Arménienne installée au sixième étage du TA. Avec mari et enfant.

Pull synthétique noir, baskets Fila roses, toute menue, Lusine est assise devant les deux membres des Restos du cœur. Pour Marylise, c'est l'heure de rentrer les informations liées au train de vie de la jeune femme. Elle ouvre le logiciel Ulysse, l'outil commun aux presque 2 000 centres d'activité des Restos dans tout l'Hexagone. Dans cette base de données, un algorithme mouline pour dire qui est éligible aux aides et qui ne l'est pas. L'association n'aime pas donner ce détail, mais, en règle générale, pour une personne seule, un « candidat » doit afficher moins de 700 euros de revenus par mois afin d'être accepté.

Dans le logiciel de Marylise, à la section « Vue 360 degrés », défilent les cases suivantes :

– Aide au logement

– Allocation logement

– Allocation familiale

– Allocation demandeur d'asile

Lusine est dans une situation à la fois compliquée financièrement et très sommaire à résumer : elle ne touche rien. Son époux non plus.

« Été 2022, questionne Marylise, tu n'avais déclaré aucune ressource, ni allocation ni salaire. Toujours aucune charge, vu que tu es hébergée par un tiers ? » Personne, au sein de l'association, ne se risque à demander qui est ce « tiers ».

Côté « charges », justement, signe des temps, figurent dorénavant une ligne « mensualités de surendettement » et une autre dédiée à « eau et énergie » – auparavant, les Restos du cœur ne prenaient pas en compte les factures d'électricité et de chauffage, mais les montants s'envolant, celles-ci sont désormais intégrées. Il y a aussi la case « taxe foncière ». Marylise ricane. « Celle-là, on ne l'a jamais remplie. »

Le dossier de Lusine est validé en quelques secondes. Place ensuite aux détails sur l'aide alimentaire. « Tu consommes de la viande de porc ? Le jour du passage, pour te servir, ce sera le mardi à 9 heures. »

Les banques alimentaires estiment qu'en France, en dix ans, le nombre de bénéficiaires a triplé : 2,5 millions d'individus ne peuvent se nourrir sans l'aide d'une association. L'alimentation est d'ailleurs, depuis la dernière vague d'inflation, redevenue le deuxième poste de dépense des ménages tricolores, après le loyer. Avant, c'était l'énergie.

13

Quand la capitale de France des logements sociaux est traitée de « mauvaise élève »

Gennevilliers (Hauts-de-Seine)

À quelques kilomètres de distance de riches communes qui refusent de construire des logements sociaux, Gennevilliers fait tout le contraire. Et se voit sanctionné par un État qui dit refuser la « ghettoïsation ». Interpellant.

L'immeuble épuré, tout juste sorti de terre, ressemble à un empilement de boîtes d'allumettes nacrées. Une douzaine d'étages. L'architecte regarde, quelques kilomètres devant lui, la basilique du Sacré-Cœur, à Montmartre. Deux mondes qui, par une forme de politesse forcée, s'échangent un bonjour pincé. « Là-bas, c'est Haussmann, nous, c'est le cimetière. » L'ensemble, constitué de 113 appartements, a en effet été bâti sur un cimetière qu'il a fallu déménager. Passons sur l'aspect mémoriel et affectif et notons que l'opération a mis vingt ans pour être achevée. Vu le prix du foncier, c'était « la solution la moins chère » pour exécuter un tel programme. À Gennevilliers, on déplace les pierres tombales afin de créer des apparts.

« Au final, conclut l'architecte, ça permet à des habitants de rester ici, sinon ils iraient s'installer à 50 kilomètres de Paris. »

Quasiment un record en France : Gennevilliers compte 44 000 habitants dont près de 30 000 sont logés au sein du parc social, dans des immeubles années 1960 qui prennent l'eau et se dressent face à des structures modernes, elles, aux formes géométriques dont on ne sait si elles vieilliront bien.

Suffisant ? Jamais, pour Patrice Leclerc, le maire communiste de la ville, qui veut toujours plus de HLM sur sa commune.

Deux semaines avant Noël 2022, l'édile mobilise ses administrés en vue d'organiser une protestation devant le ministère du Logement, afin que le rythme de construction d'immeubles sociaux s'accélère. Chez lui, comme ailleurs.

L'année précédente, la même opération avait fait un flop. Soixante-dix personnes devant le ministère. Cette fois, le maire espère un sursaut. Afin d'alerter l'opinion, il convoque plusieurs centaines d'habitants dans une salle municipale. Réunion publique sur la crise de l'habitat. On parle file d'attente et embouteillage. « 750 000 demandes de logements sociaux en Île-de-France, pour 60 000 places qui se libèrent chaque année. » À ses côtés, l'adjointe au logement relève qu'à Gennevilliers, 85 % de la population est en droit de réclamer un logement social.

L'Île-de-France, c'est, à quelques kilomètres d'écart, des collections d'outrances.

Six mille mètres séparent Neuilly-sur-Seine de Gennevilliers. La ville blason du bon chic bon genre écope chaque année d'une amende de 6 millions d'euros pour non-respect des objectifs légaux de 25 % de logements sociaux – le chiffre plafonne à 6 % depuis des années, au point que c'est presque devenu une marque de fabrique.

Mais juste à côté se dresse Gennevilliers, l'une des communes les plus généreuses de France en matière de HLM : 67 % du parc immobilier. Ce qui vaut aussi à la ville... des sanctions pécuniaires. En l'espèce, des financements en moins. Décision de la région. « On ne veut pas ajouter de la pauvreté à la pauvreté, et des difficultés sociales aux difficultés sociales de la ville, justifie, depuis un bureau épuré au sommet du conseil régional, le directeur général des services. On refuse donc de financer des logements "très sociaux" dans les communes qui en comptent déjà plus de 30 %. »

Avec les mêmes arguments, les subventions de l'État et du conseil départemental vers Gennevilliers ont été substantiellement diminuées, la ville étant accusée de « trop jouer le jeu ».

Monsieur le maire traite ces sanctions comme autant de malformations administratives. « Il faut parfois attendre jusqu'à onze ans avant de décrocher un logement social en Île-de-France, et on veut nous arrêter dans notre élan ! »

Le problème, c'est que Gennevilliers, par sa généreuse politique sociale de l'habitat, accentue les déséquilibres en attirant chaque année de plus en plus de postulants. De Levallois à Asnières, on y dépose des dossiers dans l'espoir de récupérer un T2 ou T3.

L'un des principaux bailleurs sociaux de la commune s'appelle « Gennevilliers Habitat ». Bureau 242, réunion de présélection pour remporter un logement social. Dans cette commune limitrophe de Paris, il faut patienter en moyenne « seulement » quatre ans avant de décrocher l'appartement rêvé. Un peu comme pour un jeu de société, avant que les choses sérieuses ne commencent, on rappelle la règle : la part du futur loyer ne peut dépasser 30 % des revenus du ménage.

Ils sont trois autour de la table. Personnage central : le directeur général. Pour chaque dossier, ce dernier note dans un cahier à petits carreaux une série de chiffres. L'encre de son stylo bleu Sign Pen bave un peu. Lui n'a rien du cliché du technocrate sans âme. Il prend soin de considérer toutes les situations. Mais à la fin, ce sont les chiffres qui décident.

En haut de la pile : un couple, 24 ans tous les deux. Première demande déposée voilà trois ans. Calcul express à la main pour vérifier, ce qui donne un loyer engloutissant 19 % de leurs revenus. C'est bon, haut la main.

Suit un célibataire, 29 ans. Le directeur général écrit « single » pour aller plus vite. Nouveaux calculs, règle de trois, 26 %, ça passe aussi.

Le secteur du logement social en France ? 10 millions de locataires pour 4,7 millions d'habitations. Un Français sur deux vit ou a vécu en HLM[1]. Et ça pourrait être plus encore puisque « 70 % des ménages sont éligibles, explique le P.-D.G. de Gennevilliers Habitat. Et heureusement, parce que sinon, nous n'aurions aucune mixité sociale dans les immeubles. »

*

1. Union sociale pour l'habitat, regroupant la majorité des organismes de logement.

La Cour des comptes a une lecture très différente du problème. Dans un récent rapport, elle râle en ces termes : « Les logements sociaux ne remplissent plus leur mission d'intérêt général, à savoir loger les plus précaires[1]. » Les taux de rotation en baisse, la galère des APL qui faussent les revenus des ayants droit... pour la Cour des comptes, rien ne va.

De quoi rendre furieuse l'Union sociale pour l'habitat : « Vous voulez que nos HLM se transforment en "modèle anglais" ? » Doux euphémisme pour décrire un risque de ghettoïsation.

À cela s'ajoute – encore – une voix dissonante, celle du maire de Gennevilliers. Car lui se bat contre la boboïsation. « La mixité sociale ? Elle n'améliore pas le sort des classes populaires, elle crée juste de la gentrification. »

Pendant ce temps, à Gennevilliers, les élus se demandent quel autre type de terrain, après le cimetière, pourrait être déplacé afin de permettre la construction de nouvelles tours, avec terrasses et loyers modérés. Avec la tour Eiffel en toile de fond, pour les plus chanceux.

1. Rapport de la Cour des comptes, juin 2021.

14

Le Secours catholique à la place de l'État

Metz (Moselle)

La crise énergétique transforme le quotidien des propriétaires modestes en cauchemar. Les sources de privation se multiplient. Beaucoup « oublient » de solliciter l'État, bien qu'ils soient en droit de le faire. Débordées, les associations sont obligées de trier les demandes.

« Je vais prendre celle à 2 euros. » Pas un coup de tête. Un achat réfléchi « depuis plusieurs jours ». Une fois empoignée la couverture bleu et blanc sur l'étal, Zilie la pose *illico* au fond de son Caddie, qui n'accueillera rien d'autre. C'est pour avoir plus chaud dans son salon, alors que l'hiver dépose du givre sur ses fenêtres. À l'intérieur du logement.

Sur le marché de la place Auguste-Foselle, ce matin d'automne 2022, la seule source de chaleur se trouve dans le nom du boulevard traversant : « Provence ». Tout autour, des immeubles gris. Certains font quinze étages, d'autres quatre, certains sont retapés de l'extérieur, d'autres pleins d'humidité. Le ciel semble être descendu très bas. Il pleut par intermittence.

Zilie dort dans un petit appartement. « Quarante ans chez le même bailleur social. » Une fierté. 495 euros de loyer mensuel. À ce prix-là, et puisque le chauffage n'est désormais plus collectif, elle éteint tout durant l'hiver. L'automne aussi, même pas besoin de le préciser.

Certaines saisons, Metz connaît des températures glaciales, mais pour rien au monde Zilie ne toucherait à l'équilibre de son budget. « Afin d'éviter de tomber dans les dettes. » Elle a deux fiertés et celles-là ont le droit d'être annoncées à voix forte sur le marché où l'on discute avec elle. « J'ai élevé seule mes gosses et ne suis jamais sortie du chemin. » La femme âgée de plus de 70 ans s'interdit le moindre dérapage. Le chauffage en est un. Zilie compte, « pas à l'euro près, non – c'est quoi l'expression déjà ? –, au *centime* près ». La phrase est empruntée à ses copines, que Zilie retrouve cet après-midi dans le cadre d'un atelier troisième âge. « Je suis la seule musulmane du groupe. » L'autre fois, une de ses amies lui a demandé si elle sollicitait des aides. Zilie a pensé que c'était déplacé. Non de poser la question, mais de le faire.

Vingt mètres plus loin, rayon fruits et légumes. Une mère et ses deux filles. Güllü, serrée dans sa doudoune rouge, attend pour régler. À ses côtés, manteaux longs noir et gris, deux sœurs, on jurerait des jumelles. Raté. Ceren a 22 ans, Ela, 15 ans. Deux autres enfants complètent la fratrie, mais ils sont en classe ce matin-là.

Les fruits et légumes payés, toutes les trois marchent 2 kilomètres jusqu'au domicile familial. Une maison sur deux étages, dans le centre de Metz, à côté du lycée Schuman où est scolarisée la petite Ela. Le logement est bien situé. À l'intérieur, en revanche, s'accumulent les désœuvrements. À commencer par le chauffage.

« On a laissé tomber le fioul depuis 2010. » Cette année-là, le couple vient tout juste de s'installer. L'accession à la propriété, le rêve qui va avec. Un prêt immobilier sur trente ans. Mille euros tous les mois, prélevés sur le compte courant.

Avant de donner les clefs, les anciens propriétaires préviennent : « Le fioul, ça pompe beaucoup. » Premier remplissage : 510 euros, Güllü se remémore le montant précis, ça cogne encore dans la tête. Trois semaines plus tard, 6 heures du matin, un samedi en décembre, parce qu'elle grelotte dans son lit, Güllü descend dans le salon. Chauffage à l'arrêt. Dix degrés dans la pièce. Un dépanneur est appelé. La famille pense à un dysfonctionnement technique. Pas le moins du monde. « La cuve est vide, il faut la remplir à nouveau. » Le père de famille : « On ne la remplira plus, on ne va pas partir sur des dettes. » Son épouse et lui réfléchissent à une solution. Va pour une cheminée. « Mais pas n'importe laquelle. » Une marque repérée sur catalogue, puis « observée en vrai », dans un magasin. Tarif : 2 500 euros neuve. « On va chercher la même, mais d'occasion. » Quelques jours suffisent pour trouver le modèle version « seconde main ». Adjugé pour 900 euros. Reste à se procurer du bois. Une « combine » est proposée par l'intermédiaire d'une copine. Presque des frissons en y repensant. 65 euros la stère (1 mètre cube de bois de chauffage coupé en sections d'un mètre). Livraison possible, mais « dans ce cas, c'est 4 stères d'un coup ». Le couple se promet de ne pas dépasser, pour chaque hiver, un total de 10 stères. Paiement en une seule fois. Le budget, la famille, tout titube.

Dans le salon trône donc la fameuse cheminée, un trophée pour les yeux. Les quatre enfants et les parents osent inviter des amis le week-end. Tout juste regrette-t-on le feu de cheminée, « ça salit et ça jaunit tout autour ».

À l'étage, les trois sœurs dorment dans la même chambre rose et violette impeccablement rangée, avec produits de beauté et flacons de parfum vides joliment disposés. La chaleur qui se dégage du salon, en bas, leur permet de profiter de quelques degrés de plus. Le garçon, logé dans l'ancien grenier, beaucoup moins. Si le thermomètre glisse durablement vers zéro dehors, « on s'autorise le radiateur électrique. Mais pas plus de trente minutes par nuit ». Le petit appareil, planqué derrière la table de chevet d'une des filles, a beau avoir des années au compteur, il est si peu utilisé qu'aucune éraflure ne l'abîme.

Autre source d'économie : la télé. Quand les enfants sont à l'école, Güllü n'allume plus l'écran. « Le soir uniquement. » Mais à cet horaire-ci, les ados branchent tous leurs téléphones portables et les plombs sautent. Il faut trancher entre les bénéficiaires. Alors ont été instaurés des tours de rôle. Et les smartphones ont été désignés prioritaires par rapport au petit écran.

En cuisine, même discipline. « Deux plaques de cuisson maximum si le lave-linge est déjà en action. » Quand un repas festif est organisé avec des copains, on prépare la moitié des plats la veille. Sinon – encore eux ! – les plombs sautent.

Ces gestes n'empêchent nullement les factures d'électricité de croître, suivant la courbe exponentielle des prix liée au début de la guerre en Ukraine. Le fournisseur local, l'entreprise UEM, a ses bureaux à Metz. Paiement tous les trois mois. Neuf cents euros la dernière fois. « Je règle toujours en deux temps. »

Un jour, en raison d'une facture non honorée, un technicien se présente à la porte. Il est 10 h 30. « Vous avez jusqu'à 15 heures pour régler, sinon on coupe. » Il cherche comment présenter la suite, choisit les mots, ça ne va pas plaire. « Dans ce cas, ce sera plus tard 90 euros pour remettre le courant. » Güllü et son mari sont à sec, le compte en banque, vide. Lui est en arrêt maladie depuis quatre mois. Pas de salaire, pas d'indemnité, il est autoentrepreneur dans le bâtiment. Güllü, elle, ne travaille plus. « Sur un coup de tête, j'ai abandonné mon boulot », explique-t-elle. Un boulot de nettoyages disséminés autour de la ville, qui rapportaient en moyenne 500 euros par mois. « Les dépenses d'essence sont trop importantes, avait dit son mari. On arrête la casse. »

Il est presque 15 heures, les parents contactent Ceren, la grande. La seule qui, au sein de la famille, travaille. Elle accepte de régler la facture. La mère dit avoir honte. Le père, gêné, esquisse un sourire. Celen pense peut-être le contraire mais répond : « C'est normal. »

Sur la table à manger plastifiée du salon, Güllü a plusieurs fois constitué des dossiers en vue d'obtenir une aide. Première tentative avec le centre d'action sociale de Metz. « Mais ce n'est plus ce que c'était », lui disent quelques copines. Güllü essuie un refus. On lui parle alors du Secours catholique. Contrairement aux Restos du cœur et au Secours populaire qui proposent des colis alimentaires, cette association-là octroie du cash en cas d'impayé, voire signe des chèques pour dépanner. « J'ai attendu la réponse trois mois. On m'a finalement dit non. »

*

Celui qui, parfois, est obligé de dire non, on le retrouve dans son bureau, au premier étage du siège du Secours catholique de Metz. Le délégué général départemental occupe une pièce monacale où, partout, les dossiers d'urgence s'entassent. Même dans le foyer de la cheminée en pierre de taille au-dessus de laquelle une croix en bois est solidement fixée, les chemises en carton s'accumulent. Il croule sous les demandes et pourtant, ça pourrait être davantage encore.

« Certains n'ont pas le réflexe de se tourner vers nous. Le mot "catholique" fait peur, avoue Alexis Garnier. Or, je rappelle qu'on ne demande aucun certificat de baptême. On aide plus de musulmans que de catholiques et oui, on compte de plus en plus de musulmans côté bénévoles. »

L'année dernière, la structure départementale a soutenu 5 341 ménages. Des mères isolées (de plus en plus), des personnes âgées, des chômeurs qui ne touchent aucune aide de l'État. « Le constat, on le connaît : l'aggravation des conditions de vie. » Se loger est vital, le reste, négociable. Alimentation, transport, santé... Le Secours catholique de Moselle a versé 390 000 euros d'aides directes en l'espace de douze mois. Un bond de 44 % en deux ans. Afin de soutenir financièrement des personnes acculées, démunies, sans armes. Avec du cas par cas, comme aux urgences de l'hôpital.

Ici, 5 000 euros pour l'achat d'un véhicule, afin qu'un employé puisse continuer à se rendre à son travail.

Là, 3 700 euros de frais d'obsèques, pour éviter que la famille d'un défunt n'aggrave son surendettement.

Autre dossier : 2 500 euros de scolarité afin qu'un étudiant parte à l'autre bout de la France s'inscrire dans une filière universitaire dont les enseignements ne sont pas proposés à Metz.

Ou 200 euros de timbres fiscaux pour le dossier de demande de régularisation d'un sans-papier.

Paradoxe : les plus aidés sont ceux qui grèvent le moins les comptes de l'État. « 29 % des personnes suivies par le Secours catholique de Meuse-Moselle devraient avoir le droit au RSA et/ou aux prestations de la CAF. Elles sont éligibles, nous avons tous les éléments chiffrés dans leurs dossiers. Mais elles ne demandent pas », relate Alexis Garnier. Parce qu'elles ne comprennent pas la procédure, n'ont pas Internet à la maison, ne souhaitent aucunement être dépendantes des pouvoirs publics...

« Au total, ajoute le délégué du Secours catholique, le gouvernement sauve 2 milliards d'euros chaque année avec des aides qui ne sont pas réclamées. L'État économise sur les pauvres. »

Ce non-recours aux aides sociales s'explique d'abord par un défaut d'information, puis par la complexité des démarches administratives, la crainte de conséquences négatives et enfin la volonté de s'en sortir par soi-même[1].

Le Secours catholique et les autres associations locales se substituent donc aux autorités. Quand ils le peuvent, ils corrigent le tir, s'assurant que des démarches administratives peuvent être entreprises par les bénéficiaires dans le but de récupérer ce qui leur est dû. « Mais encore faut-il que nous soyons nous-mêmes au courant de l'empilement des dispositifs proposés. »

Un jeudi par mois, Alexis Garnier allume son ordinateur pour participer à une conférence en ligne, à laquelle se connectent trente-huit acteurs de la solidarité ancrés dans le département. Les Restos du cœur et le Secours

1. Drees, 2023.

populaire sont de la partie. « On nous attaque toujours sur le mode : “Les associations caritatives mangent les pauvres des autres.” C’est faux ! On sait bosser ensemble, surtout depuis la pandémie. » Aux réunions en ligne participent, outre les associations : les mairies, le conseil départemental, les représentants locaux de l’État. « On échange, on se donne des bons plans, on alerte aussi. » Un jour, les participants découvrent, interdits, qu’aucune association d’aide n’est présente sur le territoire d’Aumetz, à la frontière du Luxembourg. Alexis Garnier : « On connaît les déserts médicaux. Moi, je parle de déserts sociaux. »

*

Rue de la Glacière, à Metz, un « accueil de jour » ouvert cinq jours sur sept. À 7 h 45, les bénévoles investissent la cuisine, préparent le café. Le journal du matin est posé sur une table. Quarante-cinq minutes plus tard, les premiers bénéficiaires s’installent. Ici, on peut prendre des brunchs, des douches chaudes, des cours de yoga.

Des représentants de la Ligue des droits de l’homme passent. Il y a Aurélie, la conseillère en économie sociale et familiale qu’on entend arriver au loin, avec son trousseau de clefs porté autour du cou. Toutes sortes de structures s’invitent aussi dans ce centre d’accueil de jour, affublées d’acronymes pas possibles : Aiem, Resam, AEA...

Toutes ont le même objectif : soulager les plus fragiles, eux qui ne sollicitent jamais l’administration. « Pour pas gêner. »

Alexis Garnier parle de « charge mentale » qui avale et empêche. « Arrêtons les fables ! Tout le monde a envie de bosser ! Mais tout le monde n’est pas en capacité de chercher un emploi. » Quand la priorité est de régler une facture de gaz afin d'éviter une coupure, de trouver un avocat pour espérer récupérer la garde alternée de ses enfants, d'appeler la Sécurité sociale pour une hospitalisation mal enregistrée, le reste passe à l'as. « L'extrême pauvreté, c'est 750 euros de revenus par mois. Or, les deux tiers de nos bénéficiaires touchent moins de 548 euros. »

Dans les rangs du Secours catholique, ils sont beaucoup comme lui à souhaiter voir les minima sociaux relevés de 500 à 900 euros.

« Que fait l'État ? Pourquoi les centres communaux d'action sociale (CCAS) des communes ne livrent-ils que des paniers repas aux petits vieux avant les échéances électorales ? Leur rôle, c'est la proximité et la solidarité. »

En attendant, la liste des sacrifices s'allonge. « Les seuls postes de dépenses non négociables pour les parents sont souvent les chaussures de leurs jeunes enfants. Pour ne pas être la cible de moqueries dans la cour de récré. » Des sneakers, et tant pis si on coule plus encore.

Quand les urgences dépassent l'entendement, Alexis Garnier missionne une assistante sociale. Mais, dans un modèle où les mailles lâchent les unes après les autres, les assistantes sociales aussi sont trop peu nombreuses, essorées, mal payées. « Vu les salaires pratiqués, elles-mêmes se rapprochent chaque année davantage de la précarité. »

Leur métier est rythmé par les contraintes. Comprendre : reportings, comptes rendus, dossiers administratifs. Dès lors, les visites à domicile ont de moins en moins lieu, ou plus du tout, remplacées par des permanences dans d'impersonnelles salles communales. S'y rendre relève du défi pour ces habitants sans moyen de locomotion. « Les assistantes sociales représentent le dernier symbole de l'État sur le terrain. »

Et ce symbole tombe par morceaux. Fracassant au passage la notion même d'espoir.

15

L'insoutenable légèreté des propriétaires de logements insalubres

Saint-Denis (Seine-Saint-Denis)

Quand le mal-logement est orchestré par des propriétaires véreux échappant à la justice. Aux portes de Paris, une petite brigade d'enquêteurs cherche patiemment à mettre la main sur ces profiteurs, même si cela prend des années.

L'avenue Wilson, à Saint-Denis, est une grosse artère congestionnée du matin au soir. Son commencement est géographiquement situé à quelques centaines de mètres de la capitale. Elle accumule, de chaque côté des trottoirs, une kyrielle d'immeubles en apparence présentables, qui cachent en vérité une folle concentration de taudis.

Habitent dans ces logements ceux qui n'ont trouvé aucune solution ailleurs. Bien sûr, la situation tend, par endroits, à s'améliorer. Mais prise dans son ensemble, l'avenue Wilson est l'antithèse outrancière des opulents boulevards parisiens.

La capitale brille, sa petite sœur, Saint-Denis, trime.

Caricatural ? Si seulement...

Dans l'arrière-cour d'un immeuble de cette avenue, il y a des poubelles dispersées sur plusieurs dizaines de mètres et un local à vélos extérieur désossé tenant encore debout par un miracle inexplicable. Au fond, une façade inquiète, car, au premier étage, toutes les fenêtres ont disparu et les bâches en plastique censées les remplacer sont en lambeaux. L'air froid de ce mois de décembre 2018 s'y engouffre avec cruauté. Températures : presque zéro. Au deuxième étage, les traces d'un incendie attirent l'œil, les murs paraissent calcinés.

Pour accéder à l'appartement d'où s'est propagé l'incendie, il convient de traverser un couloir, d'enjamber un canapé déglingué puis la carcasse d'une télévision. Un homme ouvre la porte. Un travailleur sans papiers qui parle difficilement français. Son logement ? Une trentaine de mètres carrés en tout. Deux pièces, dont une chambre où cohabitent cinq personnes. Toutes originaires d'Afrique subsaharienne, qui enchaînent les petits boulots, le jour ou la nuit, parfois les deux. Aucun n'est déclaré ni ne possède de couverture santé.

Quatre dorment sur deux lits superposés. Le cinquième a le luxe de profiter d'un lit dit « classique ». La chambre fait 12 mètres carrés. Murs nus. Un sac accroché à la paroi permet tout juste de ranger ce qui traîne, le reste est entassé sous les sommiers. À part des valises renfermant de menus souvenirs et quelques vêtements, il n'y a rien à déballer.

La salle de bains se résume à une pièce lilliputienne où l'eau ne coule plus depuis des semaines. Plusieurs couches de poussière s'accumulent dans le lavabo, personne ne l'utilise. Pour se brosser les dents, on se sert d'une bouteille en plastique et on va à l'évier de la cuisine, plus exiguë encore que les autres espaces. Une prise électrique est suspendue à un bout de scotch, en l'air. Des fils enroulés, façon pelote de laine, sont reliés au réfrigérateur. Au plafond, d'autres traces de l'incendie. N'y en a-t-il eu qu'un seul ? Le locataire agite la main gauche puis tend trois doigts.

Le loyer pour pareille insalubrité ? 700 euros par mois. Le locataire explique : « On a de la chance. » Ici. Plutôt que dans la rue.

En redescendant dans le hall d'entrée, un copropriétaire qui habite l'immeuble peste contre des déchets posés à même le sol. Il dit qu'il paie une taxe foncière, ne truande personne, verse des charges, que dans l'appartement qu'il occupe, la peinture ne s'écaille pas. Il assure aussi qu'il se bat contre le vent. « Tout le reste s'écroule. » On pense la formule toute faite, pour faire joli. On n'a pas compris. Le copropriétaire ouvre la porte de la cave, juste sous l'escalier qui commence sa course au rez-de-chaussée. Quatre piliers en acier, reliés à des poutres en bois, font leur maximum pour éviter que le plafond ne s'effondre. Les fissures, franches, béantes, menacent toute la structure. Pour ne rien arranger, il y a une pancarte placardée : « Madame, monsieur : un diagnostic de peintures dégradées a été réalisé dans votre immeuble. Ce diagnostic a révélé la présence de peinture au plomb accessible. Le plomb représente un risque pour la santé par intoxication. Les femmes et les enfants sont les plus exposés. » Ça doit être grave, c'est écrit en rouge.

Le copropriétaire hausse les épaules. « La réponse du syndic a été de dire qu'il n'y a pas d'argent dans les caisses. »

*

À Saint-Denis, en 2023, 40 %[1] du parc immobilier privé sont « potentiellement insalubres ». On écrit « potentiellement » car personne n'est allé vérifier dans tous les appartements. La mairie ne cherche même pas à minimiser. « Si ça se trouve, c'est encore pire que 40 % », glisse un membre du cabinet du maire. Dans l'Hexagone, aucune commune n'affiche un si triste taux.

Pourtant, la troisième ville d'Île-de-France – 115 000 habitants – est parfaitement desservie par les transports en commun ; elle croule sous les projets d'installation d'entreprises en quête de solutions de repli pour cause de foncier délirant dans la capitale. Et puis le village olympique 2024 crée de la « désirabilité ». Sans compter les immeubles flambant neufs qui sortent de terre.

Mais cela ne pèse pas lourd face à des propriétaires ayant oublié toute notion (même lointaine) de morale. Des propriétaires qui louent des logements miteux à une population ultra-précaire, pour qui Paris, à 3 kilomètres d'ici, ressemble à un restaurant trois-étoiles. L'offre, la demande. En économie, on n'apprend rien, les règles de base peuvent parfois se révéler l'équation du cynisme.

Un Dionysien sur trois vit sous le seuil de pauvreté. Ici, pour trouver un logement, pas besoin de fournir trois mois de loyer, pas de lettre de recommandation d'un parent avocat ni de chèque de caution d'un copain cadre dans la finance. Les propriétaires ciblent des personnes fragiles-sans-papiers-des-bosseurs-dont-on-sait-qu'ils-arriveront-tous-les-mois-à-toucher-un-salaire-parce-que-débrouillards. Des taiseux. Qui ne se plaignent jamais, n'appellent pas les pompiers parce que la cui-

1. L'adjointe au maire chargée du logement évoque même 50 % en mai 2023.

sine a encore pris feu ni n'auraient l'outrecuidance de déposer une main courante au commissariat parce que le proprio est menaçant.

Au deuxième étage de cet immeuble de l'avenue Wilson, les cinq colocataires sont confiants. D'ici deux mois, on devrait retrouver l'eau courante, leur a dit le gérant.

*

Afin de lutter contre ces abus, impunis pour la plupart, la mairie de Saint-Denis a monté une brigade d'un genre nouveau. L'objectif ? Traquer les propriétaires indélicats. Au sein de cette unité : une vingtaine de personnes, rémunérées par la municipalité. À chacune sa spécialité. Architectes, juristes, enquêteurs...

Dans l'entrée du petit local qu'occupe cette escouade, une feuille blanche A4, qui tient grâce à un morceau de scotch, porte la mention « MHI : Mission habitat indigne ».

À l'intérieur, sur un pan de mur, des dizaines de Post-it cohabitent. Sur chacun d'entre eux, une adresse. L'avenue Wilson figure en bonne place dans le palmarès des quartiers où ça ne va pas. Un Post-it égale une investigation en cours. Ça demande des efforts, du temps, de l'abnégation, beaucoup. « Certains proprios vont se planquer à l'étranger, notamment au Maroc, alors que voulez-vous que nous fassions ? »

Les procédures judiciaires sont interminables.

Mais parfois, surgissent des miracles.

Récemment, les services de la commune ont réussi à faire condamner un médecin « dont la patientèle paye l'ISF » ainsi qu'un professeur de droit « dans une université parisienne réputée ». Les membres de la brigade adoreraient multiplier les exemples de ce type, mais il n'y en a pas d'autres en stock, aussi parlants.

Derrière la porte de la brigade, une réunion de travail est en cours. Autour de la table, trois agents s'apprêtent à réaliser un « coup ». Ambiance 36, quai des Orfèvres.

« Les trois logements qui nous intéressent aujourd'hui ont été construits sans permis. En plus, on a un arrêté d'interdiction d'habiter. » Fait rare : un couple de locataires a lui-même alerté la mairie sur ses conditions de logement indignes. « D'habitude, c'est silence toute. La plupart sont soumis à des menaces et intimidations qui les empêchent d'agir », expose Charles Duportail, délégué général adjoint en charge de la solidarité. Il vise les fameux « marchands de sommeil ». « De la criminalité en col blanc. Ça ne se dit pas, ça ne se voit pas. C'est caché derrière la rue. »

On monte dans la Peugeot de Charles Duportail. Le véhicule rejoint la périphérie de Saint-Denis. Une petite rue tranquille, plusieurs maisons individuelles, certaines avec une cour à l'avant, des jardins derrière. Un quartier rangé.

Sur le trottoir de droite, un bâtiment dépasse les autres d'une tête. Le véhicule s'arrête brusquement. Deux voitures suivent, qui l'imitent. Les portes claquent fort. En file indienne, les enquêteurs de la brigade contournent la demeure pour s'aventurer derrière. Dans l'étroit jardin transformé en déchetterie à ciel ouvert, du mobilier de salon prend l'eau. « Regardez où vous marchez », crie un enquêteur, slalomant entre des canapés imbibés de pluie et un brasero rouillé.

Deux silhouettes sortent de ce qui ressemble à un garage. Un couple d'origine portugaise. Elle porte une énorme écharpe. Lui se protège du froid à l'aide d'un bonnet et d'une doudoune rouge éclatante. À l'intérieur de leur salon, qui fait également office de chambre, aucune source de lumière. Le noir complet. Dix mois que ça dure. Pas d'électricité.

À l'aide d'une torche, l'un des enquêteurs essaie de se frayer un chemin sans trébucher. La lumière dévoile de l'humidité jusque dans les moindres recoins. Y compris dans ce qu'il est bien difficile d'appeler une salle de bains, mais que les locataires se font un devoir de récurer trois fois par semaine. Une simple lampe de poche pour inspecter l'indescriptible. Mais la faïence brille. « On prend soin des choses », souffle le mari.

L'un des membres de la brigade sort de son sac à dos ce qui ressemble à un pistolet. Bref sursaut. En fait, c'est une caméra thermique. L'appareil est pointé vers l'un des murs de la chambre. Une tache bleue surgit sur l'écran. « Oh, la belle fissure. » Dans cette pièce, le thermomètre affiche 12 degrés.

« Y a pire à côté, venez », lance un enquêteur qui rejoint le groupe. Les locataires ne savent pas quoi penser de l'expression.

Au fond du jardin, l'équipe s'agglutine autour d'un petit chemin escarpé menant à un abri. Le local ressemble à des toilettes. Dedans : une « pièce » de 6 mètres carrés avec, collées aux murs, des pages déchirées dans des magazines portugais en guise de tapisserie. Une boîte de Ricoré et un paquet entamé de biscuits Prince surplombent un plan de travail qui aurait pu être celui d'une cuisine, si tant est qu'il y ait eu un réfrigérateur, une plaque de cuisson – autant d'équipements faisant défaut.

Combien de personnes dorment dans ce cagibi ? La literie donne des indices. Deux matelas empilés. Un troisième qui repose sur une plaque de bois fixée à la hâte – même les attaches sont précaires – à un mètre du sol. Le lit de fortune jouxte des toilettes et une bouche d'aération vampirisée par la poussière. « Ils étaient trois à vivre dans la pièce. Ils sont partis », renseigne le monsieur à la doudoune rouge. Pour ce taudis comme pour les autres : 670 euros de loyer chaque mois.

« Vous avez le droit de vous porter partie civile, expose de la plus calme des manières Charles Duportail au couple de locataires. Si vous y allez, on ira jusqu'au bout aussi. Mais il faut savoir que c'est un peu long. » Lui fronce les sourcils. Elle voudrait tout de suite tourner la page. Son visage n'exprime aucune autre forme de souhait. En guise de conclusion, chacun se retourne pour contempler, dans le jardin, le canapé imbibé d'eau de pluie.

*

Parfois les victoires ressemblent à d'épuisants marathons. À quelques dizaines de mètres seulement de la mairie de Saint-Denis, place Victor-Hugo, un immeuble de trois étages a été frappé en 2000 d'un arrêté de mise en péril. Il a fallu attendre dix-sept ans pour qu'il soit évacué... La réhabilitation, elle, doit être achevée en 2026. Un quart de siècle.

16

Les *tiny houses*, la débrouillardise faite maison

Parthenay (Deux-Sèvres) et Villeurbanne (Rhône)

Et si la solution consistait à vivre dans une micro-maison d'une vingtaine de mètres carrés ? Dans les grandes villes comme dans les campagnes, de plus en plus de jeunes travailleurs nomades, mais aussi des personnes ultra-précaires, tentent l'expérience, grâce au soutien d'associations. Mais quand l'administration décide de s'en mêler...

« Insolite », « prestation haut de gamme », « livré clefs en main ». Même sur Leboncoin, on vend des *tiny houses*[1]. Ces petites structures modulaires faisant généralement entre 7 et 30 mètres carrés essaiment à la lisière des bois, près des falaises normandes ou encore dans la deuxième couronne de la métropole parisienne.

La demande progresse chaque année. L'offre aussi. Pas loin de 200 entreprises françaises en fabriquent actuellement. De nouvelles PME se lancent dans l'aventure tous les mois.

Au commencement, il y a – comme souvent – des Américains et – comme souvent aussi – une crise.

1. Littéralement, « micromaisons ».

2008, la Bourse, les banques, les courbes d'emploi, tout dévisse. Pour symboliser cette débâcle générationnelle, on réfléchit totems. Les *millenials*, ambassadeurs du monde d'après se voient assigner un nouveau type de logement, pourvu qu'il cerne les problèmes du jour, dessine les solutions de demain. Va donc pour la *tiny house*.

Depuis, ces mini-maisons se sont répandues, constituant dans l'Hexagone un modèle économique en soi. Pas tant pour ceux qui rêvent d'une résidence secondaire à bas coût que pour les Français, de plus en plus nombreux, qui ont toutes les peines du monde à signer un bail locatif. Une *tiny house* coûte de 30 000 à 60 000 euros. À relier aux 300 000 personnes sans domicile fixe en France – le chiffre a doublé en dix ans – et aux 4,5 millions de Français mal logés[1].

La *tiny house* ressemble en fait à un Doliprane : ça ne soigne pas, mais la douleur passe mieux.

*

Parthenay, dans les Deux-Sèvres. Près de 10 000 habitants. Ce matin-là, des employés creusent une tranchée d'où sort un tuyau rouge strié. « Dépêche-toi, qu'on finisse avant de manger. » Il est midi sur ce terrain situé en plein centre-ville, adossé à une maison de deux étages qui, bientôt, va recevoir de nouveaux voisins. Des nomades.

Dans quelques heures, deux *tiny houses* seront « raccordées » à la ville. La première habitation, désignée comme modèle « classique », est tout en bois. À côté, plus fière, plus grande aussi, une *tiny house* « version

1. Fondation Abbé-Pierre, rapport sur le logement, 2022.

loft ». Ni elle ni sa voisine ne dépassent les 20 mètres carrés, mais ça n'exclut pas quelques fantaisies langagières.

La « version loft » arbore de grandes baies vitrées, des panneaux solaires horizontaux, un réservoir d'eau encastré dans la structure. À l'intérieur, l'esprit déco est allé piocher son inspiration dans les émissions d'accès *prime time* de M6. Le lave-vaisselle est grand comme un micro-ondes. Pour l'évier, deux robinets. « Le premier pour nettoyer, le second pour l'eau potable », détaille la responsable des lieux, Valérie Leloup, directrice de l'association Un toit en Gâtine. « C'est une maison écoresponsable, une maison autosuffisante », ajoute-t-elle. Son pull moutarde affiche la même couleur que le canapé flambant neuf tout juste posé dans la *tiny house* d'à côté, le fameux « modèle classique ».

Pendant ce temps, dehors, les ouvriers ont déjà terminé le raccordement. « Une journée et *basta*. »

Les deux *tiny houses* ont été commandées à une start-up franco-portugaise. « Y a pénurie, faut se battre pour en avoir. » Livraison par tracteur. Pose à même le sol. Pas de terrassement. Peu d'efforts. « On n'est pas là pour dénaturer les terrains. » Bon... La tranchée ressemble désormais à une grosse cicatrice sur un visage, mais le temps va faire son œuvre.

L'offre a le mérite d'être ultra-pratique. Du cocooning version tayloriste : la pièce de vie en bas, la chambre à l'étage. Tout en bois, c'est lumineux. Pas certain qu'on puisse éviter de se cogner contre les murs en se levant le matin. « On s'y fait très bien », désamorce la responsable associative.

À qui ces *tiny houses* sont-elles destinées ? « Au boulanger qui galère dans les zones rurales pour trouver un apprenti », expose Valérie. Depuis des années, trop de complaintes lui remontaient d'employeurs, de commerçants, qui tous publient des offres d'emploi non pourvues. La petite commune de Parthernay a beau être verte, aérée, avec d'agréables maisons en pierre et un foncier très abordable, « ça ne fait pas rêver ». En face, les potentiels recrutés n'ont ni l'énergie ni, bien souvent, les moyens financiers pour se lancer dans de lourdes démarches afin de signer un loyer. « Le maître mot pour eux, c'est la mobilité. Il faut des contrats de travail sans trop d'obligations et des contrats de location sans avoir des boulets aux pieds. » Les *millenials* de Parthenay n'ont peut-être pas tous des surchemises en velours Carhartt, mais, comme aux États-Unis, ils symbolisent, à leur corps défendant, un changement d'époque.

L'un des ouvriers, en rangeant son équipement, dit qu'il n'en voudrait pas, de ces « petites boîtes à chaussures ». Valérie lui répond qu'il serait étonné de savoir à quel point les demandes affluent. « 400 euros tout compris. Pas de charges, pas de soucis. »

*

Sauf que cette solution souple, adaptable partout sur le territoire, économique et non chronophage, se heurte aux lourdeurs de madame l'Administration. Valérie Leloup et ses collègues – on y vient – ont toutes les peines du monde à obtenir des homologations. Et ça entame leur propre bonne volonté.

Pour comprendre, il faut savoir que si un travailleur précaire veut s'installer dans une *tiny house* gérée par l'association de Valérie, il a toutes les chances de pouvoir prétendre, du fait de sa situation financière, au versement des APL. Or, ces aides au logement, non négligeables puisque pouvant atteindre plusieurs centaines d'euros tous les mois, ne se décrochent pas par magie. Et le logement doit être habilité à recevoir ces aides. Or, les *tiny houses*, personne ne remet en cause leur utilité, mais dans le cas présent, c'est comme si, administrativement, elles n'existaient pas !

D'où l'épais dossier de demande d'homologation porté par Valérie depuis des mois. Avec, sans cesse, de nouveaux documents s'ajoutant et l'espoir qu'un feu vert soit enfin donné.

Valérie voudrait faire installer une vingtaine de *tiny houses* près de Parthenay. Elle a même rebaptisé ces logements de poche « les maisons relais » – ça passe mieux aux yeux de l'administration. Mais sans homologation, pas d'avenir. Le projet est en sursis.

Ce n'est pas la première fois que l'association est contrainte d'élaguer. Quand Bercy a réduit, du jour au lendemain, un tiers de ses aides destinées aux structures d'accueil et d'orientation pour les demandeurs d'asile, il a fallu tirer un trait sur le projet monté près de la gare, qui avait trouvé une nouvelle raison d'être, et, ce faisant, réfléchir à d'autres actions.

Certains ont râlé à voix haute, questionnant la manière dont les aides publiques sont attribuées puis retirées. Sans surprise, personne pour défendre Bercy. Mais alors à quoi ont servi tous les efforts passés ? Un toit en Gâtine n'est-elle pas la première structure associative à avoir signé avec le département un contrat-pluri-annuel-d'objectifs-et-de-moyens-pour-la-gestion-de-centres-d'hébergement-de-réinsertion-sociale ? Il faudrait compter les heures de travail de Valérie et de ses collègues pour réussir à décrocher ce label.

Maintenant que le combat s'est déporté sur les *tiny houses*, des lettres avec en-tête sont envoyées au préfet, aux sénateurs, aux députés du coin. Avec à chaque fois les mêmes arguments : « Nos *tiny houses* représentent un coût particulièrement maîtrisé » ; « Sans APL, les apprentis ne disposent pas de revenus suffisants pour habiter les *tiny houses.* » Les interlocuteurs, pour une grande part, acquiescent. « Même le préfet nous suit. Même la caisse d'allocations familiales locale. Même la Cnaf. » Soit, mais « en haut », ça coince.

« Cette histoire dure depuis 2017 », désespère l'association. « On finit par passer pour des chieurs alors qu'on propose des logements clefs en main dans des zones rurales qui en manquent cruellement », résume un bénévole.

Un jour, l'équipe a dégainé l'artillerie lourde. « Déposer un dossier directement chez la ministre ? » Ministre dont aujourd'hui, plus personne ne se rappelle le nom. « C'était celle d'avant, dans le précédent gouvernement. » Mais est tombée la réponse du ministère, façon retour à la case départ : « Vous proposez de l'habitat mobile, ça ne peut pas fonctionner. »

Un an plus tard, quand on reprend contact avec l'association, le dossier est toujours bloqué.

« On a fini par comprendre la crainte de l'État : s'ils acceptent d'homologuer les *tiny houses*, ils ont peur de devoir ensuite verser des APL pour les gens du voyage. »

*

Et les grands précaires ? Peut-on envisager la solution des *tiny houses* sans trop d'embûches administratives ?

En périphérie de Villeurbanne, Google Maps a toutes les difficultés du monde à localiser le lieu où l'on a rendez-vous. C'est une friche industrielle, à côté d'un nœud routier. Avec une palissade composée de planches de bois qui retient les regards. Adossée à un mur blanc, une fresque détonne. Composée de lignes rondes, elle représente une femme lisant un livre. Sur la couverture est écrit *I Don't Give a Fuck*. L'axe routier, juste à côté, fait beaucoup de bruit mais, quand on arrive dans la cour sécurisée de ce qui était voilà quelques années un garage, le calme est troublant.

Au total, une vingtaine de *tiny houses* sont implantées sur le site. Des vélos colorés à trois roues ainsi que quelques jouets traînent par terre. Chaque habitation est réservée à une mère isolée, les enfants sont les bienvenus. Les trois premières semaines, quand les mini-maisons ont été inaugurées, certains riverains ont vivement protesté. « Un squat ! », « Un campement ! » Depuis, plus rien.

Esther, d'origine subsaharienne, vit avec ses deux très jeunes enfants dans un 20 mètres carrés. Le plus petit ne quitte pas ses bras. Le bois sent encore tout bon. La baie vitrée fait entrer beaucoup de soleil. Des rideaux épais permettent de se couper de la vue des autres « micro-maisons », espacées chacune de quelques mètres seulement.

Un biberon chauffe dans le micro-ondes encastré. Un lit parapluie est collé à la table de la cuisine. Pas de place pour naviguer entre les deux, du coup « on se casse la gueule souvent », mais ça fait partie des quelques contraintes qui amusent la jeune femme. « Avant je rigolais moins », chuchote-t-elle, comme pour désancrer cette histoire qu'elle a trop de fois ressassée : une séparation brutale, elle se retrouve à la rue, puis après de longues soirées à errer, finit par appeler le 115. « Plus un enfant dehors l'hiver », disent souvent les candidats à la présidentielle. La fondation Abbé-Pierre a tristement relevé les comptes. Le 19 décembre 2022, le plan Grand Froid est activé, l'ouverture de gymnases, enclenchée dans tout le pays – enfin, dans les grandes villes, les bourgs n'existent pas en pareil cas. Pour autant, 4 029 personnes sont refusées par le 115, faute de places. Parmi elles, 1 172 enfants, dont 335 qui n'ont pas encore 3 ans[1]. Esther connaît ces moments où, dit-elle, on ne regarde même pas ses petits dans les yeux de peur qu'ils ne vous jugent.

Certains soirs, des foyers sont proposés à la jeune maman, des chambres d'« hôtel » aussi, mais il faudrait les appeler autrement tant elles sont sordides. Vingt-cinq euros la nuit. Une fois à l'intérieur, impossible de cuisiner ou de chauffer du lait pour son nouveau-né. Elle ouvre des petits pots froids. Les douches aussi sont froides. Alors elle navigue d'un logement ultra-précaire à un autre. Les jours de chance, la salle de bains n'est pas sur le palier et pas besoin de la partager.

Arrive le moment de grâce, celui où Esther frappe aux portes de l'association Le Mas. Cette dernière s'apprête à lancer un projet de *tiny houses* réservées aux femmes seules avec de très jeunes enfants. Son dossier est retenu.

Électricité, chauffage... tout est compris. Rien à régler. La métropole lyonnaise prend en charge le coût des *tiny houses* (30 000 euros l'unité). Elle met également à disposition les terrains. Avec la promesse que cela tienne trois ans.

Un accompagnement sur mesure est même organisé pour les résidents. Dans un cabanon indépendant, trois salariés de l'association se relaient pour aider les

1. Fondation Abbé-Pierre, « L'état du mal-logement en France », rapport annuel 2023.

pensionnaires. La CAF, le soutien scolaire, trouver un emploi...

Étienne Prime, le responsable associatif, déclare : « Il faut pouvoir pérenniser ce dispositif. À nous de déplacer les *tiny houses* au gré des mouvements de la ville. Pour éviter autant que faire se peut le sans-abrisme. » Étienne conjugue les urgences. « La victoire, c'est quand les femmes partent, qu'elles s'invisibilisent dans le bon sens du terme. »

Les résidentes du camp de Villeurbanne n'ont bien souvent pas de papiers. Mais certaines revendiquent de précieux diplômes supérieurs. Sauf que... sans l'aide de l'association, aucune n'est en capacité de trouver un job.

Pour être régularisée, prière de fournir des contrats de travail. Pour des contrats de travail, prière d'être régularisée.

Ce faisant, elles sont nombreuses à retourner, en journée, dans des hôtels pour des tâches ménagères. Payées au noir. Sans cotisation. Sans couverture santé.

Il arrive que des employeurs issus du secteur de l'aide à la personne frappent aux portes de l'association. « Ils nous disent : “On aimerait les embaucher, sinon c'est peut-être notre activité qui va disparaître.” » Mais rien n'y fait.

Bientôt, le parking sur lequel reposent les *tiny houses* de Villeurbanne disparaîtra au profit d'un projet industriel ou immobilier. Rien de tranché. Vu le foncier, ça ne saurait tarder.

CINQUIÈME PARTIE

L'ÉCONOMIE AVANCE, EUX RECULENT

On a d'abord cru à une révolution de type tellurique, à même de changer radicalement la manière de penser l'économie. Les grands mots, les grandes phrases, vous alliez voir la déferlante, pour le bien des consommateurs.

Et puis le soufflé est retombé. Aujourd'hui, le modèle Uber, dans les transports et la restauration, impose des cadences intensives. Ceux qui ont compris les carences préfèrent sous-louer leurs licences. Ainsi, dans certaines villes les sans-papiers font tourner le système, au mépris des règles de base du droit du travail.

Avec le modèle Uber, où tout est par nature désincarné parce que seule la plateforme décide, les vrais dirigeants sont les algorithmes.

Le modèle Uber, c'est aussi et surtout l'avènement de la microentreprise. Dans l'Hexagone, plus d'une entreprise sur deux est créée via *ce statut. Revenus moyens dégagés ? Moins de 600 euros par mois.*

17

Les *dark kitchens*, nouvelles zones d'ombre du marché du travail

Toulouse (Haute-Garonne) et Aubervilliers (Seine-Saint-Denis)

En quelques années, les livraisons de repas à domicile ont imposé une nouvelle manière de consommer. « Opportunité unique d'ouvrir un restaurant en quelques jours », vantent les investisseurs. « Sauvagerie économique », répond le secteur traditionnel. Et les employés, dans tout ça ? La réalité du terrain porte mille nuances. Mais le constat est implacable : beaucoup souffrent.

En 2015, les Américains entendent parler, pour la première fois, de *ghost kitchens*. Des cuisines fantômes. Afin de multiplier leur visibilité en ligne, certains propriétaires de restos new-yorkais enregistrent leurs établissements sous plusieurs noms *via* les applications fleurissant sur les plateformes de livraison. L'expression « fantôme » manquant quelque peu de panache, pour une raison à la fois éclatante et totalement absurde qui renvoie à l'univers des narcotrafiquants et des polars de Michael Connelly, le terme *dark kitchens* est ensuite préféré, au point de constituer aujourd'hui un business à part entière, en France.

Ces endroits ne font pas envie. On y cuisine dans l'ombre, c'est peu reluisant.

Dark kitchen, donc.

On ne cache même plus la misère.

*

Toulouse, un lundi matin, automne 2022. Soleil, circulation, terrasses, tout est doux dans ce quartier résidentiel de la Ville rose, à 2 kilomètres du Capitole. C'est ici que prend racine « la plus grande *dark kitchen* de France », avenue Honoré-Serres. Au rez-de-chaussée d'un élégant bâtiment art déco, un impénétrable slogan s'étale sur toute la vitre : « restaurant multi-marques ». Les propriétaires sont les premiers à s'en excuser. « *La Dépêche du Midi* s'est un peu excitée. Nous ne sommes pas la plus grande *dark kitchen* du pays, mais leur article nous a bien aidés quand même, pour nous faire connaître. »

Les locaux sont divisés en deux parties, deux ambiances, que tout oppose. L'accueil tout d'abord. Agréable, aéré, fonctionnel. Un comptoir, des plantes en plastique pour égayer des murs nus. Les livreurs ont le droit de s'engouffrer ici quand les commandes sont prêtes, sinon ils attendent sur le trottoir. L'autre espace, celui qui nous intéresse, est réservé aux cuisines. Un couloir blanc, carrelé, ambiance hôpital, très propre. À gauche et à droite, une succession de box. À l'intérieur de chacun, une cuisine de poche. Première porte ouverte : l'« établissement culinaire » Cordon B. Enfermée dans 13 mètres carrés, Jennifer Maroselli y est chef-cuisto-autoentrepreneure-bientôt-bénéficiaire. Et une petite friteuse, grande comme un bac à glace, pour la cuisson. 12 h 30, le rush, il faut écouler le maximum de cordons bleus confectionnés le matin même par ses soins.

Jennifer a monté sa marque en quelques semaines. Pas sûr qu'elle gagne beaucoup à la fin du mois. D'autant plus que certaines plateformes de réservation prélèvent jusqu'à 30 % du prix des commandes. « Les *dark kitchens*, c'est pratique, dit Jennifer. Je ne suis pas obligée de sortir de ma cuisine, ils s'occupent de tout le reste. » « Ils » : les livreurs et les propriétaires des lieux. Les deux bouts de la chaîne.

Pendant ce temps, box 4, s'affaire Damien, ses longues dreadlocks cachées sous un bonnet taille XXL. Lui est à la tête d'un restaurant de cuisine caribéenne qui tient dans 15 mètres carrés. « L'investissement représente 8 000 euros. Pour un restaurant classique, j'aurais dû aligner 80 000 euros. » Damien profite d'un système « location meublée ». Pour un millier d'euros par mois, il jouit à temps plein d'un réfrigérateur, d'une hotte aspirante, de la clim, d'une compensation d'air. Pas pour faire joli. « En cuisine, l'air aspiré doit être compensé, la réglementation est très stricte », précise le propriétaire des lieux, Éric Descargues, un petit air de Xavier Niel. Sa promesse, pour attirer les cuistots ? « En une semaine, on monte un resto. » Ça fait très nouvel eldorado.

Avec son associé, Florent Garin, il a investi 2 millions d'euros dans cet espace où jusqu'à vingt « marques » de cuisine vont pouvoir, à terme, cohabiter. Mutualisation des coûts, économies d'échelle. Les comparses, passés par Airbus et Amazon, ont bien travaillé leur plan d'action. « Nous, c'est la tech. D'autres viennent de l'immobilier. » Ils disent : « Il faut être multicanal. » C'est dur à conjuguer au pluriel. Ça claque.

On s'arrête à présent au niveau du box 8, où de futurs occupants viennent de signer un bail. Tout paraît tellement simple. « Ils voulaient juste un frigo, je leur ai mis un frigo, explique Éric à son associé, les yeux plongés dans le calendrier de son smartphone. Ils arrivent dans quinze jours. » Pour les autres équipements, les locataires apportent leurs propres meubles.

La société qui gère les lieux s'appelle PopaFood. Symbole d'une économie qu'on appellera l'« économie casier ».

Chacun remplit son casier à sa façon, se sert quand il veut. Ce qui se passe dans le casier reste dans le casier.

Chez PopaFood, outre les cuisiniers en herbe, il y a aussi les *runners*. Chez Netflix, les *show runners* pilotent des kilomètres de séries, ici les *runners* courent après les commandes et les livreurs.

On nous présente l'un d'entre eux. Rivé à son écran d'ordi. Sa fonction est assimilable à celle d'un chef de gare. La commande « Sushi'n Bowl » créée il y a quelques minutes expire dans 351 secondes. Le chiffre est écrit sur fond rouge, ça brûle un peu les yeux, c'est fait pour. « Vite ! » exige le *runner*. Un nouveau souci chasse l'autre. L'alerte concerne maintenant Cordon B, le restaurant de Jennifer. « Prise en charge dans 0 minute. » On a peur que quelqu'un ne se fasse taper sur les doigts, on regarde partout autour, personne ne crie, personne n'a mal, mais visiblement la commande s'est perdue quelque part.

Dehors, chez les livreurs, c'est au tour d'un homme d'une quarantaine d'années d'empoigner un menu tendu par le *runner*. Le repas est emprisonné dans un sac en papier composé d'imprimés en forme de liane – fausse promesse nature-bio-écolo-tout-est-beau. Le livreur, coupe en brosse, est également professeur à domicile. Deux boulots qui s'entrechoquent. Les leçons se glissent entre les sessions de livraison, lesquelles s'étalent de 11 h 30 à 13 h 30 puis de 19 heures à 21 heures. « Les repas à transporter, ça me fait un complément de 400 euros par mois environ. » Pas de contenant isotherme, le livreur-prof-à-domicile a investi dans un sac à dos Kipsta acheté chez Décathlon. 20 euros, capacité 35 litres.

Le livreur-prof-à-domicile doit aller vite. S'il ne dépose pas le menu dans le temps imparti, sa zone de livraison va peut-être rétrécir parce que les algorithmes, qui notent et évaluent tout, l'auront sanctionné. Ça vient d'en haut. Et c'est en bas qu'on trime.

*

Pour augmenter les cadences, ne pas disparaître dans la forêt des référencements en ligne, les *dark kitchens* doivent continuellement marquer leur territoire, le faire fructifier, coloniser des espaces. « Faut pisser par terre », synthétise un cuisinier rencontré dans une autre *dark kitchen*, cette fois en banlieue parisienne, à Aubervilliers. Un lieu présenté comme avant-gardiste.

Le bâtiment pourrait être celui d'une chambre de commerce vieillissante. Sur les parois vitrées ont été étalées à la va-vite des images de burgers et de fast-foods piochées dans un catalogue photo qui fait déjà un peu daté.

Un signe confirme qu'on se trouve face à une *dark kitchen* : une douzaine de livreurs attendent, désœuvrés, devant l'entrée de l'immeuble. Ils avouent être très peu à avoir leurs papiers.

À la porte est annoncé en anglais : « *Drivers must wait outside.* » Une affiche imprimée sur du papier rappelle que du café, pour les livreurs, est en vente à un euro.

Derrière la porte d'entrée, plusieurs cuisines fermées. Des box, comme à Toulouse. Sauf qu'ici, la présence de plusieurs tapis roulants intrigue. Ces convoyeurs à bande mécanisée (comme on dit dans les usines) relient certaines cuisines au comptoir d'accueil central. On dirait *Dancer in the Dark* de Lars von Trier, mais en version postmoderne de *MasterChef* ! Ce qui surprend aussi, c'est l'écran géant, façon gare TGV, que sont priés de consulter tous les livreurs pour s'assurer que leurs commandes vont arriver d'un instant à l'autre. Bruno, Aïssatou, Cindy, Ferhat, Michaela finalisent chacun dans leur micro-cuisine les repas du jour. Leurs prénoms apparaissent sur l'écran. Un numéro de commande pour chacun.

Débarque alors un homme au look de surfeur, pantalon en velours côtelé, cheveux mi-longs ramassés derrière les oreilles. Foucauld Haffreingue porte littéralement son entreprise sur le cœur, « Rushour », c'est écrit sur son sweat. Il se présente comme provenant du « monde de l'informatique ». Il intervient ici pour aiguiller, moyennant finance, les apprentis cuistots afin de tirer profit des algorithmes. Une religion, ces algorithmes. « Il y a bien quelque chose en haut, mais on ne sait pas quoi », commente cette femme en emballant des sushis. « Là-haut », pour parler pas tant de l'au-delà que des sorciers à la tête d'Uber et Deliveroo. Encore que...

Foucauld connaît son texte, les enjeux qui vont avec... Psaume 1 : « Chaque minute, chaque seconde compte. Derrière chaque livraison, il y a un algorithme. » Psaume 2 : « Si on perd du temps, si le menu n'est pas optimisé, on sera mal référencé. » Le reste, à savoir la valeur ajoutée de Foucauld, est nettement plus compliqué à résumer. La dame qui emballait les sushis fait semblant d'avoir compris. Pour elle et ses collègues de cuisine, Foucauld installe des logiciels au contenu obscur, mais qui permettent de « gagner un temps précieux » afin que leurs produits atterrissent dans l'assiette du client.

Ne pas livrer rapidement, c'est voir se rétrécir sa zone de livraison. Et donc ses chances de faire du business. Comme dans les classes prépas, le principe même des *dark kitchens*, c'est la pression du bulletin de notes en permanence.

Une différence notable, cependant, avec le système scolaire : pour la livraison en ligne, un même élève peut proposer plusieurs copies.

Dans cette caverne d'Aubervilliers, appelée Prime Kitchen, un box de 20 mètres carrés peut renfermer trois restaurants. Trois marques pour un seul fourneau !

11 heures, un livreur de produits frais frappe à la porte. « Ah, les bons ingrédients en provenance d'Italie », se croit obligé de claironner le patron du resto trois-en-un. Vraiment ? Sur les cartons dans lesquels sont rangés les produits frais, on lit : « Les Paysans de Rougeline » (3 000 salariés en France).

*

« Un resto de 10 mètres carrés égale plusieurs marques. » L'idée, piquée aux Américains, est développée avec force par le fondateur des lieux. Il nous donne rendez-vous dans son petit bureau, à l'étage supérieur.

Jérémie Toledano est un ancien étudiant de Dauphine, promo 2021, master ingénierie financière. À lire son CV, on croirait qu'il a déjà eu plusieurs vies. *Intern-*

ship back office pour BNP, *private equity analyst* et aussi *real estate private equity analyst.*

Son job aujourd'hui : créer des marques de cuisine en pagaille. Five Bro, Buddah Street, Karl's Burger, Bonne Sauce... Toutes ces enseignes virtuelles résident un étage plus bas. Cette débauche de *branding* ? « Pour séduire les algorithmes. » Encore eux.

Au rez-de-chaussée, côté cuisines, personne ne semble rien comprendre à ces satanées formules informatiques. Raison pour laquelle les investisseurs comme Jérémie revendiquent avoir – promis, juré – un trousseau de clefs complet ouvrant toutes les portes des algorithmes – le nouvel Everest du monde d'après. Et tant pis si ces mêmes algorithmes sont renouvelés en permanence.

Jérémie Toledano n'a pas encore 30 ans mais quand il parle de sa génération, il emprunte la même posture qu'un grand-père surveillant ses enfants dans un parc. « Les jeunes sont nés avec un portable dans la main. Ils ont ce réflexe d'aller sur les plateformes et de commander sans se déplacer. Ça ne changera pas. On a franchi un cap, on ne reviendra pas en arrière. »

Dehors, les livreurs sans papiers sont plus nombreux que tout à l'heure. Ils attendent les menus du jour. Personne n'a encore pris de café à un euro.

*

Si les *dark kitchens* promettent de canaliser les pourtant indomptables algorithmes, elles ont surtout mis en place une lutte des classes version 3.0. Une lutte intraprofessionnelle dans un métier, la restauration, qui, auparavant, respectait une structure pyramidale avec ses avantages et inconvénients. Et qui joue à présent sur l'image d'un Far West digital.

« On est face à une sauvagerie économique », s'agace Alain Fontaine. Dès que les valeurs de la restauration sont attaquées, c'est lui qu'on appelle, le chef cuistot du Mesturet, dans le 2e arrondissement de Paris. Il se présente comme « un gars né pour la bonne bouffe ». Le voilà qui sort de sa cuisine, où il a préparé de la cervelle de veau à la grenobloise et un confit de canard de Saint-Orens. On imagine mal pareils plats emballés dans des sacs en carton pour être livrés dix minutes plus tard. « Les *dark kitchens*, explique Alain Fontaine, ne les accepte pas, nous sommes les artisans de la nourriture, les artisans du plaisir, les artisans du bien-être. » C'est la fin du service, 14 h 45, il y a encore des clients devant lui, deux d'entre eux lèvent un verre pour dire bravo. Alain Fontaine, encore : « Sur les applis, on a des acteurs qui font croire qu'ils peuvent faire la même chose que nous. » Celui qui est aussi président de l'Association française des maîtres restaurateurs conclut avec sa boîte à archives préférée : « Regardez l'arrivée des McDo en France, en 1979 à Strasbourg. Tout le monde trouvait ça drôle, McDo. On a fermé notre gueule, et maintenant ils sont partout[1]. On aura la même histoire avec les *dark kitchens*. » Les clients ont fini leur ballon de rouge, ils n'écoutent plus.

Et l'État dans tout cela ? On toque à la porte de Bercy, étage « PME et commerce ». « Le marché va se dégonfler dans les années qui viennent, explique un membre du cabinet ministériel. Le secteur [de la

1. Un million neuf cent mille repas servis quotidiennement en France dans les 1 500 restaurants du groupe enregistrés dans le pays (source : McDonald's France).

livraison] est passé de huit acteurs principaux à quatre. Ça va encore diminuer. » Bercy ne paraît pas traversé par le doute et a même rédigé une note en ce sens. « Pour être rentable, le panier moyen des commandes en livraison de repas à domicile devrait être de 50 euros. Il est actuellement de 25 euros. »

*

Dans le 11e arrondissement de Paris, temple officiel des foodistas, les cuisines fantômes grignotent chaque jour un espace plus important. À quelques centaines de mètres du Septime, le resto-le-plus-branché-de-Paris, s'opère une mue. Les *dark kitchens* remplacent un supermarché, une boîte de nuit...

Des associations de quartier se forment. Défendre les petits commerces contre l'invasion. Ou encore défendre le calme contre le bruit des scooters-livreurs. La mairie n'est pas en reste, qui crie au loup. Le gouvernement tempère. « Soixante *dark kitchens* début 2022 dans la capitale, calmons-nous. Paris ne change pas de visage. »

Quelques mois plus tard, après plusieurs longues réunions, les cadres du ministère de l'Économie trouvent une issue. Une solution à la française, consistant à dire : « Je ne peux rien faire pour vous mais on va trouver quelqu'un d'autre pour agir. » Liberté est laissée aux maires. À eux de trancher. À eux de dire si, oui ou non, une cuisine fantôme peut s'installer en centre-ville. « Pour arbitrer, il y aura le Code de l'urbanisme », indique-t-on à Bercy. Mais les cuisines fantômes, même si des centaines de milliers de Français se tournent vers elles tous les jours pour déjeuner ou dîner, ces cuisines fantômes n'ont pas encore de valeur juridique en elles-mêmes.

Alors il a été décidé qu'elles entreraient dans la catégorie assez peu gustative... des entrepôts.

Les pouvoirs publics, face à l'économie Uber, ont même du mal à qualifier le changement.

18

La livraison de repas, ce métier mis à mal

Paris (Île-de-France) et Nantes (Loire-Atlantique)

Le secteur de la restauration est décidément emblématique du virage économique actuel. Les Danois avaient inventé la flexisécurité. Les plateformes de livraisons de repas créent la flexi-insécurité. Avec, dans le rôle de la variable d'ajustement, les sans-papiers.

Bientôt six mois que Moussa livre des chicken burgers et autres makis saumon-cream cheese. La semaine vient de commencer. Son bonnet sur la tête, il s'engouffre à l'intérieur du KFC de Pigalle, à Paris, pour récupérer une nouvelle commande. Pas encore midi, les trottoirs comme dépeuplés. Sauf devant l'enseigne de fast-food. Ils sont une petite dizaine à attendre une commande. Moussa est premier de la file d'attente. Il doit apporter des hot wings dans un appartement à 2 kilomètres d'ici. Avec sa doudoune verte et ses chaussures imitation Caterpillar, Moussa parcourt des dizaines de kilomètres tous les jours sur son vélo Btwin parfaitement entretenu.

Vingt-cinq ans, d'origine ivoirienne, Moussa connaît toutes les rues de l'ouest et du nord de Paris. Il n'a pas de papiers. Normalement, il devrait être son propre patron, sous l'ombrelle du statut d'autoentrepreneur. Mais dans l'économie Uber, la réalité est souvent plus maline que les statuts. Moussa a donc un patron. On l'appellera « l'étudiant ». Soit un jeune homme ayant lui-même été, plusieurs mois durant, livreur pour Glovo, la plateforme en ligne avec ses sacs scintillant de jaune. « L'étudiant » a ses papiers, et beaucoup de cours à honorer. Comme des milliers d'autres, il a compris qu'une licence de travail chez Deliveroo, Uber Eats et Glovo, obtenue en quelques clics, pouvait se « louer ». Donc « l'étudiant » a lancé une offre en 2018, sur les réseaux sociaux : « Échange licence contre commission. » Moussa a répondu présent. Aujourd'hui, il dit qu'il a « de la chance ». Son loueur ne prend « qu'entre 15 et 20 % ». Une « belle affaire », quand d'autres avalent une part plus substantielle.

*

La livraison finie, en attendant la suivante, assis sur le trottoir d'une petite rue parallèle au KFC, Moussa prend le temps d'une micro-pause. Il est déjà rincé. Mais pas question de le formuler ainsi.

Les bonnes semaines, Moussa récolte entre 200 et 300 euros. En cet automne 2018, le système de rémunération ne cessant d'être modifié, il a le sentiment de perdre chaque mois un peu plus.

Le problème ? La concurrence. L'embouteillage devant les fast-foods. « Il faut parfois attendre une heure. » Alors Moussa zieute des vidéos sur YouTube. Les autres livreurs autour de lui font pareil. « Des sans-papiers, comme moi. Beaucoup d'Ivoiriens. » Ils ont tous investi dans des forfaits mobile avec une grosse bande passante. Des frais de bureau, en somme.

Pour les autres dépenses inhérentes au métier de livreur, il suffit d'aller sur le site en ligne de Glovo. Y figure la panoplie du livreur. Ce jour, le prix du « sac à dos extensible livraison thermique » est affiché sur l'écran – surprise – en francs CFA, la monnaie de Côte d'Ivoire. Montant : 17 000 F (presque 30 euros). Sans doute de nombreux internautes ivoiriens consultent-ils cette page...

Moussa dit qu'il ne s'est « jamais fait avoir ». Comprendre : il a toujours reçu sa paie. Généralement, il est prévenu par un SMS signé de son loueur, « l'étudiant », pas très fort en grammaire. « Le virement arrive dans deux jours, passent [*sic*] à la maison. » Le paiement s'effectue en cash, banlieue sud de Paris, sur le palier du petit appart de « l'étudiant ». Le week-end, celui-ci reprend possession de sa licence afin d'arrondir ses propres fins de mois. Moussa cherche donc un autre bon plan pour les samedis et dimanches. Lucide, il conclut : « On galère tous. »

Pour trouver une offre en ligne émanant d'un loueur, il suffit de farfouiller deux minutes sur Facebook ou Snapchat. Déconcertant de facilité. « Compte Uber Eats/Stuart/Deliveroo à louer 250 € + 7 % d'impôts. » Dans cette annonce, le « locataire » est prié de participer aux charges fiscales du « loueur », inscrit à Bercy sous le statut d'autoentrepreneur. Un autre « loueur » a créé une page d'accueil diffusée sur Snapchat. Cinq émojis alignés pour accrocher l'œil : un burger, une pizza, une salade – les deux autres, on ne saisit pas vraiment ce qu'ils représentent. Pour ceux qui n'auraient pas très bien compris, le « loueur » joue la pédagogie : « Besoin de seulement un smartphone. Moyen de transport : vélo/scooter/voiture. Vous commencez en cinq minutes. »

*

Presque minuit dans le centre-ville de Nantes. Les restos sont déjà fermés, quand le McDo du cours Commandant-d'Estienne-d'Orves reçoit, lui, encore de nombreux clients. La plupart ont la vingtaine.

Un Soudanais regarde des jeunes entrer et sortir du fast-food, se partageant un joint, hilares. Lui attend une commande qu'il va ensuite devoir livrer à vélo, 3 kilomètres plus loin. Il n'a pas de licence, encore moins de papiers. 50 % de ses revenus sont reversés à son « loueur ». « *No choice* », lâche-t-il comme seule explication.

Le lendemain, au sein de l'antenne locale de la Cimade, une association qui, depuis plus de quatre-vingts ans, vient en aide aux immigrés, on rencontre Cécile Bohic. Cette militante est en train de potasser le droit d'asile dans son code Dalloz, le fameux livre rouge qu'aiment avoir à leurs côtés les avocats avant de plaider.

Les enjeux sont complexes. La partie législative, la partie réglementaire, les accords bilatéraux, les règles relatives à la nationalité, les dispositions de la convention européenne de sauvegarde [*sic*] des droits de l'homme. Abscons.

Mais la règle de base, elle, est minérale : « Un sans-papier, résume Cécile, quand il est en attente d'une décision de la préfecture, n'a pas le droit de travailler. » Donc lancer une procédure de régularisation, « en théorie, c'est s'interdire de bosser ».

Ce qui inquiète les associations ? L'accroissement du nombre de sans-papiers mineurs approchés afin de devenir eux-mêmes livreurs « sous contrat » auprès de loueurs décidément très à l'affût de la moindre main-d'œuvre docile. « Ils disent oui parce qu'ils n'ont pas la possibilité de survivre autrement qu'en travaillant illégalement. » Cécile voudrait qu'on modifie le Code du travail en rendant légal le recrutement d'un sans-papier en attente de régularisation. Sollicitée, l'Inspection du travail dit être « sur le coup », relevant toutefois « le manque total de garanties en cas d'accident ». Mais l'Inspection du travail ne décide pas des règles, encore moins des lois.

Qu'en pensent les géants du secteur ? Seul Deliveroo accepte de nous répondre. Pas de rendez-vous, pas d'échange vocal, juste un mail et *basta*. Pour affirmer que la reconnaissance faciale va bientôt être expérimentée, afin d'éviter les doublons. Deliveroo n'emploie pas les termes « loueur » et « sans-papiers ». Les mots sont des problèmes, parfois.

Dans les faits, les reconnaissances faciales sont effectivement enclenchées dans les mois qui suivent. 2019 : plusieurs milliers de comptes sont officiellement débranchés. Mais le problème des « loueurs » de licences n'a depuis nullement disparu.

*

Fin 2022, plusieurs manifestations regroupant chacune des centaines de livreurs sans-papiers sont organisées sur les boulevards parisiens. Tous protestent contre les comptes radiés, « la chasse aux sans-papiers ». Deux mille comptes supprimés chez Uber Eats, disent ceux qui défilent. Il y a des drapeaux noir et rouge. Ça fait révolution.

À la fin du cortège, comme pour le défilé du 1er mai, on a le droit à deux estimations : « 400 manifestants d'après la police, 700 d'après les organisateurs. » Devant le métro Oberkampf, on bloque une voie de circulation. Beaucoup sont à pied, manœuvrant précieusement le guidon de leur vélo. Ils retourneront aux livraisons quand l'heure du dîner approchera, que les smartphones afficheront les premières courses. En attendant, certains pointent du doigt – là-bas, au loin – le ministère de l'Intérieur. Ils veulent y aller, « maintenant », être reçus, « tout de suite ». La phrase qui revient le plus souvent dans le cortège ? « Vous étiez bien contents de pouvoir compter sur nous pendant le confinement. » Pas d'animosité, c'est dit de manière détachée.

En tête du défilé, une voiture noire. Sur le toit : enceinte, sono, haut-parleur. Le véhicule a été loué pour quelques heures *via*... la plateforme Ubeeqo.

*

Dans l'économie Uber, les dirigeants au sommet de l'échelle sont d'une discrétion inégalée. Les domiciliations des sociétés aussi. Rarement en France. Jamais disponibles pour une interview.

En bas de l'échelle, avec leurs sacs à dos flashy, les chevilles ouvrières de l'économie Uber forment sans doute le groupe de travailleurs le plus mal organisé, syndicalement parlant.

Pour pallier cela, plusieurs collectifs de livreurs ont été créés ces dernières années. Jean-Daniel Zamor a pris la tête de l'un d'entre eux, afin de dénoncer une « nouvelle forme d'esclavagisme moderne ». Il parle de précarité « qui profite de l'ultra-précarité ».

Quand nous rencontrons pour la première fois Jean-Daniel Zamor, en 2018, le jeune homme se bat contre le vent. Il évoque sa propre expérience. Les cours dans un amphi la journée, les livraisons ensuite,

18 heures-22 heures, puis les révisions jusque tard dans la nuit. Ses parents sont nés en Haïti. Sa mère travaille dans la cantine d'un lycée, son père, pour une entreprise de livraison de prêt-à-porter. À 20 ans, Jean-Daniel devient intérimaire. Il dit : « C'est violent. » Puis il se tourne vers Uber Eats. Là, il ajoute : « C'est bien plus violent. » D'où l'idée de cornaquer des grèves perlées.

Un jour, le prestigieux site d'information Politico lui annonce sa présence dans la liste des vingt-huit personnalités les plus importantes sur le Vieux Continent. « *The Class of 2020* », ceux qui « redessinent » l'Europe. Dans le classement, Jean-Daniel est juste derrière Bruno Le Maire et Olaf Scholz.

Chez Deliveroo, on dit ne pas avoir eu connaissance du classement.

19

Les cuisines des restos, zone grise

Paris (Île-de-France)

Dans la capitale, les cuisines d'un très grand nombre de restaurants ne tournent que grâce aux travailleurs étrangers sans papiers. Le secteur assure manquer de bras, par dizaines de milliers, et estime être obligé de procéder ainsi pour tenir les cadences.

Quand des patrons, plus volontaires que d'autres, tentent une régularisation, les ennuis s'accumulent rapidement. Dans ce dossier en particulier, le rôle des pouvoirs publics interpelle.

La place brille tellement, c'est presque trop propre, ça pique les yeux. Les murs en pierre blanche font penser à une peau liftée. Les trottoirs sont larges, il y a même des emplacements pour garer les vélos. Les drapeaux argentés de la fondation Pinault flottent au vent. Le soleil tape, c'est la fin des grandes vacances, septembre 2022, les Parisiens à la recherche d'une petite resucée de tranquillité se ruent vers les terrasses de la capitale. La Bourse de commerce, son enveloppe circulaire, tout le monde veut en être.

Pourtant, le restaurant Le Baltard est loin de faire le plein. Deux des trois terrasses sont condamnées. Sur la principale, on observe des Parisiens aux peaux encore tannées après un séjour sur les îles grecques dévorer du poisson snacké. Mais en ce qui concerne les terrasses adjacentes, personne sur les chaises en rotin tressé. Soixante-dix couverts en moins, soit tout de même 40 % de la capacité totale de l'établissement, idéalement situé dans ce coin de Paris où le mètre carré affiche généreusement plus de 15 000 euros. « On manque de bras », résume le serveur. À un couple de retraités, arrivés à la bourre pour un déjeuner, il lâche : « Vous avez de la chance, la France est encore en capacité de vous servir. »

Le patron des lieux, Vincent Sitz, fait la grimace. Son tiroir-caisse également. Étant l'une des têtes pensantes de l'organisation patronnale GNI, laquelle regroupe les indépendants de l'hôtellerie-restauration, il sait pertinemment ce qui ne colle pas actuellement. La démonstration tient en trois chiffres. « Avant le Covid, 150 000 postes étaient vacants. Pendant le confinement et dans les mois qui ont suivi, 110 000 personnes ont quitté leur boulot. Aujourd'hui, le manque de main-d'œuvre dépasse les 300 000 postes. » Vincent Sitz pourrait s'arrêter là, ce que font beaucoup de ses collègues. Mais lui met les deux pieds dedans : « Tous, nous embauchons des travailleurs étrangers sans papiers. Eux seuls permettent encore au secteur de ne pas s'écrouler. Ils ont envie de bosser, on a envie de les embaucher, mais ça coince. » S'adressant maintenant à l'État : « Simplifiez les démarches administratives. »

Dans les cuisines de son restaurant, la virevoltante cheffe pousse un coup de gueule. Ses « carottes colorées » ont disparu de son champ de vision. Tout autour, les apprentis entament un long processus de recherche.

Dans leur grande majorité, ils sont originaires d'Afrique subsaharienne. « Là ! » crie l'un d'entre eux. Les carottes, retrouvées.

À la plonge, faisant face à une tour de Pise d'assiettes sales : Odilon. Intérimaire, il multiplie les contrats dans des restaurants parisiens. La semaine toujours, le week-end souvent. Ce statut lui offre un salaire plus intéressant, dit-il, qu'un CDD. Désormais, Odilon a des papiers. Sa situation est donc, au sein du restaurant, tout à fait légale. Mais pendant cinq ans, sans autorisation de séjour, il a bossé sous un autre prénom, un autre nom. Un *alias*, qui permettait à ses employeurs de dormir tranquilles, même si une recherche de quelques minutes aurait permis de comprendre qu'Odilon mentait sur son identité.

Ayant grandi en Côte d'Ivoire, il emprunte à l'époque la carte d'identité d'un comparse qui, lui, est déjà régularisé. Un « négrier », comme l'appelle Odilon. Qui « monnaie » sa toute relative générosité. Il exige jusqu'à parfois un tiers du salaire.

Généralement, les patrons de restaurant ferment les yeux ou font semblant de ne pas comprendre. D'autres, alarmés par la détresse d'employés exploités de la sorte, s'arrangent pour verser une avance sur salaire en liquide, avant la fin du mois, histoire que le « négrier » ne ponctionne qu'une partie du salaire total, à la fin.

À l'époque où Odilon travaillait avec des noms d'emprunt, les semaines dépassaient largement les quarante heures. Il payait des impôts, des charges sociales – sans bien sûr pouvoir prétendre bénéficier des cotisations. La cuisine fonctionnait grâce à lui et ses collègues, tous ou presque étant dans la même situation. Et puis un jour, l'un de ses employeurs s'est réveillé, titillé sur le plan moral. Il a aidé Odilon dans ses démarches, afin qu'il puisse – après un long et éreintant parcours administratif – obtenir des papiers.

Bercy ne découvre pas aujourd'hui l'étendue du problème. Le ministère dispose d'outils affinés pour investiguer. « Il faudrait deux jours pour relever tous les abus qui ont lieu dans les cuisines, les mêmes identités parfois utilisées par dix, vingt personnes différentes », dit un observateur.

Fin du service. Odilon en a terminé avec les assiettes sales. Il se rappelle les années d'angoisse, dans les transports en commun, alors qu'il travaillait sous un faux nom. « Tous les jours, le même problème : en cas de contrôle, ça peut tourner au vinaigre. »

Tout à l'heure, le patron est venu le remercier pour le coup de main donné ce jour. « C'est une manière d'aider la France, a dit Odilon. En travaillant, en cotisant, en gagnant ma vie, je peux prospérer. »

*

Pour qu'un travailleur étranger décroche des papiers, les formalités sont légion. Prière de présenter vingt-quatre feuilles de salaire, dont huit datant des douze derniers mois. Une promesse d'embauche. Et une multitude de documents prouvant une présence constante sur le territoire national.

Mais ce n'est rien à côté de l'obtention d'un rendez-vous en préfecture. En moyenne une année d'attente. En Île-de-France, les délais sont bien plus longs et mettent parfois en danger les travailleurs précaires.

Dans un petit bureau au sud de Paris, une femme en a fait son métier : facilitatrice de papiers. Le boulot de Banco Camara, du lundi au dimanche. Souvent, les patrons de resto l'appellent à l'aide, pour des permis de séjour. À la tête d'« Ici admin », elle est l'image même de la débrouillardise. Petite, elle aidait les voisins, ceux qui ne savent pas écrire, à rédiger des courriers administratifs. Elle a été hôtesse d'accueil chez Axa, a bossé comme assistante au sein de la direction de l'AP-HP, puis a été chargée de gestion locative chez Emmaüs. Désormais, elle fait la navette entre ses « clients » et les préfectures d'Île-de-France.

La voilà qui déterre de son armoire un dossier contenant plusieurs centaines de pièces. « Lui, ça fait quatre ans qu'il est en attente de rendez-vous en préfecture. » À chaque fois, celui-ci est repoussé. Un justificatif manquant, une date mal reportée. « Dans ce dossier, j'ai pourtant des preuves de sa présence sur le sol français depuis plus de dix ans. » Factures, attestations d'employeur, loyers versés... Mais la préfecture reporte, toujours et encore.

« Il ne faut pas s'étonner, dit Banco, que certains revendent au marché noir leurs rendez-vous à la préfecture. » Dans son ordinateur, elle conserve des captures d'écran de réseaux sociaux où des internautes proposent la vente de rendez-vous entre 600 et 1 000 euros.

Si quelqu'un est preneur, il reçoit alors l'adresse mail ainsi que le mot de passe ayant servi à l'obtention du rendez-vous en ligne. « Ceux qui acceptent ce marchandage ont dépensé 5 000 euros pour venir en Europe en bateau, alors quelques centaines d'euros de plus... » se désole Banco, qui précise que plusieurs préfectures ont changé leur mode opératoire pour éviter ces malversations.

Sur le bureau qui lui fait face, une jeune collaboratrice épluche un autre dossier sur lequel on peut lire

« Preuves : 20 ans ». Vingt ans sur le territoire national. Et toujours aucun papier. « Ces travailleurs, explique Mathilde Pellereau, sont en contact avec un employeur qui leur dit : "Je souhaite vous revoir très vite." La procédure est enclenchée pour espérer des papiers. Ils n'ont alors plus le droit de travailler, jusqu'à l'obtention des documents, c'est la règle en France. Vu les délais, pour survivre, ils replongent presque immanquablement dans du travail au black. Parce qu'il faut bien se nourrir. Le cercle vicieux. »

Banco Kamara a joint le ministère de l'Intérieur, les préfectures, les sous-préfectures aussi. Elle a pensé à un logiciel qui, en dématérialisant les dizaines de documents à fournir aux pouvoirs publics, permettrait de gagner un précieux temps dans le traitement des dossiers. Une « plateforme innovante ». Pas de réponse. Et si l'État labellisait des associations pour accompagner les sans-papiers dans leurs démarches ? Pas de réponse. Les timbres fiscaux de 50 euros à fournir pour toute demande en préfecture, peut-on passer outre ? Pas de réponse. « Personne ne souhaite nous recevoir. »

Le Défenseur des droits confirme. Le premier motif actuel de saisine de l'institution ? « L'atteinte aux droits fondamentaux des étrangers. » « Un niveau jamais connu. » Presque 22 000 plaintes en 2022[1]. Trois fois plus qu'en 2019. En Île-de-France, on parle carrément d'explosion : + 450 %. Dans l'écrasante majorité des cas, le problème est l'impossibilité pour les ressortissants étrangers d'avoir un rendez-vous en préfecture afin de demander un titre de séjour ou de le renouveler. Le Défenseur des droits dénonce les suppressions d'effectifs derrière les guichets.

---

1. Rapport annuel du Défenseur des droits, avril 2023.

*

Et si la solution venait des restaurateurs eux-mêmes ? Le puissant patron du secteur de l'hôtellerie-restauration, l'Umih, est persuadé que c'est possible. Il a été reçu à plusieurs reprises par le gouvernement afin de lancer un partenariat d'un genre nouveau : une immense campagne de recrutement visant à embaucher des milliers de travailleurs tunisiens en tant que serveurs, plongeurs, cuisiniers. Le tout *via* une plateforme en ligne.

Roland Héguy reçoit dans son bureau au troisième étage du siège parisien. Deux mondes se zieutent. Une grande carte de France, punaisée sur le mur, fait face à un petit globe représentant la planète bleue, perdu sur le bureau.

La plateforme de recrutement, censée « bouleverser positivement » le secteur, rame. Tout juste peut-on lire sur la page de garde les onglets : « Je recrute » / « Comment ça marche » / « Tarifs ». Un « barman » sourit sur un fond vert pâle. Son visage a été pioché dans une banque d'images. Roland Héguy est un peu sanguin. Un coup de poing sur la table, le petit globe manque tomber. Le patron de la fédération aimerait que son site soit déjà actif. Mais il va falloir patienter. « La règle du jeu est la suivante : les travailleurs tunisiens doivent être en situation régulière, avec des papiers. Ils ont l'obligation de parler français. Ils doivent signer un contrat de moins de cinq mois. »

Derrière, il y a des accords diplomatiques sensibles. « Bon, cet été, finalement ça n'a pas marché. Mais l'hiver qui arrive, on va pouvoir le mettre en place, jure, à l'automne 2022, le patron de la fédération. On dialogue aussi avec des pays de l'est de l'Europe. »

Au sein de la profession, la démarche est diversement appréciée. « Je ne vais quand même pas recruter un employé à distance comme si j'allais sur Tinder », se désespère un restaurateur du centre de Paris. Faute de bras, ce patron assure lui-même fréquemment le service, dans une avenue chic du 16ᵉ arrondissement.

Six mois plus tard, l'hiver s'achève sans qu'aucun Tunisien n'ait été recruté. La plateforme est toujours « en travaux ».

20

Le chauffeur-loueur-ambulancier-autoentrepreneur

Lyon (Rhône-Alpes)

La France voit chaque année des centaines de milliers de microentrepreneurs se battre pour exister. Certes, devenir son propre patron n'a jamais été aussi facile, jamais aussi bien perçu, jamais autant encouragé par Pôle emploi. Mais combien sortent gagnants d'une telle expérience ? Et combien le font pour de bonnes raisons ? Voici l'exemple de Smaïl, chauffeur de taxi qui loue une plaque, à défaut de pouvoir acheter la sienne.

« Eh, là on est un peu comme à Levallois-Perret non ? Regardez les grosses maisons autour de nous. Il paraît qu'à Levallois, c'est 900 000 euros le 80 mètres carrés. »

Smaïl rêve souvent de Levallois-Perret, une sorte de paradis échoué, loin de son quotidien, c'est que ça doit être bien. Ce matin, il roule de la plus tranquille des manières, dans un quartier résidentiel posé entre Rhône et Saône, à 471 kilomètres exactement de Levallois. Pour Smaïl, Levallois-Perret, l'une des communes où l'on compte les plus hauts revenus fiscaux déclarés, c'est le Graal.

De la neige dehors. Du blanc partout. « J'ai des pneus quatre-saisons, on va voir si la poudreuse me résiste. » Aux commandes d'une Passat TDI Bluemotion plus vraiment rutilante, Smaïl écoute *Les Grandes Gueules* sur RMC. Un collègue passe avec une BMW. Celle-là scintille. Smaïl s'en fout. Il n'a pas le budget pour investir dans les gros bolides, pas le budget pour acheter une licence. « Devenir chauffeur de taxi aujourd'hui, c'est 170 000 euros à Lyon. » Sur Leboncoin, on trouve plus cher. Des offres à 195 000 euros. « Bon, du coup je loue une licence. »

Smaïl regrette l'époque pas si lointaine où les tarifs étaient « encore accessibles ». Il aurait dû investir dans une licence. « Ça permet de louer ensuite ta propre plaque ! Bien plus rentable qu'un studio déboursé pour 100 000 euros. Là, pas d'état des lieux, jamais de chauffage en panne. » Smaïl est aussi très branché immobilier locatif, mais il n'a pas de quoi investir non plus. Il dit tout le temps le mot « rentable ». Mais cherche encore la manière de toucher du doigt le concept.

Smaïl, c'est : un survêt – bleu –, un sweat à capuche – bleu – et des baskets – bleues aussi. Une longue barbe de 30 centimètres, des cheveux coupés très court.

Les journées de travail font entre dix et douze heures, du lundi au vendredi. Le dimanche soir, il remet ça, « parce qu'il y a les tarifs majorés ». À la maison, sa femme et leurs six enfants. Lui, toujours sur la route, elle, avalée par les tâches ménagères et la gestion des petits. Smaïl préfère en rire : « Je conduis souvent des malades pour des chimios. Ma femme, à la maison, elle a la même tête qu'eux. » Une fois la phrase prononcée, la petite lèvre pincée du chauffeur laisse entendre que la blague était de trop. Il conclut sur une autre note : « On est tous les deux crevés. »

Dans un monde du transport où les frontières s'évaporent, l'activité principale de Smaïl, la plus rentable, ce sont aujourd'hui les déplacements médicalisés. Sur son application Caree, on retrouve toutes les courses déjà effectuées depuis ce matin, une grande majorité pour accompagner des clients à leurs rendez-vous médicaux. « Ceux que les ambulances ne prennent pas parce que pas assez rentables. » 7 h 30, 8 h 50, 9 h 30... « Entre ces courses, je repars à la gare » pour espérer des passagers « normaux ».

Les matins pour Smaïl commencent souvent à 6 h 30 avec un passage chez Georgette, qui doit être dialysée. « Je lui demande de parler doucement, je ne suis pas encore réveillé à cette heure-ci, j'ai encore de la semoule dans les yeux. » Smaïl l'adore, Georgette. Ils rigolent ensemble, dans les rues étriquées de Lyon, avec RMC en fond sonore. « Je suis conventionné hein, conventionné CPAM, ça claque non ? » Il a même apposé la mention sur sa très chic carte de visite noire. Son nom de famille écrit en grand. « Lyon-aéroports » juste en dessous, pour montrer qu'il sait arroser la ville et ses affaires.

Combien de kilomètres Smaïl a-t-il avalés depuis ce matin ? Lui ne compte pas ainsi. Il calcule carburant. « Jusqu'à 100 euros d'essence en deux jours. »

Depuis quatre ans qu'il loue une licence, Smaïl arrive péniblement à dégager 15 000 euros de bénéfice à la fin de l'année. Il travaille sous le statut d'autoentrepreneur. « Quasi pas de retraite ni de chômage. Quand je tombe malade, j'avale une soupe comme les grands-mères et je reviens le plus vite possible au volant. » Sa comptable, qu'il rétribue 120 euros par mois, lui dit que ce serait tout de même plus commode avec un autre statut, « parce que, monsieur, vous avancez en âge ».

Smaïl n'a pas voulu se lancer dans l'aventure Uber. « J'aurais gagné encore moins. » En décembre 2011, quand le géant de San Francisco pose ses valises en France, c'est le feu d'artifice. L'ascenseur social, les perspectives juteuses de bosser comme on veut, sans contraintes ou presque, sans paperasse, tous autoentrepreneurs. Des campagnes de recrutement sont lancées dans les banlieues. Habitants de Bondy et Villiers-le-Bel, vous allez voir, argent et grosses bagnoles, rejoignez le mouvement, on sera bientôt 70 000 ! Plus de dix ans plus tard, les troupes d'Uber au volant sont environ 30 000. Le Far West a été réglementé. Le salaire mensuel net dépasse de peu le Smic. Les amplitudes de travail rendent les journées interminables. Les semaines de trente-cinq heures n'existent pas.

Mais tout cela n'est rien par rapport à l'image qui s'est enracinée dans l'inconscient collectif, celle de l'autoentrepreneur, libre, sans chaînes aux pieds, à qui l'on offre le droit d'être son propre patron.

*

En 2022, l'Insee enregistrait 1, 072 million de nouvelles entreprises sur le territoire, 61 % d'entre elles ayant le statut d'autoentrepreneur. Année après année, le chiffre ne cesse de progresser, au détriment des entreprises individuelles dites « classiques », lesquelles ne semblent plus intéresser grand monde.

Les revenus générés par ces microentreprises traduisent une existence fragile, pour ne pas dire précaire. « 595 euros par microentrepreneur en moyenne[1] »

1. Insee, « En 2019, le revenu d'activité moyen des non-salariés baisse après plusieurs années de hausse », juillet 2021.

en 2019. L'année suivante, le chiffre tombe à 550 euros. Par comparaison, les patrons des TPE, les très petites entreprises, émargent, eux, à moins du Smic pour « quarante-huit heures de boulot par semaine[1] ».

La France, pays d'entrepreneurs ? Attention au miroir déformant, signalent plusieurs observateurs qui accompagnent les créateurs d'entreprise au niveau national. « Si autant de Français se lancent dans l'aventure, dit l'un d'eux, c'est parce que Pôle emploi les pousse à agir ainsi. Car ils sortent des statistiques du chômage. »

BGE est un réseau qui, depuis quarante ans, a accompagné un demi-million d'entreprises. Sa direction explique : « L'injonction “Tu ne trouves pas de job, crée ta boîte” ne fonctionne pas. Nous, acteurs de l'entrepreneuriat, privé comme public, nous percevons les effets dévastateurs de ces centaines de milliers d'immatriculations qui ne survivront pas. » Le réseau BGE dit vouloir éviter « une société encore plus déséquilibrée, avec les risques sociaux et politiques que cela génère ».

Si l'on déplace maintenant l'analyse du côté des caisses de l'État, la formule des « microentreprises », on le dit peu, est perçue comme « fraudogène ». Qu'il s'agisse d'« erreurs déclaratives » ou de « travail dissimulé », ce statut fait perdre chaque année à la Sécurité sociale entre 1 milliard et 1,5 milliard d'euros[2]. Une machine à dé-cotiser, loin de la perception scintillante de la « *start-up nation* » qui a achevé de faire croire que les baguettes magiques faisaient l'économie d'un pays.

Enfin, comment ne pas évoquer toutes ces histoires d'amour entrepreneuriales qui finissent mal en géné-

1. SDI, Syndicat des indépendants et des TPE.
2. Haut Conseil pour le financement de la protection sociale.

ral ? Dans le cas présent, comme pour un divorce, elles trouvent souvent une issue... au tribunal. « Je n'ose vous dire le nombre d'autoentrepreneurs qui, en découvrant que leur situation est moins enviable qu'attendu, veulent des requalifications parce qu'ils estiment qu'ils ont un lien de subordination avec un "donneur d'ordre". » C'est un chef d'entreprise siégeant au sein d'un conseil des prud'hommes en Île-de-France qui parle, ahuri par le nombre de dossiers à trancher.

*

Attaquer en justice ? Smaïl ne voit pas bien. Ni qui ni comment. Il n'est pas un sous-traitant classique, à même de demander la requalification de son contrat en CDI.

Et puis il aime son boulot. Infiniment plus que le précédent. Une usine dans la « vallée de la chimie ». « Je faisais les 4 × 8. J'en pouvais plus d'évoluer dans le monde du salariat. Avec les collègues, on en venait à se battre pour savoir qui allait décrocher une prime et qui n'en aurait pas. Comme j'adore bosser, j'arrivais à 5 heures du mat et je rattrapais tout ce qui n'avait pas été fait dans la nuit. » Maintenant le plaisir, pour Smaïl, « c'est l'indépendance ». Il se demande juste à quoi va ressembler la retraite. « J'irai à Levallois acheter une grosse maison. » Il blague. Mais il a du mal à sourire.

SIXIÈME PARTIE

QUAND LES COMMERCES FUIENT LA VILLE

Les communes de taille moyenne semblent gagner en popularité depuis la pandémie de Covid. Mais beaucoup n'ont pas la chance d'être placées sur des territoires attractifs et vivent une fracassante reconfiguration : la mort accélérée des commerces en centre-ville.

Ce n'est pas la France périphérique face à la France des grandes agglomérations qui se joue ici. C'est une bataille intra-citadine où, à seulement quelques kilomètres de distance, des quartiers résistent quand d'autres plongent.

Les municipalités, désemparées, développent une multitude d'outils, avec plus ou moins de succès, comme pour dire : « Au moins, on aura essayé. » Les résultats ? Trop faibles face à la rancœur d'habitants ayant dorénavant le sentiment d'être déclassés... dans leur propre ville.

21

La ville où les commerces jouent aux fantômes

Saint-Brieuc (Côtes-d'Armor)

Et si l'on parlait de « grand remplacement des mètres carrés » ? Saint-Brieuc est devenu l'exemple type de ces communes de taille moyenne où le centre-ville est incapable de conserver ses commerces de proximité. Sur place, jusqu'à un tiers des boutiques a tiré le rideau. Alors qu'aux alentours, les galeries commerciales sont plus que jamais incontournables. Ça n'amuse personne, mais ça convient à beaucoup.

Au début des années 1980, Saint-Brieuc est à la mode. Ses rues piétonnes attirent et son festival Art Rock fait figure de modèle du genre.

Pourquoi, dès lors, cette ancienne gloire bretonne n'arrive-t-elle plus à briller ? Pendant que Brest et Rennes prennent la lumière, Saint-Brieuc prend la poussière, au point que les médias, qui aiment les totems, présentent désormais la commune comme l'un des symboles nationaux de ces villes moyennes qui meurent. Un centre qui se désagrège, des commerces qui ne résistent pas. Ça commence avec les journaux locaux, *Ouest-France*,

Le Télégramme, au détour d'un article. Un jour, un grand quotidien national s'y met. Boule de neige.

Pourtant la cité briochine n'est pas un repoussoir. Pas une solution de repli. Pas non plus un mouroir.

Dans les plaquettes éditées par les promoteurs immobiliers, on aime rappeler que Saint-Brieuc est situé à 2 h 14 de Paris-Montparnasse et idéalement relié à plusieurs grandes métropoles bretonnes. Alors pourquoi les rideaux des boutiques ferment-ils ? Pourquoi quasiment un tiers des commerces est vide et cherche un repreneur ? L'hécatombe est insultante parce que progressive, générale.

En 2011, 89 magasins cessent leur activité à Saint-Brieuc.

En 2019, 229 boutiques jettent l'éponge.

Mille explications nuancées seraient nécessaires pour comprendre, dans sa globalité, pareil phénomène. Mais si on regarde les causes profondes, deux points se détachent :

– Les centres commerciaux périphériques s'affichent comme de puissants aimants rendant caduque toute concurrence dans le centre-ville. Ou, pour arrêter de parler comme un géographe et reprendre les mots des riverains : « C'est tellement plus pratique de poser sa bagnole sur un parking et de faire ses courses dans une galerie commerciale. »

– Acheter par Internet n'a jamais été aussi simple, peu cher, récréatif. Traduction : « Un clic et je le reçois chez moi. »

En Bretagne comme ailleurs, les centres-villes qui résistent ont des arguments touristiques et culturels. Prenez Vannes, la bourgeoise, qui fait rêver avec le golfe à côté, les petites îles qui se détachent au loin, et puis cette ambiance, le port, les maisons bien retapées, on veut tous y habiter.

Saint-Brieuc n'a pas le même sex-appeal.

Dans le centre, les affiches « Locaux à louer », « Bail à céder » donnent le tournis. « Nous ne retrouverons jamais l'armature d'il y a vingt, trente ans », confesse le responsable des affaires commerciales de la mairie.

Avant, on disait, un peu comme chez le dentiste, « subir une dévitalisation commerciale ». Aujourd'hui, l'Insee diagnostique carrément la « décroissance des centres-villes[1] ».

Et si on parlait plutôt de « grand remplacement des mètres carrés » ? Le transfert d'activité du centre névralgique vers ses contours. Chaque année en France, 4 millions de mètres carrés de surface commerciale sortent de terre, presque tous dédiés aux centres commerciaux, de préférence collés aux grands axes routiers. Désormais, huit magasins sur dix ouvrent en dehors des centres-villes.

À Saint-Brieuc, le mouvement est « structurel » (disent les politiques), « cruel » (disent les résidents). Même si des actes de résistance sont à souligner.

Constitué de meubles et chaises vintage, le Donkey's est un coffee-shop qui règne sur deux étages. La formule proposée ? À mi-chemin entre le bar postindustriel et l'espace de coworking. À Paris, c'est banal. « Pas encore ici », s'amuse Jean-Philippe Orveillon, le patron.

Le Donkey's reçoit 250 clients par jour. Peu de start-upers, encore moins d'influenceurs et de pigistes. Mais des grands-parents organisant des cours d'anglais

1. Insee, « Le commerce de proximité », rapport, mai 2021.

collectifs ainsi que de jeunes actifs passant des entretiens d'embauche autour d'un café crème.

Auparavant, les murs du Donkey's abritaient une maroquinerie.

Si pareille transformation a eu lieu, c'est que, pour redynamiser l'offre commerciale, la municipalité briochine s'est décidée à manier le bâton et la carotte.

Le bâton : une taxe en cas de non-occupation prolongée des locaux commerciaux. Le propriétaire de lieux vides est prié de sortir le carnet de chèques. Mais la mesure est difficile à généraliser.

La carotte : un coup de pouce financier pour les enseignes indépendantes cherchant à prendre racine dans l'« hypercentre ».

*

Un jour de ciel gris et de pluie fine, dans une « rue passante » qui ne l'est pas beaucoup, on entre chez Studio Kraft. Pas une boîte de com ni une agence audiovisuelle. Mais une papeterie (rez-de-chaussée) couplée à un atelier d'impression sur tee-shirts (premier étage). La patronne, Emma Pecastaings, est une « enfant du coin ». Elle se dit déprimée par la déprime ambiante. Elle râle contre ces clients qui manquent de courage et préfèrent les courses en Caddie plutôt que celles dans les ruelles du centre. « On ne peut pas continuellement dire que notre ville est vouée à mourir. »

Emma a des envies, un moteur qui fait du bruit, mais pas assez d'argent pour se lancer. La ville a beau être en déclin, le loyer commercial pique un peu. 800 euros mensuels, hors charges. C'est là que la carotte intervient. Pendant un an, la mairie de Saint-Brieuc propose de prendre en charge 50 % du loyer. Une sorte de « cadeau de naissance », pour la boutique. « Ce coup de main, c'était l'élément déclencheur pour me lancer », se remémore-t-elle.

Au départ, l'entrepreneuse en herbe fournit quantité d'efforts pour gagner en attractivité. Les cernes sous les yeux, les week-ends empiétés, les nuits raccourcies, Emma dormira plus tard. Mais ça ne suffit pas. Saint-Brieuc fait peur aux habitants de... Saint-Brieuc. « Se garer est un enfer, on ne sait jamais quand les boutiques ferment, et la navette gratuite, quel bordel à emprunter, et puis acheter est si cher dans le centre-ville, et de toute façon le spectacle des rideaux fermés est si déprimant. »

Le plus grave pour Emma : l'envie qui commence à s'étioler. Le moteur, le sien, fait moins de bruit, soudain.

Tombe alors du ciel une grosse tuile, qui manque l'achever. Son Studio Kraft se fait à peine un nom qu'il doit... changer de nom. La franchise Kraft Déco débarque et voit d'un très mauvais œil qu'un commerce arbore un intitulé à ce point similaire.

Kraft Déco, dont le modèle s'inspire de Maisons du monde, se fait menaçant. Pressions, avocat, attention ça va faire mal.

Emma se ronge les ongles. Elle n'a pas déposé la marque Studio Kraft à l'Inpi, le registre tricolore des noms de domaines, commerces et autres propriétés intellectuelles. Conséquence : il faut débaptiser la boutique. Réduits à néant, le bouche-à-oreille, les efforts de référencement en ligne.

Le commerce d'Emma se nomme dorénavant Papier Shiso. Tant pis si certains clients s'exclament : « Ah, vous avez rebaptisé parce que ça ne marchait pas ? »

La commerçante s'accroche. Sur les tee-shirts que floque Emma à la main, au premier étage de sa boutique, le best-seller porte ce slogan : « Saint-Brieuc mon amour ».

22

Le trottoir des riches, le trottoir des pauvres

Arras (Pas-de-Calais)

Pour faire face à la « décroissance des centres », de plus en plus de communes ont recours à des « managers de centre-ville ». Ce métier n'existait pas voilà dix ans. Aujourd'hui, dès qu'un élu sent monter la colère, telle une potion magique aux effets immédiats sur le moral, on dégaine un « manager de centre-ville ». Mais cela ne suffit guère à combler, au sein d'une même commune, les déséquilibres entre quartiers délaissés et attrayants, alors que s'accélère le phénomène de « délocalisation communale ».

« La situation n'est pas parfaite, mais elle est loin d'être catastrophique. » Avril 2019, à Arras, l'élue en charge du commerce prend la parole dans une splendide salle boisée. Conférence de presse pour défendre les boutiques, la proximité, on va y arriver, pas de fatalité. « Beaucoup de villes moyennes nous envient », déclame Nadine Giraudon, assise sur son fauteuil rouge. Face à elle, au premier rang, les journalistes prennent quelques notes. On convoque les chantiers déjà en cours, les programmes, les investissements. Il y a le pacte pour le commerce. Il y a un observatoire. Il y a le renforcement de la direction commerce.

Plus c'est technique, plus ça fait riche.

Et puis on jette un chiffre, comme on lancerait une grenade assourdissante. « Arras est fier de compter 1 144 commerces. » On cumule artisanat et services, peu importe, l'addition produit son petit effet, les journalistes prennent note.

Le taux de vacance des magasins à présent ? Arras semble s'en sortir mieux que ses voisins. En quelques années le pourcentage de boutiques fermées est passé de 26 % à 7 %.

Assis à droite de l'élue en charge du commerce, un jeune homme, chemise, jean brut retroussé aux chevilles. Antoine Cornuel est payé par la mairie pour faciliter l'installation de commerces. Ce jour-là, il porte sur les épaules le poids du renouveau. Non, les mairies ne sont pas larguées. Oui, elles empruntent aussi les codes du business, la grammaire des entreprises privées. Antoine est « manager de centre-ville ». Présenté ainsi, c'est comme si le combat était déjà gagné. Le métier est né en Grande-Bretagne, où l'on parle de « *town manager* ». Il a émergé dans l'Hexagone, progressivement, au milieu des années 1990.

On retrouve le manager quelques mois plus tard dans un bureau prêté par la municipalité. Il est en pleine opération séduction pour faciliter l'installation d'une future commerçante qui a l'air perdu. Lui : « À terme, je peux vous aider à remplir les papiers d'autorisation des travaux. » Elle : « Vous pensez que ça peut marcher ? » Elle hésite à se jeter dans le grand bain. À mesure qu'elle expose son projet déco-design, celui-ci gagne en brouillard. Le manager de centre-ville perd le fil mais poursuit son écoute attentive. Soudain, le voilà qui sort une grande carte détaillée d'Arras. Son doigt pointe vers une zone précise. Comme pour une carte aux trésors, on fantasme la découverte d'un eldorado. C'est le quartier des Arts, « entre 10 et 15 euros le mètre carré, deux fois moins cher qu'ailleurs ». Tous les mois ? Tous les ans ? C'est quoi, un bail commercial ? La jeune femme s'enfonce dans la perplexité. Antoine Cornuel reprend à zéro. Un médecin aurait dit : « Ça va bien se passer. » Lui glisse : « C'est une belle opportunité. »

Antoine Cornuel est un peu agent immobilier, agent commercial, agent municipal, agent d'urbanisme, agent d'ambiance. Il dépense beaucoup d'énergie, de conviction aussi. «Je serai jugé sur mes actions. » Il parle comme un élu. « Si ça ne marche pas, si les commerces ne s'installent pas... » Il ne termine pas sa phrase.

Quelques mois plus tard encore. De nouveaux commerces émergent à Arras. Une enseigne de poke bowl, des coiffeurs, une onglerie, un « tonton Barbeur », une bouquinerie.

Chacun tente de s'installer le plus près possible des flamboyantes maisons de style baroque flamand qui composent la Grand-Place, l'équivalent local des Champs-Élysées. Le Veau d'or, L'Épingle d'or, Le Fer à cheval. La Grand-Place affiche toujours les noms de vénérables commerces d'antan. Stéphane Bern a fait du beffroi le « monument préféré des Français », édition 2015, la vedette d'une de ses émissions télé. Sur place, on se rappelle encore l'animateur star, veste bleue, bouclettes au vent, fendant la foule, sous les applaudissements. Une fanfare avait été commandée. Ce jour-là, les curieux pensaient que c'était Stéphane Bern qu'on décorait.

Depuis, l'attrait pour la Grand-Place n'est pas retombé. En revanche, s'éloigner de quelques centaines de mètres suffit pour plonger dans une autre ambiance. Là où les rideaux de fer reprennent leurs droits.

*

« J'emmerde l'inflation. Chez moi, le plat du jour est toujours à 8,90 euros. » C'est même écrit sur la devanture. Douze ans que Philippe Michel tient le bistrot L'Express, devant la gare. Il parle fort, avec passion, il aime son métier, mais c'est un amour contrarié. Encore un an et, promis, il envoie tout balader. « Suis rincé », décrit ce restaurateur qui continue à cuisiner dès 7 heures du matin pour servir des tripes à ses clients lors de la pause déjeuner. « À part les glaces, rien de congelé ici. »

Philippe a 60 ans. La mémoire orientée. « Quand j'ai débuté ici, les clients étaient deux fois plus nombreux. »

Depuis des années, le chiffre d'affaires pique du nez. La paie, mécaniquement, épouse la même courbe. « Moi, à la fin du mois, c'est 600 à 700 euros de moins qu'il y a une dizaine d'années. » Philippe bosse depuis ses 15 ans. Il a d'abord écumé les marchés. Puis la restauration. « J'ai toujours pensé commerce, toujours rêvé commerce. J'ai longtemps eu un travail en or. » Avec son tablier noir, il tutoie tous les clients. Ceux qui, la première fois, affichent une petite gêne reviennent après. Sa gouaille fait des merveilles. Mais l'énergie n'est plus là. « Ne me parlez pas du maire ! Il nous laisse dans un coin, il ne fait rien pour nous. » À ses côtés, derrière le comptoir, une dame lui dit de contenir sa colère. « M'en fous. »

Par-dessus tout, il y a cette histoire de taxe qui irrite profondément Philippe. « La taxe terrasse. » 1 500 euros, autorisation pour six mois. Versement à effectuer à l'hôtel de ville, chaque printemps. En échange, une partie du trottoir est à Philippe, afin qu'il y installe tables et chaises. « Cette année, j'ai eu le malheur de sortir le matériel avec trois petits jours d'avance. Ils [les agents municipaux] sont passés. Bam ! Ils m'ont facturé un trimestre supplémentaire. Pour trois pauvres petits jours. Merde ! » Accoudés au comptoir, deux clients font un signe de la main pour dire à Philippe de se contenir.

Ça l'énerve, Philippe, qu'on lui demande de baisser d'un ton. Alors il pousse du coffre. Plus fort. « Ils veulent nous couler. » Au comptoir, les deux clients adoptent une autre stratégie. Ils applaudissent. Le patron, sur sa lancée : « De toute façon, ici c'est le quartier des pauvres. Les bourgeois, c'est la Grand-Place. » 1,1 kilomètre sépare les deux localités. Treize minutes à pied. Deux univers. Nouvelle salve d'applaudissements.

Deux verres de blanc sont commandés. « Ah, les riches », soupire un des participants. Est considéré en France comme « riche » celui qui profite d'un niveau de vie après impôts supérieur à 3 673 euros par mois (5 790 euros à Paris), ou un patrimoine dépassant les 490 000 euros par ménage. Le pays compte donc 4,5 millions de « riches[1] ». C'est sujet à caution, ça divise, ça compartimente. Alors au comptoir de L'Express, on préfère s'exaspérer sur les « 1 % les plus riches ». « Ils ont cette chance que nous n'avons pas : être dorlotés. »

Pendant des décennies, pourtant, beaucoup de commerçants se seraient roulés par terre afin de piquer l'emplacement de L'Express. Place Foch. Face à la gare.

1. Observatoire des inégalités.

Des milliers de voyageurs chaque jour. Les TER souvent en retard. Les TGV, beaucoup moins. Le matin, à 7 h 30, ça déborde jusque sur les trottoirs. Le problème, c'est ensuite, quand le vide reprend ses droits. Jusque tard le soir.

À la fin des Trente Glorieuses, la place Foch faisait rêver. Automne 2022, elle fait pleurer. Son monument aux morts est superbement entretenu. Mais, tout autour, les commerces vides composent un cimetière de bateaux. Deux hôtels ont fermé. Trois des six bistrots ont été placés en liquidation judiciaire. Le restaurant Carnot, ancienne gloire locale, n'est plus. Décision du tribunal de commerce. Quinze employés sur le carreau. Il a fallu des semaines pour que les habitants de la place Foch s'en remettent. Sur les murs du restaurant dorénavant évaporé trônent toujours quelques médailles fanées. « Club international Prosper-Montagné en 1999. » « Label Euro-Toques en 2015. »

Des réaménagements, pourtant, sont programmés. Des promesses électorales, beaucoup de bonne « volonté » – le mot revient tout le temps dès qu'on parle des villes moyennes. Mais les chantiers tardent. Les concrétisations sont comme fâchées.

Un hôtel de quatre étages doit bientôt être transformé en « appartements de prestige ». C'est écrit, tel un serment, sur les pancartes du promoteur Laforêt.

Pour autant, rien ne semble tourner rond sur la place Foch.

Prenez le centre des impôts. Sur la façade fatiguée du bâtiment, l'administration fiscale annonce la couleur : elle ne reçoit plus « que sur rendez-vous ». On a connu plus accueillant. Placardée sur la porte vitrée, une affichette renvoie à une dizaine d'adresses de bars-tabacs-PMU qui, en ville, permettent d'effectuer des paiements fiscaux. L'art de déléguer n'est pas propre au privé.

« Cette place, on dirait un Ehpad à ciel ouvert. » Le responsable de L'Express est plus en verve que jamais. C'est son quartier qu'il plaint, pas sa vie à lui.

Ses journées commencent certes à 5 h 45. Mais depuis peu – il se pince les lèvres, on a soudain l'impression qu'il va dire une bêtise ou reconnaître une erreur –, tous ses week-ends sont libres. Malgré lui. Malgré tout. « Le samedi et le dimanche, c'est ville morte ici. Le lundi également, puisque tous les commerces environnants sont fermés. Alors pourquoi je viendrais m'emmerder à travailler et ne voir personne ? »

Philippe symbolise ce nouveau paradoxe des villes qui se fragmentent d'elles-mêmes. Le commerçant est situé dans le centre, mais s'estime abandonné. Sentiment d'insécurité économique. Même les festivals et soirées plient bagage. « La Fête de la musique ne vient plus par ici. » Au revoir aussi « le carnaval et la fête des rats » (l'animal symbole de la ville). Loin le temps où des activités karting réveillaient ponctuellement la gare. « Ça durait quarante-huit heures et Dieu sait qu'on foutait un joyeux bordel jusque sur les quais. » Fini. Pareil pour la course des garçons de café, « traditionnellement fin août ». Même le feu d'artifice du 14 juillet a trouvé refuge ailleurs. « Dans un parc, près d'un ancien abattoir, à 3 kilomètres. » Philippe parle d'une « insulte ».

Ce sont les « délocalisations communales ». Elles appauvrissent culturellement un quartier au profit d'un autre. Un choix politique, contraint, de ceux que tous les maires de France peuvent être amenés à arbitrer. « Si seulement on attrapait quelque chose en retour », se désole le gérant de L'Express.

Au loin, le bruit d'un TGV. La fréquentation est soutenue sur cette ligne qui relie Lille à Paris. La place Foch ne se demande plus quels bénéfices en tirer. L'une des rares brasseries encore en activité jouxtant la station ferme désormais à 18 h 30. « Quelques années en arrière, c'était 23 heures », se lamente un client.

*

On essaie de joindre à nouveau le manager de centre-ville d'Arras. Plein de questions pour lui. En mairie, un collaborateur s'éclaircit la voix avant de fournir une explication. « Antoine est désormais responsable de développement immobilier chez Aldi. » Une chaîne de supermarchés.

En périphérie.

SEPTIÈME PARTIE

TRANSPORT, PRODUIT DE LUXE

Les transports symbolisent sans conteste l'un des marqueurs les plus saillants d'une France à multiples vitesses. Il y a les chanceux, les abandonnés, ceux qui ont les moyens, ceux qui coulent.

Le clivage est d'abord économique. Un Français sur deux travaille en ville sans y habiter. Il est aussi affaire de cohésion sociale. Des départements crient à l'ostracisation, parce qu'on ferme une ligne de train. Des communes dépensent des fortunes pour faire circuler des bus et espérer recréer une mobilité, au risque, sinon, de s'évaporer. Voilà pour les intentions.

Mais dans la pratique, ça coince de toutes parts. Dans le nord de la France, le réseau TER est si calamiteux que certains travailleurs gardent sur eux, en permanence, un sac avec des affaires de rechange, ne sachant avec certitude s'ils pourront rentrer chez eux le soir. La voiture ? Faire le plein grève les comptes et s'effectue au détriment d'autres dépenses pourtant vitales pour de nombreux ménages.

Les pouvoirs publics sont sollicités en permanence, de toutes parts. On dépense plus pour un résultat déficient. Certains maires en viennent même à se transformer, au propre comme au figuré, en pompistes.

23

Ma voiture, mon gouffre

Dreux (Eure-et-Loir) et Damville (Eure)

La voiture était déjà un luxe pour nombre de ménages, maintenant c'est le plein d'essence qui constitue une folie dépensière. Mais quand on n'a d'autre option que de conduire pour aller travailler ou honorer une visite chez le médecin, certains Français sacrifient jusqu'aux vacances pour continuer de rouler.

Dans une petite rue pavillonnaire, en périphérie de Dreux, dialoguent deux amies. L'une se prénomme Nathalie. La quarantaine, les cheveux au carré, débit de mitraillette, sourire expansif. Elle est adossée à sa voiture, une Renault bleu métallique, garée à la va-vite sur le trottoir. Nathalie est en pleine discussion avec Sylvie, la quarantaine aussi, les cheveux très courts, une coloration qui tire vers le rouge vif.

Aujourd'hui, les deux copines célèbrent « un petit événement ». « On peut même parler d'une folie », se marre Nathalie, en pointant du doigt son volant.

La folie en question ? Avoir osé un trajet de quelques kilomètres pour papoter avec son amie. « L'essence est en train de nous tuer. On a connu le confinement à cause du Covid. Désormais, c'est le confinement carburant. » Cette mère de famille jure que, avant chaque déplacement, elle soupèse son utilité, avant de valider ou non le trajet. « C'est le porte-monnaie qui décide. »

Le ciel bleu de ce printemps 2022 a un petit goût de vacances. Mais le mot fâche. Sylvie vient de tirer un trait sur ses congés d'été. « Mes enfants, c'est pareil. Personne ne part ni en juillet ni en août. » Certes, il y aura des sorties culture dans le département, quelques restaurants, c'est promis, c'est pour tenir. Mais le camping-car, le mobile-home, la location d'une maison... Toutes ces options, un temps espérées, sont envolées.

Nathalie ne met pas longtemps à trouver plus cruel comme anecdote. « Ma mère, détaille-t-elle, habite dans le nord de la France. Elle vient d'avoir 70 ans. Je ne lui ai pas rendu visite depuis trois mois. Impossible d'aller sur place. T'en as pour 200 euros avec les péages aller-retour, la voiture, la bouffe, tous les frais qui vont avec. Pourtant c'est actuellement que je devrais profiter de maman. »

Sylvie passe la main devant son visage pour mimer un coup de vent. « On était la classe moyenne, on va descendre. »

La voiture comme emblème d'un train de vie impossible à suivre. Alors oui, 82 % des foyers français disposent d'un véhicule, un tiers des ménages en France en possèdent même deux[1]. Mais remplir le réservoir est devenu, pour beaucoup, une petite lutte sans bruit, sans sueur, mais une lutte qui paralyse.

« Ça rappelle les Gilets jaunes, hein, rigole Nathalie. C'était à la mode d'en parler. On se demande bien

1. Insee, « Consommation et équipements des ménages – France », 2021.

pourquoi le sujet a disparu des écrans télé. » Ne prononcez pas les mots « voiture électrique ». « Vous vous êtes trompé d'interlocuteurs », rabrouent les deux amies. Avec un salaire mensuel médian de 2 500 euros par mois, combien de Français gloussent quand on leur dit que l'avenir sera de rouler avec des batteries, dans des « wattures » ?...

21 000 euros la Renault Twingo Electric.

*

Quarante minutes de route et nous voici à Damville, presque 5 000 habitants. Un de ces territoires français qui se dissout. Administrativement tout du moins. « Damville, ancienne commune française, désormais commune déléguée au sein de la commune nouvelle de Mesnils-sur-Iton. »

Dans le bourg œuvrent, au volant, une poignée de bénévoles des Familles rurales. Parce qu'ils ont le permis et encore les moyens de faire le plein d'essence, ces volontaires transportent chaque semaine des personnes isolées. Pour un rendez-vous chez le médecin. Pour des courses au supermarché le plus proche.

Les membres de l'association perçoivent un défraiement symbolique lié au temps passé sur la route. L'inquiétude vient du fait qu'eux-mêmes n'arrivent plus à boucler leur budget essence. Quand les aidants ne parviennent plus à aider...

Gilles Pichon monte dans sa petite voiture jaune rutilante. Ce lundi, il transporte une femme de plus de 80 ans qui souffre du cœur et doit consulter un docteur pour plusieurs examens. Tous deux se connaissent depuis plusieurs années. « Ceinture et bretelles », déclare le conducteur au moment d'attacher la bénéficiaire sur le siège passager avant. Il rigole. Elle est perdue dans ses pensées.

Le binôme passe devant une station essence. Gilles lit à voix haute les tarifs affichés. La guerre en Ukraine a éclaté voilà quatre mois, le baril de pétrole s'envole. Personne ne comprend rien aux courbes, mais toutes les cartes bancaires crient.

2,26 euros le litre de SP 98.

2,209 euros le litre de SP 95.

2,129 le litre de gazole.

« Quand j'ai commencé le bénévolat, soupire Gilles, je me plaignais parce que le gazole était à 1,40 euro. Maintenant, beaucoup se disent : "De quoi vais-je devoir me priver pour effectuer le trajet du jour ?" »

Gilles se présente comme un « double chanceux ». Chanceux d'avoir un véhicule. Chanceux de pouvoir encore faire le plein. Conscient aussi que sans voiture, l'isolement social s'installe vite. « Les transports publics sont inexistants ici. Si vous devez passer une IRM, il faut vous rendre par vos propres moyens vers la ville la plus proche, à 7 kilomètres. Là-bas, il faut ensuite prendre un bus. Il passe une fois le matin, une fois le soir. Rien d'autre. Point barre ! »

La passagère de Gilles, discrète jusqu'alors, se redresse. « Le bus ? J'ai essayé une fois. Je suis arrivée quatre heures en avance à l'hôpital. J'ai attendu dans les couloirs. » Un silence. « Je ne recommencerai pas. J'ai eu trop peur. »

*

L'association Familles rurales de Damville a pris racine au rez-de-chaussée d'une petite barre d'immeubles couleur crème. Dans la salle de réunion, assis sur des canapés en skaï rouge, la présidente et plusieurs bénéficiaires qui l'entourent commentent tous avec dégoût l'envolée du coût du carburant bien qu'un certain nombre n'ait pas de voiture. Durant la conversation, jamais l'on n'entendra les mots : « longs trajets », « péages », « autoroutes », « virées le week-end », « escapades ». Les seules échappées belles se déroulent « devant l'écran télé », allumé tous les jours religieusement à 13 heures pour le journal. « Ça au moins, ça ne coûte rien. »

Catherine Desnos, la responsable associative, pince les lèvres quand elle décrit un système de solidarité perforé. « Nos conducteurs nous disent ne plus pouvoir aider, parce qu'eux-mêmes sont pris à la gorge. Les bénévoles donnent déjà tellement de leur temps. L'État devrait nous filer un coup de main, à nous, les associations. »

Même à l'agence Pôle emploi de Dreux, le patron des lieux est bien obligé d'admettre que, sans aide financière dédiée aux transports, les chômeurs couleraient. « 60 % des personnes inscrites assurent qu'elles n'auraient pu retrouver un poste, voire n'auraient même pas osé chercher du travail, sans un coup de pouce de notre part. » Le coup de pouce en question ? « Jusqu'à 20 centimes d'euro par kilomètre parcouru », détaille Emmanuel Viollier.

L'association Familles rurales trouve que ce montant serait tout aussi légitime pour ses bénévoles.

24

Mon maire, ce pompiste,

Neslée-la-Vallée (Val-d'Oise), Arnage et La Chapelle-d'Aligné (Sarthe)

La voiture, malgré son coût, demeure essentielle pour nombre de territoires, faute de solution alternative. Encore faut-il – autre enjeu territorial – des pompes à essence partout en France. Leur nombre baisse de manière drastique depuis des décennies.

Afin de ne pas décrocher, des communes investissent elles-mêmes dans des stations-essence. Et monsieur le maire de se transformer en pompiste...

Dans cette rue étroite, à Nesles-la-Vallée, il est aisé de passer en voiture sans remarquer cette mini-station. Deux pompes vintage attachées à un caisson métallique blanc, lui-même coincé dans ce qui pourrait être un placard à balais. La station affiche presque cent ans au compteur.

2,34 euros le gazole. Le prix a été scotché à la main sur la machine. Pas de sans-plomb, réservoir vide, faute de livraison. C'est la grève nationale, en cet automne 2022.

Ce matin, le patron, Thomas Fournaise, compte les clients. Un par demi-heure en moyenne.

Un retraité surgit. Il a oublié d'apporter son sourire. « Le plein ? » le devance Thomas, toujours affable.

En général il connaît la réponse : *niet*. Aujourd'hui comme hier, ça ne loupe jamais. « Vingt litres ! Pas plus. »

Dépanner, Thomas fait cela toute la journée. « Certains ont besoin de 3 litres, histoire de rouler jusqu'au supermarché pour faire le plein. » Le sentiment de produire le même effet que les boutiques de luxe : on aime regarder leurs vitrines, savoir qu'elles sont là, mais jamais on n'y entre pour acheter quoi que ce soit.

De l'autre côté du trottoir, les voisins du pompiste partagent ce constat. Ils se demandent à quel point ça sera préjudiciable pour le village, une fois la station débranchée. Mais surtout, les voisins font comme tout le monde : ils vont à la pompe du supermarché. Une dame, dans la maison d'en face : « Dites pas à Thomas. »

Le bureau de la station est niché dans une cour intérieure, derrière un portail. Le dernier bon de livraison vient d'arriver sur le bureau d'Alexandra, l'épouse de Thomas Fournaise, qui l'épluche. « Pour un litre vendu, on gagne de 4 à 12 centimes, ça dépend du prix du baril. Quand on enlève les taxes et les prélèvements ensuite, il ne reste plus rien. C'est juste un service rendu pour les clients. »

La petite station essence de Nesles-la-Vallée est un emblème du monde d'avant. En 1980, la France comptait encore 40 000 stations traditionnelles sur tout le territoire. Elles sont aujourd'hui un peu plus de 5 000[1].

Alexandra et son mari vendent donc du carburant sans dégager de marge ou presque. Ils considèrent représenter l'un des derniers services publics du bourg. Tant pis si celui-ci est privé.

Combien de temps le couple Fournaise tiendra-t-il ? Il va falloir changer la pompe, l'actuelle est trop fatiguée.

1. Mobilians.

« 50 000 euros » à débourser. Le trottoir devra être aménagé. Avec les nouvelles pompes, tout un cahier des charges lié à l'urbanisme sera à respecter. « Du coup, on ne sait pas si on va se lancer dans l'opération. »

Fermer ? Alexandra compte encore sur le garage, au fond de la cour, qui, lui, dégage des bénéfices. Labellisé « Peugeot ». Mais le constructeur vient de modifier son logo. Thomas et Alexandra vont devoir installer le nouveau visage de l'enseigne du fabricant français. Plusieurs milliers d'euros. À leurs frais.

Pourquoi la petite station de Nesles-la-Vallée n'est-elle pas déjà morte ? « Parce que les habitants y tiennent. » Alexandra parle « utilité sociale », telle une élue locale. Elle pense à ce client âgé qui, avant de partir trois semaines en vacances l'été, vient remplir trois bidons d'essence dans la station familiale. « Pour ne pas aller au supermarché, parce que j'ai peur. » Peur des machines à carte bleue. Peur de se servir seul. Peur parce qu'il ne sait pas faire. Tout juste avoue-t-il sa crainte à Alexandra. Elle : « Dès 70 ans, quand certains entendent : "Insérez votre carte", ils sont glacés. »

Une grand-mère, habituée des lieux, tremble trop pour signer ses chèques ? Alexandra prend le crayon à sa place. « Dans un centre commercial, qui aiderait la grand-mère ? »

Il y a aussi ce client qu'accompagne Alexandra, parce qu'il conduit de plus en plus dangereusement. Un autre a besoin de son assistance afin de réaliser des manœuvres pour repartir. La proximité, le sens du service, les détails. Tant pis pour le profit. Alexandra regarde son dernier bon de commande. Deux mille litres. Hors de prix. « Ça ne va pas s'arranger. »

*

À quelle époque le mal a-t-il commencé à frapper les petites stations-essence ? Années 1970, le ciel comme horizon, les supermarchés se lancent dans une détonnante et longue croisade : offrir à leurs clients de l'essence bon marché. Leclerc est à la manœuvre. L'enseigne, déjà bleu et orange, arbore comme slogan : « La *vraie* distribution. »

Sur le fronton de ses premières stations, on écrit : « L'essence moins chère. » L'État enrage, c'est lui qui fixe les tarifs. Pas la famille Leclerc. Prenant ses clients à témoin, le groupe breton, rapidement rejoint par ses concurrents, plaide pour un marché plus libre, des tarifs cassés. La guerre dure des années. À la fin ce sont les supermarchés qui gagnent. En 1980, les moyennes et grandes surfaces comptent déjà 2 000 points essence. Leur nombre a triplé depuis.

Dans sa station-service d'Arnage (Sarthe), Francis Pousse tient encore la caisse avec sa mère. Elle a beau être officiellement à la retraite, pas question d'arrêter.

Le « toboggan professionnel », elle dit l'avoir emprunté dès les années 1980. Aujourd'hui encore, la glissade se poursuit. « Notre activité essence a été divisée par quatre par rapport aux belles années. » Les supermarchés ? « Leur but n'est pas forcément d'encaisser des plus-values sur les pleins, mais de faire venir les clients pour qu'ils remplissent leur Caddie. »

Alors, avec les mêmes méthodes que la grande distribution, mais usant d'armes moins performantes, Francis et sa mère se « di-ver-si-fient ». Le mot est lâché comme s'il s'agissait d'un anticoagulant. Tant pis si les mastodontes de la consommation de masse appliquent déjà ces préceptes depuis trente ans.

Francis contourne sa caisse pour nous montrer la di-ver-si-fi-ca-tion... « Là, le mini-rayon snacking. » Chips Lays, bières en canette, bouteilles de vin rouge et produits pour le pare-brise. Dans l'ordre.

Place ensuite à un atelier pour refaire ses clefs. Puis dans un couloir, l'espace livraison avec des dizaines de colis Mondial Relay en attente. « Pour les clients d'Amazon et Vinted. »

Pour chacun de ces services ou produits, une petite marge est dégagée. En additionnant, ça permet de payer des factures d'électricité ou de chauffage – non de partir deux semaines à Cancun.

Si la station de Francis garde la tête hors de l'eau, économiquement parlant, c'est grâce à une autre forme de diversification : le garage. Francis Pousse l'a ouvert quand la station périclitait, les parents alors prêts à tout envoyer balader. Avec le recul, il voit son geste comme un placement boursier qui, vingt ans plus tard, a permis de sauver les meubles. « Réparer des bagnoles nous a sauvés. »

*

À une demi-heure de route, voici maintenant une petite ville sans bruit, sans fureur. On ne sait pas bien comment décrire La Chapelle-d'Aligné et ses 1 700 habitants sinon par le calme qui s'y dégage. On est au cœur des terres sarthoises. L'autoroute qui dessert la commune s'appelle L'Océane même si, vu d'ici, on est loin de la mer. Le foncier commence à 10 euros le mètre carré.

La Chapelle-d'Aligné a ceci de curieux qu'elle compte une station-service labellisée « municipale ».

Dans le rôle du pompiste en chef : le maire lui-même. L'édile nous rejoint devant son « bébé » comme il convient d'appeler la station essence. Une coiffe en verre, telle une véranda. Deux pistolets : gazole et sans plomb. Une conductrice arrive. Queue-de-cheval, lunettes, regard qui mitraille, elle interpelle monsieur le maire : « Y a une période, c'était un peu plus cher. » L'élu prend ça pour un compliment. C'est lui qui négocie directement avec les fournisseurs. Sa secrétaire s'occupe de la partie administrative. Les adjoints, également, donnent un coup de main. La station communale n'a pas de salarié attitré. Tout est géré par CB.

Dans le bureau de la mairie, au premier étage, monsieur le maire est bien obligé de reconnaître que distribuer de l'essence coûte cher. 1 023 228,75 euros de dépenses totales en 2021. « Le même budget que le fonctionnement de la mairie. » En douze mois, une station engloutit donc autant d'euros que les frais inhérents à une ville de presque 2 000 habitants.

Il y a bien entendu le prix de l'essence. Celui, aussi, de l'indépendance. « La station offre un surplus de fréquentation à nos commerces. Sinon, les habitants partent encore plus faire leurs courses dans les supermarchés lointains, et on meurt plus vite. »

Philippe Deslandes sort d'un tiroir le plan comptable de l'exercice passé :

– Maintenance : 651 euros.

– Frais bancaires : 3 928 euros.

– Frais postaux : 61 euros.

– Frais télécoms : 697 euros.

– Pour les « charges diverses », un mystérieux « 0,78 euro ».

La station municipale n'a pas besoin d'être rentable, juste à l'équilibre. « Mon métier n'est pas entrepreneur, explique l'édile. Mon métier, en tant qu'élu, c'est tenter de conserver le maximum de services pour nos administrés et les territoires voisins. »

À une demi-heure d'ici, devant leur caisse enregistreuse, Francis et sa vaillante mère qui ne veut pas décrocher projettent qu'en France, des milliers de stations vont fermer dans les dix prochaines années. « Un tiers des stations traditionnelles », affirme Francis, étude à l'appui. Il ne dit pas ça en l'air. Il préside un réseau regroupant les 5 800 stations traditionnelles. Il dit qu'il aimerait se tromper. Il dit presque que c'est plié.

25

Le bus et le train qui jouent au pansement

Ploërmel (Morbihan) et Bayonne (Pyrénées-Atlantiques)

Tant pis si le coût est astronomique. De plus en plus de communes ressuscitent des lignes locales de bus, voire de train. En agissant ainsi, elles puisent parfois dangereusement dans leurs caisses. Le prix du message envoyé aux administrés : on ne les oublie pas.

Ces démarches, où les collectivités locales se substituent à l'État, forment autant de réponses au déclassement ressenti par des territoires plus éloignés que jamais des grands centres économiques.

Pas de voiture, pas de bus, aucun train ; le vélo, même pas la peine d'y penser. Cécile fait partie des 14 millions de Français touchés par la « précarité mobilité », un nouveau « label » mis en exergue pour dissocier la France des métros de la France qui marche à pied. Alors qu'on frissonne dès que le litre d'essence monte à plus de 2 euros, Cécile, elle, parcourt plusieurs fois par semaine ses 4 kilomètres aller, pour faire ses courses, équipée de chaussures de montagne taille basse. Elle fonce, elle est habituée, ça monte, ça descend, pas une promenade de santé. La soixantaine, les cheveux gris coupés court, elle calcule : « Une heure aller, une heure retour. » Elle part d'un micro-village pour rejoindre un autre micro-village, plus grand quand même : Le Roc-Saint-André. Son clocher cornouaillais donne l'illusion, observé de loin, qu'on débarque dans un paysage de Walt Disney avec un château de princesse au sommet d'une petite colline. Cécile fait le plein à la « Supérette du Roc » et repart ensuite. Ce matin, la pluie, le vent tapent sur son visage. « Oui, je suis fatiguée, mais ça va aller, glisse la marcheuse, façon bulldozer, vaille que vaille. Parce qu'ici, on n'a pas le “super bus”. »

*

Le « super bus » prend racine 15 kilomètres plus loin, dans la commune de Ploërmel. Il est constitué d'un réseau de neuf lignes, parcouru par des véhicules blancs, quelque part entre le van et l'autocar, avec pour objectif de relier plusieurs villages.

1,50 euro le trajet. 30 euros l'abonnement mensuel. Trois fois moins cher que le pass Navigo à Paris, mais comparaison n'est pas raison.

Prière d'arriver cinq minutes avant l'horaire indiqué sur les plans, on ne sait jamais, tant d'aléas, les conducteurs font au mieux. « Ce n'est jamais parfait, mais on tient bon », s'excuse la conductrice de la navette qui fonce vers Guillac en cet hiver 2020.

Côté passagers, cinquième rang sur la droite, un homme avec sa polaire jaune fluo. Cheveux longs tirés en arrière, il a retrouvé un job grâce aux « super bus ». « J'habite un bourg de 5 000 habitants, je n'ai pas le permis, là, je vais bosser, avant j'étais au chômage. »

Le système, pour pratique qu'il soit, est loin d'avoir un maillage parfait. Comment pourrait-il en être autrement ? Les horaires ne sont pas extensibles. Certains passagers sont déposés au pied de leur entreprise une heure avant l'ouverture du bureau. Pour d'autres, une fois sortis du véhicule, il faut poursuivre sur les trois derniers kilomètres à pied.

Sept cents usagers empruntent chaque semaine les différentes lignes du « super bus ». La communauté de communes finance l'opération. Un gouffre. Les dépenses se chiffrent à un demi-million d'euros quand les recettes, elles, atteignent péniblement 30 000 à 40 000 euros par an. « Le prix à payer pour rapprocher les petites communes, justifie Fabienne Peigné, la directrice générale adjointe de Ploërmel Communauté. La cohésion à l'échelle territoriale passe par là. »

Des choix sont opérés. Certains lieux-dits bénéficient d'une desserte, d'autres sont snobés. Des élus protestent. Certains obtiennent gain de cause, la plupart se résignent. En milieu rural, un bus est un cadeau, pas un dû.

*

Dans ce centre Bretagne qui n'a pas les mêmes atouts que la côte, la grande ville du coin, celle où l'on trouve la panoplie TGV-CHU-universités, c'est Rennes. Une heure de route, si vous avez la chance d'avoir un véhicule. Sinon, une ligne de bus permet de relier Ploërmel à Rennes, plusieurs fois par jour. À force d'avoir changé les règles du jeu, on ne sait plus très bien qui finance quoi, agglo, Département, Région... Le fait est que le prix du billet a fondu. Cinq euros désormais. Presque un cadeau.

Le problème, c'est le lieu de desserte du bus, brutalement modifié. Avant, il fallait patienter dans le centre-ville de Ploërmel, au pied de la statue de 13 tonnes de Jean-Paul II, coiffé d'une imposante arche, dont le regard n'en finit pas d'interroger les passants. L'arrêt était central. « N'ayez pas peur », beaucoup de seniors s'y rendaient à pied. Et puis un jour, allez comprendre à cause de quoi, à cause de qui, l'arrêt est inopportunément déplacé en bordure de ville, soit un immense parking près de la quatre-voies, rattaché à un lycée lui-même excentré. Découvrant ce qu'elles appellent une « trahison », un groupe de grands-mères a pleuré. Plusieurs se rendaient à Rennes chaque mois, l'une pour les suites d'un long traitement anti-cancéreux, l'autre pour des implants dentaires au sein de l'université Rennes-2, parce que c'est moins cher que dans un cabinet privé. Une troisième avait pour habitude de garder ses petits-enfants dès qu'ils étaient grippés. Fini le bus. Au revoir Rennes. Marcher 3, 4, 5 kilomètres pour atteindre le nouvel arrêt de bus, impensable à leur âge.

*

Dans cette partie du Morbihan dont le rayonnement économique perce difficilement, une solution véhiculée existe, réservée aux « travailleurs » : la location ultra-ultra-ultra-low-cost. « Pour ceux, de plus en plus nombreux, qui doivent abandonner leur véhicule et l'envoyer à la casse car ils n'ont plus les moyens de le réparer. » Laetitia Colombel est « médiatrice mobilité ». Son métier : gérer la location d'un modeste parc de véhicules louables chacun 20 euros la semaine. « Impossible de trouver plus compétitif ailleurs », dit-elle.

La location s'opère au premier étage de l'office culturel. Les clefs attendent sur la table en bois aggloméré. Le contrat, l'état des lieux, le plein déjà fait, c'est une Peugeot 206, 150 euros la caution.

Priorité est donnée aux demandeurs d'emploi, qui n'ont plus la capacité d'acquérir un véhicule. La communauté de communes puise dans son budget. Une bouée, pour permettre à plusieurs dizaines d'habitants de rejoindre une usine agroalimentaire ou un site de fabrication Yves Rocher.

On touche du doigt, ici, la mécanique d'une époque où c'est aux collectivités locales de trouver des solutions, de bricoler, parfois avec brio, souvent par défaut. Au service des usagers, des citoyens, des consommateurs. Le local comprend, le local peut, le local sait. La mécanique se met en place en fonction d'un ingrédient, le bon vouloir, qui peut venir à manquer, avec les années. L'État a d'autres priorités.

*

À l'autre bout de la côte atlantique, il y a le Pays basque. Là-bas, la région a décidé depuis plusieurs années de ressusciter non des bus mais une ligne de train longtemps abandonnée. Cette ligne relie donc à nouveau Bayonne à Saint-Jean-Pied-de-Port. Parmi les artisans de ce chantier, on trouve Damien Duhamel. Il travaille pour le Syndicat des mobilités de la communauté d'agglomération Pays basque. Ça prend beaucoup de place sur la carte de visite. D'après ses calculs, « chaque ménage dépense annuellement 5 000 euros pour utiliser un véhicule ». D'où l'idée de relancer la ligne 54, composée d'une dizaine d'arrêts, pour un trajet d'une heure. L'été, quand le train est bondé, les passagers en possession d'un billet seconde classe peuvent monter en première – c'est écrit sur le règlement – s'il s'avère qu'il y a davantage de sièges libres.

En cette matinée grise de l'hiver 2020, pas besoin de jongler entre la seconde et la première classe. Personne dans le train. Le thermomètre fait la tronche et la pluie crache tout ce qu'elle peut. Ça n'aide pas à faire venir les touristes.

Que vaut la ligne en matière de ponctualité ? Presque un train sur dix circulant entre Bayonne-Saint-Jean-Pied-de-Port est généralement supprimé. Le plus mauvais score affiché par une ligne TER de toute la Nouvelle-Aquitaine. Alors on arrête ? On poursuit la perfusion ? Qui pour prendre la décision de « débrancher », faute de rentabilité ?

« La ligne coûte 5 millions d'euros, elle ne sera jamais rentable, tranche Damien Duhamel, l'homme à la carte de visite remplie. Le prix à payer pour désenclaver. » Presque la même justification que pour les « super bus » bretons. « Le prix à payer. »

*

Redynamiser un territoire non prioritaire en matière de transport, c'est suivre un championnant, avec ses divisions, ses ligues. On se bat pour ne pas être déclassé. Le carnet de chèques décide. Bilan : beaucoup de clubs sont déficitaires. Chaque année en France, les réseaux de transport affichent une perte nette de 600 millions d'euros[1].

Qui éponge ? En 1975, les Français supportaient directement 70 % des coûts des transports urbains. Aujourd'hui, c'est moins de 30 %[2]. L'État et les collectivités locales ont donc pris le relais. Les pouvoirs publics

1. Union des transports publics et ferroviaires.
2. Atec ITS France, *Le Monde*, 17 décembre 2022.

s'endettent grandement – les citoyens aussi, par ricochet – afin d'espérer relier des territoires à la dérive. L'équation est à la fois logique et vouée à ne jamais être résolue.

26

Quand même les trains deviennent fantômes

(Hauts-de-France)

*Emprunter un TER dans le nord de la France ressemble parfois à un cauchemar tant les annulations sont légion. Tout ce qu'on reproche souvent à l'économie française est ici concentré : sous-investissement chronique, manque de vision, de responsabilité aussi, querelles d'*ego*, millefeuille administratif... Les usagers, qu'ils travaillent ou étudient, sont contraints à de lourds sacrifices.*

Octobre 2022. 19 heures, gare d'Arras. La nuit est déjà tombée, ça crie au bout du quai. Une mère de famille travaillant dans une banque pique un sprint pour attraper le TER direction Lille, le précédent ayant subitement été effacé des écrans radars. Elle est cadre, mère célibataire. Deux enfants à la maison. Elle court le matin, le soir. Tous les matins, tous les soirs. « À l'heure qu'il est, je devrais déjà avoir récupéré le petit à la crèche. » L'établissement ferme à 19 heures. C'est-à-dire maintenant.

Parmi les usagers des TER qui traversent les Hauts-de-France, ceux qui sont épaulés par des tiers commencent souvent leurs phrases par « heureusement ».

La maman banquière : « Heureusement, j'ai quelqu'un qui est parti le chercher. » Ce soir, elle rit. Elle a une solution. La semaine dernière, elle pleurait, coincée sur un quai, sans personne pour l'aider.

Cécile, elle, fait partie d'une autre catégorie de voyageurs : les « c'est comme ça ». Vingt ans, étudiante en administration et sciences sociales à Arras, elle a besoin de deux trains pour rejoindre la fac. Bien sûr, elle aurait préféré obtenir une place à l'université, près de chez sa mère, à Douai, où elle vit encore. Mais Parcoursup a décidé pour elle. Arras. C'est comme ça.

Dans sa chambre, le réveil sonne entre 5 heures et 5 h 30. Les cours commencent généralement à 10 heures. Certains après-midis, quand le programme est léger, on quitte l'amphi à 15 h 30. Ce qui n'empêche pas Cécile, les jours de grève ou d'annulations en pagaille, de rejoindre le domicile familial après 22 heures. Le record de ces derniers mois ? « Jusqu'à six heures et demie pour mon trajet retour. » Si elle possédait une voiture, Cécile mettrait « moins longtemps qu'un épisode de *Game of Thrones* ».

Cheveux bouclés, épais, mèches symétriques lui mangeant de part et d'autre le visage, Cécile est éreintée. Les chaussures, le sweat, le sac, tout est noir ou gris foncé. Quand on lui demande de décrire son quotidien dans les transports en commun des Hauts-de-France, elle joue la sobriété. « C'est comme ça. » Le ton de la voix est fataliste. Dénué de colère.

Le samedi matin constitue, pour l'étudiante, le jour le plus épique de la semaine. Les caprices ferroviaires sont alors décuplés. « Ce jour-là, au départ de chez moi, un seul TER est programmé le matin. S'il est annulé, impossible d'avoir la correspondance, donc d'aller en cours. » Pas d'option, pas de plan B.

À cause de ces « maudits samedis », déjà plusieurs absences consignées depuis le début de l'année scolaire. Un professeur est même venu s'adresser à Cécile pour lui notifier qu'après deux absences, les bourses sont susceptibles de sauter. Cécile dit avoir alors ressenti « une petite angoisse dans le fond du bide », elle qui ne dort que quatre à cinq heures par nuit, et pour qui les révisions s'apparentent à une épreuve physique. « On est seulement fin octobre », note-t-elle.

L'autre soir, quand de nombreux TER ont, tour à tour, orchestré une symphonie de caprices et de problèmes techniques, à 23 heures, Cécile s'est retrouvée comme échouée dans la gare centrale de Lille. Elle appelle des copains. Étudiants, ils ont la chance d'être logés à côté de leur fac, ils s'y rendent à pied. Tout est étincelant chez eux. La colocation, la déco, les repas. Deux chambres, un salon, y a de la place chez les garçons. Débarquant à l'improviste, Cécile aurait pu faire la fête avec eux puis, le lendemain, la bouche pâteuse, s'adressant à ses collègues de promo, dans l'amphi à Arras, dire que ça pique, qu'elle aurait bien dormi plus, mais que c'était quand même marrant de faire la fiesta jusqu'à pas d'heure à coups de vodka. Mais non. Cécile s'est endormie sur le canapé, presque aussitôt après être arrivée. Ses copains ont trouvé qu'elle était bien trop sage.

*

Dans les Hauts-de-France circulent quotidiennement 1 240 trains sur le réseau TER. De quoi transporter 140 000 habitants chaque jour. 88 000 places assises, les autres debout. C'est déjà pas mal, ça veut dire que ça roule. 142 gares, 221 points d'arrêt[1].

La machine est complexe, le réseau est l'un des plus denses de France.

Le problème ? Les annulations en cascade. 10 % des TER sont supprimés à la dernière minute.

« Je ne paie pas un demi-milliard d'euros à la SNCF chaque année pour voir autant de trains annulés », tonne le patron de la région, Xavier Bertrand. Décembre 2021, il prend la décision de suspendre les 44 millions d'euros versés tous les mois par sa collectivité à la SNCF. Le groupe ferroviaire n'apprécie guère. Des négociations sont entamées, s'enveniment. L'affaire traîne. Les désagréments, comme dans un roman de Stendhal, cristallisent. Plus nombreux encore sont les trains et TER en retard ou supprimés.

Devant la gare de Saint-Quentin, commune où Xavier Bertrand fut longtemps maire, en cette fin 2022, on retrouve le patron de région, plus remonté que jamais. Dès qu'on lance le mot-clef « SNCF », son visage devient anguleux. « Quand ma femme prend le train pour Paris, elle a une boule au ventre, parce qu'elle ne sait jamais à quelle heure elle arrivera. Cette situation est méprisante pour tous les voyageurs des Hauts-de-France. Quand ça coince à gare du Nord, priorité est donnée aux Eurostar, puis aux Thalys, puis aux TGV, aux Transiliens et nous, les ploucs, on attend les derniers avec nos TER. Qu'ils viennent donc me chercher à la SNCF. Qu'ils m'attaquent en justice pour non-paiement. »

Xavier Bertrand oublie de dire qu'il a dû – sous la contrainte – reprendre une bonne partie des versements mensuels envers la SNCF, faute de quoi cette dernière

1. Conseil régional des Hauts-de-France.

aurait lancé une nouvelle procédure judiciaire. Mais l'homme politique est têtu, et sait parfaitement faire de la politique. Il dit : « Je peux très bien recommencer à ne plus payer. »

*

Xavier Bertrand tout juste reparti, on décide d'entrer dans la gare de Saint-Quentin. Ce jour-là, sur les écrans d'affichage, plusieurs TER accusent des retards compris entre cinq et soixante minutes. À cela il convient d'ajouter huit trains purement et simplement annulés, au départ ou à l'arrivée de Saint-Quentin, depuis le lever du soleil.

Personne ne le sait encore côté passagers, mais, derrière le guichet, on se prépare à la même débâcle demain. Huit trains annulés sèchement.

Dans les Hauts-de-France, on ne manque pas seulement de trains, on manque aussi d'informations. Raison pour laquelle, organisés en collectifs, les usagers relaient eux-mêmes sur Facebook et Twitter le maximum de données, quand ils en ont.

Afin de contenir la grogne, la SNCF, en revanche, n'affiche jamais les trains supprimés, sauf si les annulations viennent de se produire. « C'est pourtant une obligation légale. Ils se foutent de nous », gronde-t-on à la région.

Parole à la défense ? Sollicité, le service de presse de la SNCF met trois jours pour répondre. Verdict ? « C'est non. » Suit une justification, laconique, par mail : « Nous ne pourrons donner suite à votre demande en raison du contexte au sein de la région. Bien cordialement[1]. »

1. La réponse, par mail, date du 21 octobre 2022.

*

Lui a longtemps fait partie de la grande famille SNCF. Cheveux gris, lunettes de presbyte sur le nez, Franck[1] est assis dans un TER, quelque part entre Saint-Quentin et Paris. Sa femme et son petit-fils l'accompagnent dans ce wagon aux rideaux verts et aux sièges assombris. Durant trente-sept ans, notre interlocuteur a œuvré pour l'entreprise ferroviaire. « Cette ligne, je l'ai toujours prise. Du bordel, il y en a toujours eu. J'ai passé mon temps à me demander comment les passagers faisaient pour s'excuser auprès de leurs patrons à cause des retards permanents. »

Son épouse lui coupe la parole. Elle veut décrire les galères actuelles. « On n'a pas de voiture, on en a marre de demander de l'aide aux voisins. On en a marre de gêner, de faire l'aumône. On ne s'autorise même plus de rendez-vous médicaux dans les grands hôpitaux du coin, parce qu'on sait qu'on arrivera trop en retard. » Il y a, chez elle, de la douleur, une forme d'urgence à parler. Les propos sont ponctués de petits tremblements des mains.

À côté d'elle, son petit-fils. Pas de cheveux, les sourcils clairsemés, un teint de cire. Sans doute est-il en chimiothérapie. On part en s'excusant d'avoir dérangé. « C'est eux qui dérangent », peste l'ancien cheminot.

Le train s'arrête. Monte Angélique. La quarantaine, elle travaille dans le secteur de la formation. À ranger dans la catégorie des usagers qui savent rebondir au moindre pépin. « La semaine dernière, j'étais coincée gare du Nord, à Paris, sans train pour rentrer chez

1. Le prénom a été modifié.

moi. J'attendais sur le quai depuis plus d'une heure. Les agents devaient savoir depuis un moment qu'aucun train ne partirait, mais aucun ne nous le disait. Alors j'ai pris un RER qui m'a emmenée le plus loin possible, en direction du nord. Mon mari est venu me chercher en voiture. » 2 heures du matin, le couple rentre enfin à la maison. « Je recommençais le travail à 5 heures. »

« Heureusement », Angélique a un budget suffisant pour louer une voiture quand un train est annulé. « Heureusement », elle peut s'autoriser une nuit d'hôtel, de temps en temps. « Heureusement », elle ne prend pas le train tous les matins, contrairement à ceux qui n'ont « pas le choix ».

Arrêt en gare de Creil. Deux trains supprimés à la dernière minute. Même pas un soupir parmi les usagers qui contemplent, dans le hall d'accueil, la nouvelle déroute sur les écrans d'affichage. Hakim fait partie de la famille des « pas le choix ». Il rejoint Paris chaque jour, du lundi au vendredi. Il loge non loin du centre-ville, avec sa famille. Son travail est situé dans le 19e arrondissement de la capitale. Secteur du bâtiment. On oublie toute idée de télétravail. Déménager vers Paris ? Vu les loyers, même pas besoin de demander.

Pour accompagner Hakim : un sac de sport noir avec une imposante fermeture Éclair. Il l'ouvre devant nous. Caleçons, chaussettes, un sweat, une brosse à dents. « Je pars avec mon sac tous les matins. Je ne sais jamais si je pourrai rentrer chez moi. » Hakim dit dépenser entre 200 et 300 euros par mois dans des chambres d'hôtel miteuses. « Jamais au-delà de 60 euros la nuit. » Il vise des établissements près du périph, là où les étoiles ne sont pas affichées et le petit déjeuner, jamais compris.

Le train et ses retards sont devenus le fil rouge à partir duquel s'orchestrent ses semaines. Hakim parle de « charge mentale », de celles qui attaquent tous les pans de la vie. Même le dimanche, à table, avec les enfants, le cerveau oblige à se projeter dans les prochaines galères ferroviaires au lieu de prêter l'oreille aux récits de cour de récré des bambins.

Dans les Hauts-de-France, sur les huit premiers mois de l'année 2022, un peu plus de 11 200 trains ont été supprimés. Soit une augmentation de 134 % en trois ans.

Manque de moyens structurels, investissements à long terme insuffisants, anticipation défectueuse côté recrutement... La Région tape sur la SNCF qui tape sur la Région.

Ping.

Pong.

*

« La Région comme la SNCF ont bien des choses à se reprocher. » Xavier Wattebled commence son métier de cheminot juste après les grosses manifs de 1995. Très fier de « faire partie de la famille » du rail, il touche 5 000 francs, c'est bien, mieux que pas mal de ses anciens copains de classe. Son poste : aiguilleur/agent d'escale. « À l'époque, le statut de cheminot protège et fidélise. » Les premiers jours, il dit « n'avoir rien compris à ce grand bordel » du rail. Mais il écoute les collègues, intègre « très vite ». Une formation sécurité l'éclaire sur les enjeux du métier. « Vingt-cinq ans après, je m'en souviens encore très bien. »

Entre-temps, le statut de cheminot a explosé. La SNCF a procédé à un grand lifting et tant pis si la peau craque par endroits. Restructurations, branches, filiales... La SNCF est aujourd'hui si compliquée à appréhender que sur son site internet, le géant du rail est obligé, pour se définir, de filer la métaphore de la famille éclatée : « Une société mère à laquelle sont rattachées quatre sociétés filles. » Par souci de clarté, on ne compte pas les cousines, bien plus nombreuses...

L'image de la mère et ses filles, très peu pour Xavier Wattebled, qui préfère les mathématiques. « Rien que dans les Hauts-de-France, on aura connu 54 restructurations en trois ans et demi. Nous avons perdu 750 agents sur un total de 4 300. Dites-moi comment on arrive à faire fonctionner un tel réseau dans ces conditions. »

Le jeune aiguilleur des années 1990 préside dorénavant le – puissant, redouté, suranné, on ne sait plus très bien – bureau régional de la CGT Cheminots. Sur la porte d'entrée de sa permanence, une vingtaine d'autocollants. Le plus marquant : « SIDA : salaire inchangé depuis des années. »

« On s'est battus comme des chiens, rappelle le syndicaliste, afin de maintenir un contrôleur dans chaque train. » Victoire remportée, de justesse. « Désormais nous avons cruellement besoin de conducteurs. » Fin 2022, soixante-cinq postes manquent dans la région. « Le métier ne fait absolument plus rêver. On galère pour recruter. » Le même constat, partout. « Pour l'agent d'escale, le réparateur de rame, celui qui vend des billets... »

Maman SNCF et ses filles sont-elles les seules à blâmer ? Xavier Wattebled : « La Région aussi est fautive. Elle dit : c'est de la merde, ce que fait la SNCF, on va tout privatiser et faire appel à la concurrence. »

L'ouverture du marché a, sur lui, l'effet d'un agent perturbateur. La situation le crispe tant que le représentant CGT n'arrête pas de tourner sur son siège à roulettes. Ça fait un peu de bruit, ça l'agace lui-même.

Pour illustrer sa colère, Xavier Wattebled pointe soudainement du doigt un poster apposé sur un mur de son bureau. Un dessin façon *cartoon*. Sur un fond bleu, le territoire des Hauts-de-France éclaté en quatre pièces de puzzle, comme autant de sociétés distinctes appelées à bientôt piloter séparément les lignes de la région.

Qui dit concurrence dit entreprises privées. Pas dans le cas présent, où – prière de réviser ses classiques – seuls des acteurs publics ont levé la main. Dans le détail, il s'agit de la Caisse des dépôts ainsi que d'une filiale – encore une branche, encore une petite sœur – de la SNCF.

Au conseil régional, on assume : « La SNCF est si médiocre, on a du mal à imaginer que cela puisse être pire, une fois privatisée. »

La Cour des comptes pousse la réflexion bien plus loin. D'après elle, les dépenses de TER dans l'Hexagone – 8,5 milliards par an – sont couvertes à 88 % par des subventions publiques. Autrement dit, les usagers ne participent qu'à hauteur de 12 % ! « Les abonnés [aux lignes de TER] bénéficient chacun, en moyenne, d'environ 12 000 euros de subvention publique par an[1]. »

*

Milieu d'après-midi, dans un autre train, parti à l'heure, arrivé à l'heure – soyons honnêtes et soulignons quand ça va aussi –, un encadrant qui, dans son travail, cornaque une équipe de vingt-huit conducteurs prend

1. « Les transports express régionaux à l'heure de l'ouverture à la concurrence », rapport de la Cour des comptes, octobre 2019.

le temps de roupiller quelques instants. Son inquiétude à lui n'est pas la mise en concurrence mais le retour à la normale sur les rails. « J'aimerais vous dire que la situation va vite se rétablir, mais le processus est long. Former des conducteurs prend en moyenne un an. Le profil type de ceux qui nous rejoignent : des gestionnaires de fiches de paie, pourvu qu'ils aient envie. »

Ce matin, en gare de Douai, l'encadrant s'est pris une volée de bois vert. « Les usagers criaient parce qu'aucun train n'arrivait à quai. Faire circuler des TER, ça coûte cher. Mais allez expliquer ça simplement. »

Sur le siège d'à côté, un passager qui écoute la conversation hoche la tête. Il se lève hâtivement puis, en direction de notre interlocuteur, lève le pouce pour approuver.

Nous : « Vous avez du soutien, quand même. »

Le conducteur, se marrant : « Non. C'est un collègue. »

27

Pour les transports écologiques, merci de repasser dans dix ans

Le Boulou (Pyrénées-Orientales) et Vaires-sur-Marne (Seine-et-Marne)

La France a beau voter des lois pour accélérer la transformation énergétique, celle-ci se fait parfois cruellement attendre dans les transports. Illustration avec le fret ferroviaire, où le manque d'investissement chronique et la mauvaise volonté au sommet de l'État posent question. Dans ce domaine, les voies ferrées sont parfois entretenues par des entreprises privées, et non par les pouvoirs publics, trop occupés à dépenser des dizaines de millions d'euros dans des espaces ferroviaires flambant neufs où... aucun train ne vient jamais.

Un immense chapelet de rails, sur plus d'une centaine de mètres, coincé entre un centre commercial et une entreprise de matériaux de construction. Pas d'immeubles d'habitation, pas de risque de taper sur les nerfs du voisinage. Le lieu, Vaires-sur-Marne, constitue un point stratégique rêvé pour le fret ferroviaire. Aux portes de Paris ! De quoi éviter des centaines de camions quotidiennement sur les routes d'Île-de-France. Moins de pollution, moins de nuisances, moins de routes abîmées.

Bon pour la planète. Bon pour le porte-monnaie des contribuables.

Mais ça ne marche pas. Sur les dix-sept voies qui se présentent à nous, deux seulement sont en état d'accueillir des locomotives. On les reconnaît distinctement car la végétation en est absente, alors que sur les autres s'enchevêtrent arbustes, buissons, herbes folles, canettes de bière délavées par la pluie et vieux masques chirurgicaux usagés.

Sur l'une des deux précieuses voies ferrées en état de fonctionner, ce matin de printemps 2023, un convoi aimerait bien partir vers l'Espagne. Il transporte des voitures blanches assemblées en Allemagne. Pour l'heure, tout est figé, le train, immobilisé. Personne au poste de contrôle. Bien malgré lui, ce poste incarne à la perfection le sous-investissement chronique dont souffre le secteur.

Le bâtiment semi-circulaire date de l'après-Seconde Guerre mondiale. Pour déplacer les trains d'un rail à l'autre, il faut actionner manuellement des manivelles sorties d'un autre temps. Justement, au pied du poste de contrôle, dehors, grouillent des dizaines de câbles, au ras du sol, soutenus par un système de poulies dont on se demande comment il n'a pas déjà craqué, compte tenu de sa vétusté. Beaucoup des pièces sont grignotées par la corrosion. Un seul acte de malveillance – un coup de pince suffit – et tout se fige.

Le réseau de chemins de fer hexagonal est piloté *via* 1 500 postes de contrôle. Beaucoup fonctionnent encore en appuyant sur des manettes, quand, en Belgique, le même réseau a été modernisé de sorte que quatre centres de contrôles automatisés mènent la danse pour tout le pays.

« Les marchandises partiront dans l'après-midi », dit le transporteur de fret, résigné. Pas sûr que le convoi se déplace alors très vite. En moyenne, sur les lignes de fret ferroviaire françaises, les travaux sont si nombreux que les locomotives roulent entre 60 et 70 kilomètres à l'heure au lieu des 120 affichés sur les contrats des transporteurs.

Autre contrainte : sur le site où nous sommes, aux portes de la capitale, impossible de préparer la marchandise la nuit, les pylônes hauts de plus de 10 mètres au-dessus desquels de puissants éclairages ont été fixés ne fonctionnent plus depuis dix mois. « Et on va nous dire que le fret ferroviaire est stratégique en France », râle Alexandre Gallo, un ancien de la marine nationale. Il a travaillé dans des sous-marins à Brest, Lorient, Toulon. Droit dans ses bottes, carré, pas un cheveu qui dépasse. Le monsieur aime quand ça avance vite. C'est dire comme il doit souffrir aujourd'hui.

Alexandre Gallo a trois casquettes. Président de l'Association française du rail. Porte-parole de l'alliance 4F, qui regroupe les acteurs du fret ferroviaire. Directeur général de DB Cargo France, filiale de l'allemande Deutsche Bahn, la SNCF d'outre-Rhin, souvent citée en exemple à travers l'Europe. Sa feuille de route ? Faire décoller le fret. Ses arguments ? Avant d'être économiques, ceux-ci sont écologiques. « Le train, c'est six fois moins d'énergie consommée par tonne de marchandise transportée que les camions, c'est neuf fois moins d'émissions de gaz à effet de serre. »

La part du fret ferroviaire est censée doubler en France sous dix ans. La loi Climat d'août 2021 l'impose. Sitôt qu'elle a été promulguée, les acteurs du métier sont allés – ça n'arrive pas dans tous les secteurs économiques tricolores – jusqu'à se coordonner afin de fixer une feuille de route commune, et ainsi graver dans le marbre ce qui peut l'être. Voilà pour les intentions. Dans les faits ? « Rien ne va », glissent plusieurs acteurs, publics comme privés, chacun soupirant plus fort que l'autre.

Ce qui coince, c'est d'abord l'état inquiétant des rails. Moyenne d'âge : 28,9 ans[1]. En Allemagne : 17 ans.

L'ancien de la marine nationale, qui aime quand ça avance, a donc entrepris de louer auprès de la SNCF un tronçon ferroviaire pour dix ans. Charge à lui de rénover huit voies. Facture : 800 000 euros. Au bout du bail, la SNCF récupérera lesdites voies, flambant neuves.

De la sorte, le P.-D.G. de DB Cargo France est en capacité de faire rouler 20 000 trains par an. Pas de quoi dégager de mirifiques profits, mais l'opération est à l'équilibre en attendant que le fret ferroviaire s'envole. C'est le pari du groupe.

*

Mais l'État français, celui qui impulse, celui qui oblige, qui dicte, l'État français croit-il à ce schéma qui verrait, à terme, les trains concurrencer durablement les camions ?

Drôle de jeu que celui du gouvernement. Il rédige des lois pour propulser le fret ferroviaire tout en continuant de dorloter le transport routier et son redoutable lobbying. Un exemple ? Lorsque la guerre en Ukraine éclate, un « plan de résilience économique et social » est mis en place par Bercy. Les routiers, frappés par le coût de l'essence comme tous les Français qui circulent en voiture, bénéficient d'un coup de pouce. « Dans le même temps [*sic*] », le fret ferroviaire, qui avance grâce

1. Bilan ferroviaire de l'Autorité de régulation des transports.

à l'électricité véhiculée par les caténaires, voit la facture d'énergie bondir. « Jusqu'à + 400 % », note Alexandre Gallo.

Les effets sont calamiteux. Des transporteurs, jusqu'alors séduits par le fret ferroviaire, font machine arrière. Le fret, qui représente péniblement 10 % de l'ensemble du transport de marchandises en France, enregistre même un recul de sa part de marché. Des rendez-vous sont organisés avec le ministre des Transports. « On ne demande pas la lune, juste qu'il n'y ait pas autant d'asymétries dans les aides », plaident les défenseurs du fret. Le ministre des Transports, Clément Beaune, organise une visite en Allemagne, le voisin modèle, pour s'inspirer de ce qui marche. Verdict d'un poids lourd local : « Il est bien motivé, votre ministre, mais il n'y connaît rien, au fret. »

Fin 2022, une succession de rendez-vous est annulée par le ministère, malgré les promesses de prendre le problème à bras-le-corps. Les acteurs du fret en ont vu d'autres, mais l'urgence climatique et les défis environnementaux étant désormais rentrés dans le champ lexical du gouvernement, ils envisagent en signe de protestation... un mouvement de blocage. « Comme les routiers », explique, presque en riant, un ponte. L'idée est finalement abandonnée.

Deux mois après, toujours aucun rendez-vous. « On représente une cause juste, on ne devrait pas être si gentils », regrette un patron du secteur.

La surprise arrive en février 2023. La Première ministre annonce 100 milliards d'investissement dans le ferroviaire. Les disciples du fret pensent leur moment venu. Mais, à mesure que le discours est prononcé, le mot « fret » n'est toujours pas mentionné. Rien.

La cheffe du gouvernement convoque les trains du quotidien, les usagers. Un quart du financement proviendra de l'État. Pour le reste, on se débrouillera.

Le fret ?

Un autre jour, on verra.

*

Dans les faits, aujourd'hui encore, le fret est une activité difficilement rentable. Sur les petites distances, impossible d'être compétitif. Sur les longs trajets, c'est envisageable, à condition de profiter des infrastructures adéquates.

Dans le 18e arrondissement de Paris est inauguré en juin 2018 un immense hub collé au périphérique, calibré pour accueillir quatre navettes par jour. Économie réalisée quotidiennement : 60 tonnes de CO_2, l'équivalent de 500 camions en moins sur les routes de la capitale. Moins de bruit, moins d'odeurs... on connaît la chanson. Le bâtiment est grandiose. La halle de fret s'étend sur 15 000 mètres carrés. Des piliers, numérotés de 1 à 23, attendent les camions. Les rails déjà plantés au sol. On a immodestement appelé ça « La Chapelle internationale ».

Le jour de l'inauguration, celle qui est alors la ministre des Transports, Élisabeth Borne, promet : « Il n'y aura pas de logistique durable sans fret ferroviaire. Pour regagner des parts vis-à-vis de la route, il faut instaurer une concurrence équitable. » À ses côtés, la maire de Paris affiche le même sourire qu'un soir de victoire électorale. Les représentants de SNCF immobilier et de la Sogaris se poussent pour être sur la photo. Les deux acteurs portent conjointement ce projet estimé à 80 millions d'euros.

Dans un document interne datant de 2017, la Sogaris évoque, dès la première page, une « innovation sans précédent pour la France et le Grand-Paris ». Des plans d'architecture montrent un lieu destiné uniquement au transport ferroviaire. On se prend à rêver qu'Auchan, Leroy Merlin, Ikea, H & M et Danone viennent se faire livrer ici même. Les logos de ces géants de la grande distribution sont convoqués dans la brochure.

Cinq ans plus tard ? Pas un seul train n'est entré dans « La Chapelle internationale ». Au sous-sol, en lieu et place de camions, un immense magasin Métro est venu s'implanter « avant même qu'on n'essaie de faire venir du fret ferroviaire », dénonce un acteur du secteur. Le matin de notre visite, des restaurateurs récupèrent des kilos de fromages emballés. Puis ils repartent comme ils sont venus : en scooter, avec fumée et gaz d'échappement. À l'étage supérieur, là où les trains de fret ne viennent pas, il a bien fallu trouver une autre activité pour éviter que le projet ne coule financièrement. Va pour La Poste, dont une filiale de distribution de colis, DPD, a investi une petite partie des lieux, comme perdue au milieu du vide. Ici, même les journées sont dures à remplir. « C'est la fin de l'activité », explique un manutentionnaire. Il est 10 heures.

Certes, sur les toits de la gare de fret-qui-n'accueille-pas-de-fret, trône un superbe potager de 1 200 mètres carrés avec soixante-dix variétés de fruits et légumes. Certes, une salle de sport est venue se greffer au sein de ce majestueux ensemble. Mais de fret, rien, *nada.* « C'est le problème de la poule et l'œuf... Si nous n'avions rien entrepris, jamais le fret n'aurait pu commencer, justifie François Dagnaud, président de la Sogaris et maire PS du 19e arrondissement. Il faut inciter fiscalement les entreprises à se lancer. » Pour l'heure, le fiasco est total. Mais on peut voir le verre à moitié plein : les restaurateurs en scooter n'ont aucun mal à se garer pour faire leurs courses.

*

Nuls, les pouvoirs publics ? Incapables d'anticiper les transports écologiquement responsables de demain ? Attention aux raccourcis.

Direction les Pyrénées-Orientales. Le Boulou est situé à quelques kilomètres de la frontière espagnole. Douze mille poids lourds circulent tous les jours sur l'autoroute. Cet après-midi-là, des bouchons massifs, tressés sur des kilomètres. Une centaine de camions en enfilade. Tellement habituel qu'aucun chauffeur n'actionne son klaxon pour se défouler.

Dans ce contexte où l'on imagine les camions tout-puissants, une plateforme ferroviaire d'un nouveau type fonctionne du feu de Dieu. Plantée au pied de l'autoroute, elle a vu en trois ans le nombre de semi-remorques pris en charge passer de 47 000 à 96 000. Comme pour les trains de passagers, le chauffeur peut acheter un billet deux mois ou deux heures avant le départ du convoi. Un système de navettes, toute la journée, la nuit aussi, du lundi au dimanche. Chaque jour, trois à quatre allers-retours vers le Luxembourg, deux allers-retours vers Calais. « On pollue quatorze fois moins que les poids lourds », plastronne Christian Morin, le directeur du terminal. La plateforme existe depuis 2007. Investissement : 20 millions d'euros. Elle est unanimement citée comme modèle partout. Des étiquettes « bio » sont même apposées à l'arrière de certains camions empruntant ces voies.

Février 2023, 17 h 30, un convoi s'apprête à partir de la gare de fret. Jean-Louis Salva, à la tête d'une entreprise de transport routier près de Perpignan, est venu lui-même « accompagner » un de ses semi-remorques. Il possède quarante véhicules au total. En quinze minutes, la carcasse rectangulaire en tôle est fixée sur les rails, prête à filer vers le nord de la France. « Le métier de chauffeur est en tension. On ne trouve plus de volontaires prêts à découcher quinze jours et traverser l'Europe. Cette gare de fret, c'est la solution parfaite. » Et pourtant, l'engouement chez ses concurrents semble tout relatif. « Regardez autour. Combien voyez-vous de plaques d'immatriculation françaises ? » On s'exécute. Des camions allemands, espagnols, luxembourgeois, presque aucun tricolore. « Mes collègues français ont les boules : ils pensent SNCF et CGT, ils sont persuadés que le système ne marche pas, que c'est la grève tout le temps. » Du coup, pour cette autoroute ferroviaire dernier cri, ce sont d'abord nos voisins européens qui nous disent merci.

HUITIÈME PARTIE

L'INSÉCURITÉ PRÈS DE CHEZ SOI

Ce sont trois totems du quotidien. La maison, le téléphone, la voiture. Alors que le sentiment d'insécurité ne faiblit pas au sein de la population française, observons où se déplacent les actes malveillants eux-mêmes.

La maison ? Il n'est plus rare de voir un chantier individuel visité, matériaux et équipements soudainement subtilisés.

Le téléphone ? Les arnaques migrent en masse jusqu'au smartphone, avec des conséquences financières parfois invraisemblables.

La voiture ? Pour tragiques qu'ils soient, les accidents de la route renvoient aussi à l'après, et à ces tribunaux, engorgés, désespérément lents.

Ces fragments délictueux, ces « ressentis » d'insécurité – au pluriel –, mis bout à bout ne témoignent pas d'une société moisie par le danger, mais renseignent utilement sur ses symptômes. Et sur ce que les citoyens attendent des pouvoirs publics.

28

Quand on vole dans une maison pas encore construite

Vannes (Morbihan) et Estrées-Saint-Denis (Oise)

Les voleurs s'attaquent dorénavant aux chantiers des maisons individuelles et pavillons, à savoir le rêve d'une grande majorité de Français. C'est encore plus troublant quand cela survient dans un département chéri du pays, très loin d'être réputé pour son insécurité chronique. Mais plus que jamais, attention aux fantasmes de grand banditisme et de crime organisé. La réalité, inspirée par la crise, est plus... prosaïque.

Près de Vannes, Gilles Grignon enregistre un nombre inédit de vols. Des vols sur des chantiers de maisons individuelles. Lui, l'entrepreneur du coin, à la tête d'une PME dans le BTP, n'avait jamais imaginé qu'il se ferait soustraire, dans ces proportions, câbles, contreplaqué, portes vitrées et même escaliers en bois. Depuis le début de l'année 2022, en huit mois, déjà une vingtaine de chantiers visités sur un total de 150. « Même moi, j'ai du mal à réaliser. »

Alors, sur le terrain, le chef d'entreprise s'improvise responsable sécurité. Cet après-midi, il se rend à Elven où des travaux sont en cours. Il y a quelques années encore, la commune était un endroit discret, on n'oserait dire banal. Aujourd'hui, les permis de construire s'empilent. La liste d'attente est longue.

Nike Air flambant neuves, polo bleu foncé floqué aux couleurs de son entreprise, Gilles Grignon visite la dernière maison individuelle que ses équipes sont sur le point de livrer. Au bout de l'allée, un couple de propriétaires déjà installé affiche le sourire de la victoire. Sur leurs lèvres, on peut presque lire : « Enfin chez nous. » De l'autre côté du trottoir en devenir, un bâtiment tout en longueur, lorgnant vaguement vers l'épure japonaise, achève ses dernières finitions.

La maison bâtie par Gilles Grignon n'en est pas encore là. Le sol est toujours bâché. Bientôt, les raccordements en eau et électricité seront réalisés, le premier étage, bouclé. Les fenêtres sont déjà posées. Elles inquiètent l'entrepreneur. « Entre vingt et vingt-quatre semaines de délai pour en obtenir sur le marché. Vous les posez un jour, elles sont volées le lendemain. » Qui ? « Pas forcément de la délinquance organisée. » Elven n'est pas Medellín. « Ce sont plutôt des personnes isolées qui cherchent du matériel pour leur propre chantier. Ou des individus qui ne veulent pas galérer mille ans avant d'être livrés. » Un point commun, : rayon pouvoir d'achat, « dans tous les cas, ils triment ». La petite délinquance près de chez vous. « À part un voisin ou un travailleur qui bosse sur le chantier, qui peut savoir qu'une fenêtre a été posée à 17 heures dans telle maison, au fond d'un terrain, au bout d'un lotissement... ? »

Gilles se dirige vers le futur salon, au rez-de-chaussée. Il s'agrippe à une paroi, pour atteindre un recoin. On observe alors, entassés : des isolants enroulés comme des matelas, des sacs de ciment, des restes de plaques en bois. « Si je ne les cache pas, ça part dans la soirée. » À la fin de chaque journée de travail, les ouvriers reçoivent l'ordre d'emporter leurs outils à domicile. Aucun équipement ne dort « sur zone ». Mais ces précautions ne suffisent pas.

Pour éviter que les chantiers de l'entrepreneur breton ne soient pillés, ce dernier joue la carte *Big Brother*. Dans son sac à dos, une panoplie de caméras de surveillance. « En cas de vol, on a des preuves. » Le premier équipement extirpé du sac est une caméra de chasseur. En temps normal, ces capteurs repèrent des animaux dans la forêt. Ici, c'est pour traquer des voleurs de parpaings ou d'éviers. Puis c'est au tour d'une alarme d'être sortie du sac. « Avec système sonore en cas d'intrusion, relié sur les téléphones portables avec notification immédiate. »

Quelques mois plus tard, en janvier 2023, grâce à des images de vidéosurveillance livrées à la justice, un homme de 29 ans, originaire de Vannes, sera condamné à de la prison ferme pour une série de vingt-deux vols aggravés, la plaque de sa Mercedes ayant été relevée sur un chantier, au bord de la rivière, la Vilaine. Ça n'était pas une maison cornaquée par Gilles, mais ça a rassuré toute la profession.

Gilles remballe son matériel pour prendre la direction du bureau.

Sur le mur d'entrée, un dessin d'enfant : une maison, un toit rose et un petit chien qui attend sagement devant la porte d'entrée. « Le logement, c'est le rêve d'une vie, non ? »

Souvent, Gilles doit rassurer les acquéreurs, endettés sur trente ans, parce que le four a été subtilisé, quand ce n'est pas la porte du garage qui a disparu...

Dans le meilleur des mondes, le chantier est ralenti quelques heures. Dans d'autres cas, les galères durent des mois. Les crédits bancaires s'enclenchent – que la maison soit livrée à temps ou non. « J'ai des couples qui coulent. » Les vols de chantiers de logements individuels, que l'on penserait insignifiants, se révèlent alors paralysants pour des ménages sans solution de secours. La dernière fois, Gilles a dû consoler de futurs propriétaires qui venaient de se faire voler... leur future cuisine équipée. « Ils ont sué des années pour l'avoir, leur maison. »

Dans toute la France, les vols dans le secteur du bâtiment progressent. Préjudice estimé : plus d'un milliard d'euros par an[1]. Sans doute ces délits renseignent-ils, plus encore que les traditionnels vols à l'arraché dans la rue, sur l'époque actuelle.

*

Agathe Victoire est entrepreneuse dans le BTP. Deux perles nacrées aux oreilles, coupe au carré. Sa spécialité : les déconstructions. Qu'il s'agisse de châteaux d'eau, d'écoles ou de quartiers entiers. Avec sa dizaine de salariés, elle supervise terrassements, désamiantage, sciage, carottage. « On est là depuis plus de trente ans, on rayonne sur 100 kilomètres. » Son port d'attache se trouve à Estrées-Saint-Denis, près de Compiègne. Difficile de faire plus tranquille.

La structure que dirige Agathe est familiale. Son père, le fondateur, a un peu de mal à lâcher le volant.

L'objet des tensions ce jour : « encore une fois », des vols enregistrés sur un chantier.

Elle, calme : « Tu veux que je fasse quoi ? »

Lui, démonté comme la mer coefficient 110 : « Retournes-y ! Faut les emmerder, les gendarmes, y a que comme ça que ça marche. »

1. Fédération française du bâtiment, contactée en septembre 2022.

Il tape du pied par terre. Elle lève les yeux au ciel.

Des vols sur des chantiers de déconstruction où théoriquement l'on ne trouve que des gravats ? « On en a toutes les semaines », répond Agathe. Des dizaines de fois, elle a joint les gendarmes. Pour leur signaler des éviers, des câbles en cuivre, des tuyaux de chauffage subtilisés. « L'acier est très recherché. La tonne est passée en un an de 150 à 350 euros. » Les pénuries liées au Covid, puis les débuts de la guerre en Ukraine ont embrasé le cours des matières premières. Automne 2022, les matériaux stars du BTP affichent en moyenne une hausse de 26 %.

Voler sur les chantiers n'a jamais été aussi rentable.

Lors d'une récente visite au poste, un gradé propose à Agathe de déposer une nouvelle main courante. Elle – ce n'est pourtant pas vraiment son genre – perd patience. « Je fais quoi ? Je mets mon bureau à côté du vôtre ? Parce que je ne peux pas porter plainte tous les jours et poursuivre mon activité. »

Retour dans le bureau familial. L'orage n'est pas encore passé. Le père d'Agathe tonne toujours. « C'est des gars du coin, moi je sais. Ils sont venus me voir sur le chantier. Ils voulaient se servir. J'ai dit non. Ils ont du mal à digérer. Ça vient de là. »

On prend la voiture pour se rendre sur ledit chantier. Parmi les dix maisons qui composaient la zone à démembrer, plus que des ruines. Un bulldozer CAT achève le déblaiement. Agathe observe le terrain vague, les gravats qui constellent le sol. « Ils vont revenir. » Sous les pierres sont encore cachés quantité de métaux.

Agathe sort son smartphone de son minuscule sac à main. Elle appuie sur Play. Plusieurs vidéosurveillances défilent, issues de son propre système de sécurité.

Sur l'une d'elles, on voit une camionnette blanche effectuer des allers-retours sur la route le long de laquelle l'entreprise familiale de démolition est implantée. Il est 5 heures du matin.

Sur une autre vidéo, prise quelques minutes plus tard, un individu, cagoule sur la tête, lampe frontale sur le crâne, s'introduit dans le bâtiment. Vu sa démarche, on imagine qu'il ne ressent aucune forme d'inquiétude. Il inspecte partout, comme s'il était chez lui.

Agathe : « On a eu de la chance, il n'y avait dans l'entrepôt presque aucun matériel de valeur cette nuit-là. »

Son père : « Ils étaient plusieurs. Ils n'ont rien pris cette fois-ci. Ils ont voulu nous envoyer un message. Pour qu'on ait peur, pour la suite. »

Les gendarmes ont récupéré, à la demande d'Agathe, les vidéos. Ils doivent enquêter. Ils n'ont pas encore dit quand, mais promis, « ils rappelleront ».

29

Le sentiment d'insécurité judiciaire

Paris (Île-de-France) et Pontoise (Val-d'Oise)

Avec près de 16 000 blessés graves et 3 000 morts par an sur les routes de France, comment, une fois ces terribles drames déroulés, fonctionne la justice ? A fortiori *quand des circonstances aggravantes sont signalées, notamment la prise de stupéfiants.*

Dans les bureaux des avocats, on évite désormais de faire trop de promesses. Dans les tribunaux, entre l'empilement des dossiers et le manque de moyens, le temps s'étire. La patience des victimes, elle, s'effrite. Le quotidien, parfois, aussi.

L'idée du voyage a germé au détour d'une conversation. « Si on partait en Algérie ? » Le père, Rachid Dehaoui, examine les réactions de sa fille et de sa femme. Tous les trois dans le salon, au troisième étage d'un immeuble de Garges-lès-Gonesse (Val-d'Oise). Marwa, 14 ans, saute au plafond. Djamila, la maman, esquisse un petit sourire, ça veut dire oui. La seconde suivante, elle se dirige vers le meuble où sont rangés les passeports. Problème de date de validité. « Faut aller au consulat algérien. »

Rendez-vous est pris.

Le jour J, le papa hésite. Voiture ou transports en commun ? Ce sera le train de banlieue. La famille termine le périple à pied, se rapprochant de la destination, quai Eugène-Turpin, à Pontoise. Un sacré chemin.

La fin du voyage approche. Le consulat, à portée de vue, 150 mètres, de l'autre côté du trottoir. Feu vert pour les piétons, le père marche devant. La fille et sa maman suivent. Une voiture fonce. Quatre-vingt-six kilomètres à l'heure, diront plus tard les gendarmes. Le conducteur, sous l'emprise de stupéfiants, passe à quelques centimètres d'une poussette. Des premiers cris retentissent. Choqué, un témoin prend une photo avec son smartphone. Rachid se retourne. Le rugissement des freins. Sa femme, violemment percutée, « 2 mètres au-dessus du sol ».

Elle est maintenant allongée sur le bitume trempé. Il pleut. C'est la première chose que retient Rachid. La pluie par terre. Puis, dans la seconde qui suit, il distingue un petit filet de sang coulant du nez de sa femme. Il s'approche, tétanisé. Entend deux soufflements puis plus rien. Le corps de son épouse ne répond plus. Les hurlements de Marwa, la fille, devant des passants interdits, mettent du temps à parvenir aux oreilles de Rachid. Autour, on prend déjà de nouvelles photos sur les smartphones.

Le conducteur a fumé du cannabis. Il sort du véhicule, une Opel grise. Il vient tout juste de décrocher le permis. Il crie sans savoir à destination de qui : « Je roulais à 30 kilomètres à l'heure. » La même phrase, en boucle. Les secouristes mettent du temps à déplacer le corps de Djamila, l'un évoque l'hôpital de Garches. Rachid comprend, il a travaillé quatre ans dans le milieu hospitalier, il sait que cet établissement est spécialisé dans les graves accidents de la route et les lourds traumatismes.

Djamila est plongée dans le coma vingt-deux jours. À son réveil, elle ne se souvient plus de rien, pense être tombée sur son lieu de travail, une école, où elle est aide-ménagère. Sur son lit d'hôpital, impossible de reconnaître sa fille. Elle demande la signification du mot « bonjour ». L'un des chirurgiens invite son mari à le rejoindre dans le couloir. « Dans la tête de votre épouse, c'est comme une guirlande de Noël, les ampoules clignotent par intermittence. Ça va être long. »

La jambe et le bras gauches sont hors d'usage. Djamila, inerte.

Rachid entame une longue cohabitation avec la colère. « Que Dieu me pardonne, j'ai vu le médecin, je lui ai dit : "Elle va rester à jamais comme ça ? C'est impossible." »

Dans le dossier médical remis à la sortie de l'hôpital, est mentionné dès la première page un « traumatisme crânien grave ».

Page 3 : « des troubles cognitifs (mnésiques, persévérations, apathie) ».

Page 6 : la nécessité de « kinésithérapie, soins urgents ».

Une fois à la maison, pour Djamila qui passait des heures à mijoter des plats en sauce, impossible de cuisiner. Le choc neurologique a été dévastateur. Parler est une souffrance. Deux mois après qu'elle a été percutée, c'est au tour de sa mâchoire de lâcher. Toutes les dents du bas se déchaussent.

La fille de Djamila passe bientôt le brevet. La voilà assignée à résidence. S'occuper de sa maman, la toilette, les vêtements, les repas. Finies les sorties avec les copines. Elle sent monter la peur panique d'être enfermée dans un rôle qu'elle n'avait pas prévu.

Nous sommes maintenant en février 2023. Quatre ans que ça dure. « La faute aux expertises, déplore Rachid, avec des rendez-vous imposés la veille pour le lendemain. Et vous avez intérêt à être là ! Sinon ça bloque encore plus. Un jour, on vous dit : “C'est fini” et une semaine plus tard : nouvelle contre-expertise. »

Quatre ans d'un chemin juridique chaotique. Une audience au pénal est prévue le mois prochain. Personne n'ose le mot « soulagement ». Marwa : « Ça va s'arrêter quand ? »

Entre-temps, les dommages et intérêts, c'est-à-dire le volet civil, se sont invités au programme.

La compagnie d'assurances propose 180 000 euros. Rachid reçoit le montant telle une baffe : « Ma femme n'est pas un sac-poubelle. Elle avait encore huit ans de travail à faire. » Nouvelle négociation, cette fois avec une avocate parisienne « spécialiste des victimes d'accidents ». Rachid l'a contactée grâce à un numéro affiché sur un poster lors d'un rendez-vous avec les enquêteurs. 530 000 euros. « Je préférerais qu'elle bosse », regrette Marwa, devant un jus d'orange qu'elle n'arrive pas à avaler.

*

Les accidents de la route qui broient les victimes, déciment des familles, le cabinet de maître Collard-Lafond en a étudié des centaines depuis plusieurs décennies. Au rez-de-chaussée d'un immeuble haussmannien dans le 16e arrondissement de Paris, l'avocate reçoit, pull noir, yeux d'un bleu transperçant. Elle dépeint une justice pâteuse. « Tout coûte trop cher » : les enquêtes, les analyses pour usages de stupéfiant, les postes de magistrats en correctionnelle. « Au moins un an et demi d'attente pour plaider. » Même les sanctions semblent non abouties, d'après l'avocate.

« Un conducteur qui tue, s'il a des circonstances aggravantes, peut théoriquement encourir jusqu'à dix ans de prison. Je fais ce métier depuis vingt-deux ans, je n'ai jamais vu une peine maximale de ce type prononcée. » Elle se redresse, les yeux plus sombres, le regard moins sage. « Si vous voulez tuer quelqu'un, prenez votre voiture. » Elle ironise, elle affirme qu'elle a le droit, qu'elle a « trop » défendu de victimes corporelles d'accidents de la route. Que ça finit par la casser, elle aussi.

Lors des audiences, dans de petits ou d'immenses tribunaux, maître Collard-Lafond dit être parfois face à des juges compatissants, les yeux bâchés par des rideaux de larmes. D'autres, cassants, dorment ou bien coupent la parole. D'autres encore soupirent et interrompent une victime alors qu'elle lit une poignante lettre résumant ses années d'amertume et de brûlures internes. Il y a enfin ces magistrats qui font des signes avec la main, comme pour implorer de passer à autre chose, d'aller plus vite.

La justice n'est pas indigne, elle n'est pas sans moyens. Mais elle est souvent déception.

*

« Un procès est toujours un combat. Et au centre il y a la victime », rappelle Jérôme Moreau, le porte-parole de France-Victimes. Cette structure vient en aide à 400 000 individus chaque année, tous happés par la pieuvre judiciaire. « Un procès devrait être une liturgie pour éclairer la vérité. »

Quelle place, justement, accorder aux victimes ? « Au tribunal, certains présidents sont presque trop prévenants à l'égard des victimes, souligne Guillaume Martine, coordinateur de la discipline au barreau de Paris, quand d'autres, tendance vieille école, considèrent les victimes comme de simples témoins ayant uniquement le droit à la parole lorsqu'il est question de chiffrer leurs dommages. »

Un magistrat parisien qui suit de fastidieuses et très sensibles investigations dans le domaine pharmacologique – un dossier en particulier où les victimes se comptent par milliers – affirme : « Le problème n'est pas l'attention que les juges portent aux victimes. Le problème, c'est le cynisme d'un système où les vices de procédure sont traqués par de grands groupes qui dépensent sans compter pour s'assurer le moins de poursuites possible. Du coup, on déploie toute notre énergie sur ce type de dossiers, alors qu'on devrait pouvoir la déployer ailleurs. »

Parfois, cependant, de belles surprises s'imposent d'elles-mêmes. Maître Collard-Lafond a en tête le procès de l'accident ferroviaire de Millas. Elle y défend des familles de victimes. « Trois semaines et demie d'audience », des moyens humains « hors norme », des chiens d'assistance judiciaire pour accompagner les plus fragiles. Un procès, « non pas pour faire son deuil – je ne supporte pas l'expression –, mais pour apaiser ». Une justice ambitieuse, avec de l'argent sur la table. « Ensuite vous reprenez les audiences classiques, où tout est trop long avant, trop court pendant. Les victimes ont le sentiment qu'on leur dit : "Toi, t'as perdu qu'un gosse, c'est rien." » À ce jeu-là, tous les acteurs sortent brisés. « À la fin d'un procès, l'avocat espère la satisfaction d'une sanction. Or, la plupart du temps, vu les sanctions prononcées pour conduite ultra-dangereuse sur la route, à part être énervés par la clémence des jugements... »

Côté victimes, des parents sombrent dans l'agressivité. D'autres dédient leurs journées à la tombe de leurs enfants. Dix ans que maître Collard-Lafond est hantée par cette maman, dans le sud de la France, qui a perdu son fils, puis la raison.

Un marché de Noël, le jeune garçon percuté par une voiture, le corps broyé, les jambes arrachées. Des morceaux de chair sur les cuisses de la mère, les Converse au sol. Scène insoutenable. L'avocate parvient à conserver son calme quand elle raconte. La cliente, ensuite, reste prostrée des semaines sur le balcon de sa maison, cruelle vue qui donne sur l'école où était scolarisé son fils.

La justice « trop lente », les investigations « peu fouillées ». Des manques pour répondre au manque. La mère de famille, comme perdue à jamais.

*

Alors que l'État annonce de généreux plans pour sauver la justice, « les magistrats restent structurellement trop peu nombreux, résume le porte-parole de France Victimes. C'est pareil pour les greffiers, les experts psychiatriques... »

Les délais de traitement ont doublé depuis 2005. Le Code de procédure pénale a pris 700 pages en quelques années. Un ancien vice-président du Conseil d'État décrit une « justice en crise », alerte sur « la grande souffrance des magistrats, voire la honte ». On réclame l'embauche « indispensable » de 1 500 magistrats, 2 000 juristes et jusqu'à 3 000 greffiers[1] dans les cinq ans, c'est-à-dire demain.

1. Rapport du Comité des états généraux de la justice, juillet 2022. Citation reprise sur Liberation.fr, 8 juillet 2022.

Nos voisins européens ont ceci de précieux qu'ils aident à prendre conscience des lacunes tricolores. La France compte 11 juges pour 100 000 habitants quand l'Europe affiche, en moyenne, un taux deux fois supérieur[1]. Pour les procureurs, c'est encore plus frappant : ils sont presque quatre fois plus nombreux en moyenne en Europe qu'en France, à population égale.

Si l'on compare avec les Allemands, pour assurer notre système judiciaire, nous dépensons, par habitant, deux fois moins que nos voisins (72 euros contre 140 euros).

Les récentes et importantes rallonges budgétaires annoncées par les pouvoirs publics vont sans doute corriger la trajectoire, au moins à la marge. Mais le Syndicat de la magistrature est circonspect. « Les juges d'instruction devraient suivre 70 dossiers. Certains en ont 140 sur le bureau en même temps. »

Raison pour laquelle, dans les affaires d'accident de la route, malgré les circonstances aggravantes, « certains dossiers patientent sept ans avant une audience ». Les victimes ? « La justice ne répond pas à leurs attentes, commente un juge parisien. Mais il est tout bonnement impossible de répondre à ce type d'attente. »

Dans les sondages d'opinion, deux Français sur trois estiment que l'institution judiciaire « fonctionne mal[2] ». Jamais un tel score n'avait été enregistré en soixante ans.

*

1. Rapport 2022 de la Commission européenne pour l'efficacité de la justice.
2. Sondage Ifop pour *Le Journal du dimanche*, 24 juillet 2022.

Avec sa femme et sa fille, Rachid a pris le train de banlieue pour rejoindre la terrasse d'un bar dans le 16e arrondissement de Paris. Un café serré, avant de s'entretenir avec leur avocate.

Le père de famille pense au conducteur qui a renversé son épouse et fait basculer leur vie. La rencontre au tribunal est dans quelques semaines. Rachid est poli, il déclare : « Pour lui aussi ça, doit être dur. » Il ne sait pas si sa femme aura la capacité de venir dans la salle d'audience. Le corps dit oui, l'esprit, beaucoup moins. Sa fille, incapable d'occuper son cerveau à autre chose, pleure, explique qu'elle veut protéger sa maman. Des années qu'elle s'interdit toute virée avec ses copines. L'essentiel, rien d'autre, aux côtés de sa mère invalide. Elle la suit dans le salon, dans la cuisine, l'aide avec les plaques de cuisson. Jamais seule, même quand elle ouvre une fenêtre. La fille demande : « C'est quand la fin du tunnel ? » Puis, brutale : « La justice n'a pas de compassion. »

Le rendez-vous avec l'avocate est imminent. Le père et la fille se lèvent. La mère prend la direction opposée. Elle cherche à traverser, sans aucune conscience des voitures qui foncent sur le boulevard. L'une manque la percuter. Son mari, les yeux humides, lui empoigne le bras.

30

Le téléphone, les SMS et les brigands

Caluire-et-Cuire (Rhône) et Paris (Île-de-France)

La délinquance en ligne a ceci de particulier qu'elle migre avec plus d'agilité que la délinquance de rue. Elle renseigne aussi sur une époque. Celle des téléphones portables qui subissent des assauts quotidiens, susceptibles de vider un compte bancaire en un clic. Sans que l'on sache à qui l'on a affaire. Sans que l'on sache quelle riposte mettre en place.

Les victimes ? Pas forcément des grands-parents nuls en technologie. Mais d'abord des cadres sup, qui ne se doutent aucunement des malversations les visant. Ces arnaques deviennent le tableau d'une insécurité plastique, qui frappe de manière si aléatoire qu'elle modifie – fait rare – la perception du danger.

Il y a eu les SMS frauduleux pour retard de paiement d'amende. Les faux SMS pour les vignettes Crit'Air, les indemnités carburant. À chaque fois, des malins surfent sur l'actualité des derniers mois, utilisent de faux nez, se font passer pour l'administration tricolore, avec l'idée que n'importe qui pourrait tomber dans le panneau. Les arnaques se suivent, se ressemblent de moins en moins. Sitôt une technique déjouée et médiatisée, une autre éclot. Toujours une longueur d'avance.

Début 2023, on découvre que des malfrats ont utilisé les mêmes outils que les agents du renseignement pour siphonner les données de milliers de Français. Ils avaient réussi à obtenir une grosse valise de matériel appelé Imsi Catcher (20 000 euros sur Internet, les initiés savent). Sur la route, ils avalaient les informations de tous les conducteurs dans un rayon de 100 mètres.

Au total, plus de 400 000 faux SMS signés de l'Assurance maladie ont été envoyés.

De toutes les catégories d'insécurité recensées par le ministère de l'Intérieur, et dont les interprétations varient au gré des couleurs des partis politiques, les escroqueries jouent en première division. Leur progression est constante : quasiment + 30 % entre 2019 et 2022[1].

L'administration est loin d'être le seul terrain de jeu de ces brigands. Les banques constituent une nouvelle cour de récréation, aux promesses mille fois plus juteuses. « Arrêtez de croire que ce sont des vieux qui sucrent les fraises qui se font avoir, prévient un enquêteur parisien. Ils visent des cadres sup, avec de jolis salaires, des chefs d'entreprise... »

Kelly Boujnah habite en banlieue de Lyon, une grande maison familiale aux volets couleur olive. C'est soigné, bien rangé. Du gris taupe, du brun van Dyck. Le long meuble à l'entrée a été chiné, une plaque de verre fumé taillée sur mesure pour le coiffer.

Kelly a été « volée ». Une technique de harponnage ; le SMS en porte du mal. Elle dit qu'elle se retrouve

1. « Insécurité et délinquance en 2022 : une première photographie », *Interstats Analyse*, n° 54, 31 janvier 2023.

« comme une conne » face à des murs. Ceux de sa banque, de la police, de l'administration. Elle dit que cette insécurité-là ne se raconte pas en deux phrases, qu'il n'y a pas de méchant avec un visage.

L'histoire commence ainsi. Janvier 2022. Kelly, qui jongle entre deux boulots, la communication et la bijouterie, vient de monter une nouvelle ligne de colliers, bracelets et bagues en or véritable. « À sa mort, ma mère ne m'a laissé que des bijoux, ça doit venir de là », relate celle qui bosse « cinquante à soixante heures par semaine » au second étage de la demeure familiale, lorsque les quatre enfants sont tous à l'école, « quand ils dorment aussi ».

Dans la chambre mansardée en haut de la maison, aménagée en petit bureau, se termine la journée de travail de Kelly qui rejoint maintenant la cuisine pour nettoyer les quatre biberons du petit dernier, 2 ans. Un SMS de son mari lui indique de renouveler sa carte Vitale.

« Merci de cliquer sur ce lien. » Kelly s'exécute. « Je suis tellement dans le rush, je remercie même mon mari pour ce rappel utile, plutôt que de galérer ensuite avec une carte qui ne marche plus. »

En cliquant sur le lien, Kelly se retrouve face à un site ressemblant trait pour trait à celui de la Sécu. Des informations personnelles, préremplies, figurent sur son profil.

Il reste à renseigner quelques données personnelles, l'adresse notamment, ainsi que les coordonnées bancaires. Moyennant une poignée d'euros, sa carte Vitale toute neuve sera envoyée dans sa boîte aux lettres. « Sans avoir besoin de se déplacer. » La phrase magique quand on croule sous le boulot et qu'on est six à la maison. « Comme n'importe quel chef d'entreprise, je manque toujours de temps, donc je ne me pose pas de question : je paie. Et puis un envoi postal, par définition, ça coûte toujours un peu d'argent. »

Un problème, de taille, mais Kelly ne le sait pas encore : son mari n'a jamais envoyé ce SMS.

L'auteur du message est un malfaiteur suffisamment agile numériquement pour avoir réussi à se faire passer pour un autre. Le tour de magie s'apparente à du phishing. Aux yeux des cybercriminels, petits et grands, le numéro de téléphone est devenu plus juteux qu'un ordinateur.

Le lendemain, fin de journée pour Kelly qui n'a aucune idée de la malversation en cours. L'entrepreneuse est rincée. Les contrats ne tombent pas au rythme où elle le souhaiterait, financièrement, c'est le marathon, il y a du stress, du surmenage, des commandes à boucler. Elle descend deux étages. La cuisine. Le dîner à préparer. Les enfants crient déjà « on a faim ».

« Je reçois alors un appel de quelqu'un qui se fait passer pour ma banque. » Un appel en urgence, un vendredi soir, réclamant d'agir immédiatement. L'usurpateur prétend être un employé de sa propre banque. Un conseiller spécialisé dans la cybermalveillance en ligne.

Le faux banquier : « On a ouvert une cellule de crise. Comme d'autres, vous avez été victime de plusieurs paiements suspects. On cherche à savoir qui essaie de passer des achats pour des valeurs allant de 400 à 600 euros... »

Kelly : « J'ai du mal à comprendre ! »

Le faux banquier : « C'est vous qui êtes en train d'acheter une machine à laver dans le Var ? On a remarqué un mouvement anormal alors qu'on sait que vous êtes à Lyon. On va supprimer l'achat ensemble. Je vous envoie un SMS pour bloquer la vente. »

Kelly s'exécute. Parallèlement à la conversation téléphonique, elle farfouille dans son compte professionnel en ligne et observe qu'un bénéficiaire vient d'être ajouté. Le nom ne lui dit rien. Un paiement de 1 500 euros, depuis le compte courant de la société de bijoux. « Il se passe quoi, là ? »

Kelly change de ton. C'est elle qui pose maintenant des questions au faux conseiller. Sentant le vent tourner, ce dernier raccroche. Le numéro commence par un 09. Kelly tente de rappeler.

Rien.

Trop tard.

1 500 euros sont subtilisés. Versés sur un compte fantôme, qui – dira plus tard la banque en question – « n'appartient à aucun client répertorié nulle part ». Entre-temps, l'argent a été, selon toute vraisemblance, converti en cryptomonnaie. « La combine habituelle », commentera un enquêteur.

L'anecdote pourrait s'arrêter là, elle n'aurait, par sa triste banalité, rien à faire ici. Chaque jour, des arnaques de ce type sont répertoriées sur le territoire. C'est la suite qui fait craquer Kelly et qui mérite un éclairage.

Un an après, devant la table de sa cuisine, elle en veut d'abord à sa banque. « À quoi sert l'assurance bancaire que je paie pourtant tous les mois ? » L'établissement refuse de prendre en charge le moindre remboursement. « Elle estime que c'est ma faute. Moi je réponds : comment des informations aussi précises ont-elles pu se retrouver entre les mains des usurpateurs ? J'ai deux sociétés, je ne suis pas complètement deb [débile], je ne donne pas tous mes codes secrets au premier venu qui appelle. »

Kelly lance deux recours auprès de sa banque. Rien. « Pour eux, c'est comme si je m'étais fait manger 2 euros par un distributeur de canettes de Coca. » Alors Kelly se défoule sur TikTok. Elle poste notamment une vidéo pour dénoncer ces arnaques qui, en plus d'aspirer de l'argent, aspirent la confiance en soi.

Son mari se rend au commissariat. Un dépôt de plainte, un samedi matin. Le policier qui le reçoit : « Monsieur, ce sera un coup d'épée dans l'eau. Ce n'est pas ici qu'on va faire des miracles. » Kelly pleure. Un mois qu'elle ressasse. Les 1 500 euros devaient lui permettre de financer une partie de sa première campagne de pub pour les bijoux en or. « Je finis par en vouloir plus à ma banque et aux enquêteurs qu'aux malfaiteurs. »

D'elle-même, Kelly définit, sous forme de conclusion, ce qu'elle appelle « son » sentiment d'insécurité : « Quand la police n'y croit pas elle-même, et que batailler ne sert à rien. »

La France n'est pas un État à la dérive en matière de justice. Mais, parce qu'il faut trier, prioriser, parce qu'on manque de bras, de moyens, d'ambition parfois, la confiance s'effrite par petits morceaux.

Des fragments.

Et des silhouettes qui tournent le dos.

*

Les arnaques sur téléphone portable ont ceci d'instructif qu'elles révèlent les dérives technologiques en cours. Cette fameuse équation intelligence-artificielle-ChatGPT-dark web. Elles reflètent aussi – et c'est plus instructif encore – la manière dont l'État conçoit sa riposte. « On court après les malfrats, ils sont toujours devant », résume, de la plus abrupte des façons, la direction de la plateforme « Cyber-malveillance », directement rattachée à l'État français à qui l'on soumet le cas suivant, qui ne cesse de poser question.

Automne 2022. Une femme cadre dans une grande entreprise, à qui il reste quelques années avant de partir à la retraite. Elle est en plein travail dans son bureau parisien et reçoit un coup de fil sur son téléphone portable. La banque l'appelle. C'est écrit sur l'écran, le numéro est enregistré. Elle connaît la voix. Celle de son conseiller attitré. « Une fraude est en cours sur votre compte, madame, pourriez-vous, s'il vous plaît, me donner vos codes d'authentification ? » – voilà qui rappelle la mésaventure subie par Kelly. L'intéressée s'exécute. Le conseiller mentionne plusieurs lignes du compte courant, rappelle à voix haute les dépenses des derniers jours, impossible qu'il s'agisse d'un tiers, le degré de détail livré est trop précis pour éveiller le moindre doute. La cliente se connecte à son espace personnel. Elle attend, comme on vient de le lui demander, qu'un SMS soit reçu sur son portable. Puis elle livre les chiffres à son conseiller. Celui-ci garde une voix calme et rassurante. Ce SMS, c'est la double authentification, un type d'arme mis en avant par les établissements bancaires, qui ajoute un pare-feu sécuritaire pour les paiements ou virements d'argent en ligne. Un SMS personnel, à usage unique – contraignant mais garantissant une certaine tranquillité d'esprit.

Or, dans le cas présent, en quelques minutes, disparaissent des comptes de la cliente deux fois 10 000 euros. La somme est engouffrée dans une boîte noire : une transaction *via* des cryptomonnaies. Un blanchiment en règle.

Quelques heures après avoir raccroché, la cliente consulte par hasard ses relevés en ligne et voit le trou béant. 20 000 euros. Paniquée, elle joint sa banque. Médusé par le montant de la somme évaporée, l'établissement est bien en peine de comprendre d'où vient la malversation. Le conseiller en question dit n'avoir jamais appelé. La cliente fonce au commissariat. Des semaines plus tard, faute d'avancées, elle prend contact avec un avocat.

Lors de ses investigations, la police judiciaire comprend que la voix du conseiller, le vrai, avait été enregistrée. Un logiciel a ensuite permis au malfaiteur de reprendre le même timbre vocal que l'original et de se faire passer pour lui, une fois au téléphone avec la cliente.

Signe de la gravité des faits, un médiateur bancaire est discrètement convoqué par maître Dakos, qui représente la cliente : « Cette opération est réfléchie, organisée à plusieurs, elle est complexe et nécessite des informations si fines qu'on est en droit de se demander qui renseigne qui. » Pour l'heure, aucun individu n'a été inquiété. « S'ils opèrent depuis l'étranger, ça va être costaud de mettre la main dessus. »

Particulièrement sophistiqué, cet acte en dit long sur la souplesse, l'agilité actuelle des fraudeurs. Fini les mails remplis de fautes d'orthographe envoyés par milliers dans l'espoir qu'un internaute clique et se fasse avoir. Les arnaqueurs d'aujourd'hui reprennent les codes des grands groupes – administrations ou banques – pour lesquels ils prétendent travailler. « La confusion est totale et peu de personnes sont susceptibles de ne pas se faire avoir, juge l'avocat. On ajoute de la paranoïa à la paranoïa, déjà très forte en ce moment. »

À lui seul, maître Dakos dit avoir déjà traité soixante-dix plaintes importantes pour arnaque sur téléphone portable. « Les rares personnes interpellées ont entre 20 et 25 ans. Souvent des étudiants. Ils bossent leurs cours la journée et agissent le soir, ou entre les amphis. » Parfois ils sont même au lycée.

Début 2023, un Toulousain de 17 ans a eu les honneurs d'être cuisiné par la police judiciaire parisienne, soupçonné d'avoir des mois durant joué au conseiller bancaire dans le cadre d'une arnaque d'ampleur nationale. Il aurait subtilisé plusieurs centaines de milliers d'euros[1].

Et les victimes, quel profil ? Maître Dakos : « Vous seriez étonnés. Elles sont souvent très alertes. » Tout récemment, deux de ses confrères avocats ont été arnaqués. Par SMS. Le sentiment d'insécurité, même chez les robes noires.

1. « Une arnaque à un million d'euros : comment un pirate toulousain de 17 ans a monté une escroquerie géante », *La Dépêche du Midi*, 31 mars 2023.

NEUVIÈME PARTIE

L'INSÉCURITÉ LOIN DE CHEZ SOI

Internet a beau être démiurgique, les infrastructures qui le soutiennent sont, en France, particulièrement vulnérables. De récentes attaques ciblées, inédites par leur ampleur, ont mis en exergue la fragilité du réseau. Quelle protection les autorités publiques offrent-elles ? Dans ce secteur classé hautement stratégique, le rôle de l'État est pour le moins ambigu. Et les moyens mis sur la table, « très maigres », jugent les opérateurs.

Quelle surprise, par ailleurs, de découvrir qu'une société privée tricolore joue le rôle de gendarme, face à des puissances étrangères et des organisations mafieuses d'un nouveau type qui n'ont parfois aucun mal à paralyser, en quelques clics, grands groupes industriels, administrations, hôpitaux et communes.

31

Les câbles internet, les si vulnérables maillons de l'économie d'aujourd'hui

Paris (Île-de-France)

Est-ce par naïveté, par manque de moyens ou d'ambition ? Le réseau internet français est mal protégé, facilement attaquable. Les récents sabotages subis devraient alerter les pouvoirs publics, d'autant plus que des informations ultra-sensibles circulent librement sur le Net.

En matière de connexion à Internet, la France est l'une des principales portes d'entrée en Europe. Elle accueille des dizaines de câbles sous-marins, stratégiques maillons qui alimentent ensuite le Vieux Continent. Ces câbles ont des petits noms qui sentent bon la guimauve. « Amitié », long de 6 800 kilomètres, relie les États-Unis à l'Hexagone. « Peace », long de 15 000 kilomètres, part des côtes françaises pour rejoindre le Kenya et, désormais, le Pakistan. Ces câbles ressemblent à des boas constrictors, déroulés au fond de l'océan par des navires ultra-sécurisés. Ce marché câblé à haute valeur ajoutée, entre les mains de quelques grands États, est à la fois ultra-concurrentiel et collaboratif.

Au total, fin 2022, on comptait 464 câbles, longs pour certains de plus de 30 000 kilomètres, reliant les cinq continents.

*

Début octobre 2022, depuis l'Élysée, le président s'emporte. « Inspection générale », réclame le chef de l'État. Car les câbles maritimes, sur lesquels s'appuie une bonne partie de l'économie mondiale – 98 % du trafic internet transite par leur biais, les satellites ne représentant qu'une infime portion –, laissent de plus en plus craindre des actes de sabotage de grande ampleur. Surtout quand on sait que l'épaisseur de ces réseaux stratégiques n'est pas plus importante que celle de quelques tuyaux d'arrosage. Une « inspection générale » ? Techniquement impossible. Mais la phrase fait grand bruit. En communication politique, on appelle cela « une prise de conscience ». Chez les acteurs de la cyberdéfense, on préfère dire : « du vent ».

Le coup de chaud du président intervient juste après la rupture de deux câbles desservant les Shetland et les Féroé. Deux coupures, nettes, tranchantes, à cinq jours d'intervalle, sur un même tuyau prénommé « Shefa-2 » – lui n'a pas eu le droit à un nom mielleux –, à quelques milles de distance l'une de l'autre. Les autorités danoises et britanniques en alerte. Bruxelles dans le rôle du relayeur de craintes.

La double coupure à peine enregistrée, le lendemain, ça recommence, cette fois tout près de Marseille. Une connexion entre plusieurs câbles maritimes est vandalisée. Durant vingt-quatre heures, les données entre la cité phocéenne, Lyon, Madrid et Barcelone sont particulièrement dégradées. Mais pas question d'affoler, l'Élysée préfère le silence. Circulez.

Acte de sabotage lié à un mouvement social ? Opération de malveillance orchestrée par un État tiers ? Sur WhatsApp, plusieurs dirigeants d'entreprises télécoms tricolores livrent leurs craintes :

– « La thèse des coupures est plus orientée vers une possible ingérence. »

– « L'absence de réaction des pouvoirs publics est hallucinante. »

– « Je suis étonné du peu de retentissement... »

Si tous s'inquiètent de la si fragile sécurité entourant les câbles maritimes, aucun ne s'autorise cependant à taper trop fort sur les pouvoirs publics. « On ne va pas coller des flics à chaque câble. » En revanche, nombreux sont les responsables télécoms à reprocher aux autorités leur naïveté, leur manque d'anticipation.

*

« Je vais vous montrer un site qui va vous mettre par terre. » Devant son ordinateur, ce responsable de plusieurs data centers implantés dans divers départements nous guide jusqu'à une adresse accessible, sur la Toile, en deux clics. S'ouvre alors une imposante mappemonde représentant les câbles sous-marins transitant dans les océans. Le degré de précision, à mesure que l'on zoome sur l'écran, est ahurissant. Des lignes bleu foncé, en pagaille, traversent l'Atlantique et la Méditerranée. Les portes d'entrée principales : Brest et Marseille.

La cité phocéenne, justement. On zoome sur la ville. Apparaissent les réseaux câblés dans telle rue, tel carrefour, tel bâtiment... une cartographie renseignée grâce à l'*open data*. « Pas très compliqué ensuite de savoir où effectuer les sabotages », soupire le directeur télécoms qui ne comprend pas qu'un tel site internet n'ait pas été déjà fermé, sous la contrainte des autorités.

Grâce à ces données en ligne, quelques secondes suffisent pour identifier les câbles internet empruntant le métro parisien de la RATP, les voies ferrées de la SNCF, les principaux fleuves français, voire ceux déployés dans des champs de colza...

Quel scénario en cas de coupure, volontaire ou non ? « Le réseau internet est dérouté, passant d'une quatre-voies express à une nationale, rassure Angelo Morais, responsable d'exploitation des data centers de Bouygues Telecom en Île-de-France. La plupart du temps, les utilisateurs ne remarquent rien. » Quand ça déraille, c'est une autre histoire...

Le 27 avril 2022, une série de sabotages est exécutée en pleine nuit entre 3 h 20 et 5 h 30 par des experts qui connaissent parfaitement l'emplacement des chambres de tirage – ces caissons où passent les câbles. « Jamais on n'avait vu un incident de cette ampleur », se souvient un cadre des télécoms. Coupures et ralentissements de débit sont déplorés dans les secteurs de Grenoble, Reims et Strasbourg. Une enquête préliminaire est ouverte le jour même. Mobilisées : la DGSI – le renseignement intérieur –, la Direction centrale de la police judiciaire. La section cyber du parquet de Paris parle de « détérioration de biens de nature à porter atteinte aux intérêts fondamentaux de la nation ».

Impossible de connaître l'impact précis de ce sabotage. Plusieurs acteurs interrogés confient que les autorités ont minimisé le nombre de Français touchés. Des dizaines de milliers ? Des centaines de milliers ?

Plusieurs pistes sont envisagées. « J'ai du mal à croire que ça puisse être les Russes », chuchote, micro éteint, l'un des pontes du renseignement. « Des sous-traitants mécontents de leurs conditions de travail », croit savoir un autre. Le flou comme seule certitude.

*

Fort heureusement, le lieu le plus stratégique de France en matière de télécoms échappe, pour l'heure, à ce type d'actes de malveillance. Ce « hot spot » est caché au cœur d'un immeuble haussmannien, dans l'est de Paris. Pas le droit de livrer l'adresse. « Intérêt stratégique », impose la direction.

À l'intérieur, pas d'appartements avec moulures, corniches et rosaces, mais 5 000 kilomètres de fibre accaparant tout l'espace disponible. Bienvenue chez Telehouse, où transitent 50 % du trafic internet généré dans l'Hexagone. Sur quatre étages, des centaines d'armoires renferment chacune une noria de petits câbles jaunes, autour desquels des lumières vertes clignotent par intermittence. Un nom escorte chaque regroupement de fils. FT018, FT019, FT020...

Ce data center est constitué d'un ensemble de dédales sans fin, où se perdre est une évidence.

Pour les circuits financiers et l'appareil d'État, il y a une pièce dédiée, fermée à triple tour et accessible uniquement *via* reconnaissance biométrique. « Même moi, je n'ai pas le droit d'entrer », plaisante Sami Slim, le P.-D.G. de Telehouse, devant la porte verrouillée par quatre chiffres.

On se dit qu'un tel endroit devrait être gardé par l'élite de la police nationale, avec hommes armés tous les 10 mètres. On se dit qu'on est en plein cœur d'un des lieux de pouvoir, un vrai, qui alimente à la fois les hôpitaux, des centaines de milliers de PME et Netflix. On se dit que les Américains, dans pareille circonstance, auraient créé un bunker sous terre. On se dit que décidément, la sécurité des câbles internet est bien précaire. Mais comment faire autrement ?

Nouvelle surprise. La parcelle la plus stratégique de Telehouse est abritée dans les... égouts ! On y accède par le sous-sol du bâtiment principal, après avoir poussé une lourde porte en fer, surmontée d'une bande réfléchissante noire et jaune – pour éviter de se cogner la tête.

À l'œil nu et malgré la pénombre, se détache un labyrinthe de tunnels. Le long des parois, des kilomètres de câbles, agglomérés par dizaines, surélevés grâce à de lourds crochets pour ne pas traîner à même le sol en cas d'inondation. « Un demi-millier d'opérateurs télécoms du monde entier utilisent ces connexions. Il y a un petit enjeu économique », sourit le P.-D.G.

Pendant la Seconde Guerre mondiale, des Parisiens venaient se cacher dans ces tunnels. Aujourd'hui, ces mêmes boyaux sont désignés « secteur ultra-sensible ».

À Bercy, on explique doctement que « la France a des trésors à protéger ».

32

Quand la cybersécurité est assurée par une entreprise privée

La Défense et Nanterre (Hauts-de-Seine)

Pour répondre aux attaques et demandes de rançons de groupes cybermafieux organisés de par le monde, une entreprise tricolore est à l'action. Éclairant, pour comprendre les rouages sécuritaires d'aujourd'hui.

Parmi les tours qui composent le paysage vertical de La Défense, il en est une, aux parois beiges, qui comporte un étage classé secret-défense. À l'entrée, de petits coffres grillagés en fer, pour déposer son téléphone portable. Un sas vitré, à double porte. Puis un vaste *open space* où l'on compte une écrasante majorité d'hommes et quelques femmes – dans la cyberdéfense, celles-ci représentent seulement 11 % des effectifs français[1].

Derrière leurs ordinateurs, beaucoup n'ont pas la trentaine. Tous passent leurs journées à disséquer les recoins les moins reluisants d'Internet. Ils fouillent principalement le dark web et alertent les grands groupes du CAC 40 ou de plus modestes entreprises lorsqu'une

1. Direction générale de l'Agence nationale de la sécurité des systèmes d'information (Anssi).

tentative d'intrusion numérique s'opère. « Généralement, quand on détecte la présence d'un logiciel espion, il a déjà pris racine depuis six mois en moyenne. Notre boulot, c'est de réduire cette durée », explique un opérateur qui parle avec le calme d'un banquier d'affaires juste avant une crise systémique.

Le rôle de ces agents spécialisés est si précieux que les propres clients d'Orange cyberdéfense tentent de les débaucher. Récemment, EDF a joint plusieurs d'entre eux, avec la promesse d'augmenter d'un tiers leur rémunération.

Dans cette salle de contrôle où la moquette bleu foncé nouvellement posée n'a pas encore eu le temps de recevoir de taches de café, Orange cyberdéfense fait ce que l'État français n'a que peu les capacités techniques de réaliser : du blocage de voyouterie en ligne.

Le géant français des télécommunications (presque 300 millions de clients dans le monde) est *de facto* un redoutable bras armé pour les pouvoirs publics (actionnaires à hauteur de 23 %) dans leur lutte contre la « cyberguerre ». Déployées dans des dizaines de pays, les infrastructures d'Orange offrent un outil imparable pour agir face à des mafias ultra-organisées.

Chaque mois, à cet étage, une quarantaine de fins limiers investissent 20 000 pistes criminelles en ligne. Qui paie la facture ? Les clients d'Orange cyberdéfense, soit 8 800 entreprises, dont une majorité de françaises, les autres étant implantées en Europe.

La zone géographique couverte par les investigations maison résume parfaitement les enjeux : 160 pays sont sous les radars d'Orange cyberdéfense. En comparaison, l'État français fait petit joueur. Chez Orange, on présente les choses plus poliment : « Vous avez la police nationale avec l'Anssi [Agence nationale de la sécurité des systèmes d'information] ; nous, on est l'agent de sécurité privé. »

Paralysie des systèmes d'exploitation, vols de données ultra-sensibles, détournements à distance... Vu les dégâts engendrés par les cyberattaques, une loi programmatique militaire impose à certaines entreprises, dès lors qu'elles appartiennent à un secteur sensible, d'investir chaque année un montant important de leur budget dans la sécurité numérique. La France est l'une des seules nations du Vieux Continent à inscrire dans le marbre cette obligation. Pour le plus grand bonheur des prestataires privés.

*

Quand on pénètre l'espace « secret défense » d'Orange, ce matin d'automne 2022, c'est un jour particulier. Le vendredi, les cyberattaques sont plus fréquentes que le reste de la semaine. « On renforce également notre vigilance le soir, les veilles de départ en vacances... Les malfaiteurs pensent "horaires de relâchement" quand ils procèdent. Nous bossons donc vingt-quatre heures sur vingt-quatre », énonce Sara Puigvert, à la tête de la direction des opérations. Au fond de la salle, un immense écran projette une carte du monde. Ce matin, ça clignote beaucoup dans la zone États-Unis, un peu aussi en Chine, puis dans une moindre mesure dans quelques pays d'Europe de l'Est ainsi qu'en Afrique de l'Ouest. En trois heures, déjà 249 investigations menées pour un total de 103 adresses internet fermées. Les chiffres surgissent en temps réel, en haut à droite de l'écran géant. Toutes les vingt-quatre heures, les compteurs sont remis à zéro.

Apparaît le patron d'Orange cyberdéfense. Dans ses mains, un ordinateur portable. Dans cet ordinateur, un saisissant graphique représentant la courbe vertigineuse des cyberattaques dont ont été victimes les entreprises clientes d'Orange depuis deux ans. Des barres, des courbes, des dizaines de couleurs. Chacune est associée à une mafia visant le Vieux Continent.

Ces organisations mafieuses, reines du dark web, figurent sur une short-list remise à jour quasiment toutes les semaines par Orange cyberdéfense. « De très gros poissons », indique-t-on. Leurs noms ressemblent à des prototypes de voitures électriques. Haron, Hive, Lockbit 1, Lockbit 2, Lockbit 3...

« Oubliez le jeune boutonneux portant un gros pull à capuche, qui hacke depuis son garage et met à plat un groupe comme Amazon. » Le modèle de fonctionnement est plutôt à chercher du côté des cartels de la drogue. Organisation, structure, financement, menaces... Leur intelligence est plastique. Pragmatique. « C'est beaucoup plus rentable et moins risqué que le braquage d'une banque », juge un enquêteur.

*

Parmi les cybermafias les plus lucratives, figure en bonne place Conti. Le groupe de cybercriminalité russo-ukrainien est particulièrement entreprenant depuis 2020. Son mode opératoire consiste à infiltrer les gros serveurs d'entreprises mondiales afin, l'oiseau faisant son nid, d'extraire toutes les données sensibles imaginables, puis de modifier les mots de passe. Une fois le blocage avéré, une rançon est réclamée. En cas de non-paiement, on menace de publier les données volées. Les autorités françaises recommandent – officiellement tout du moins – de ne jamais verser le moindre euro.

L'inquiétude réside surtout dans la nature des cibles. La plus importante victime jamais piégée par Conti n'est pas une entreprise mais un État de 5 millions d'habitants, le Costa Rica, davantage salué pour sa faune et sa flore exceptionnelles que pour son bouclier anti-hacking.

Quand Conti décide, au printemps 2022, de s'attaquer aux pouvoirs publics locaux, ces derniers préfèrent, dans un premier temps, taire la menace. Un nouveau président vient d'être élu, alors prière de ne pas inquiéter la population. Immédiatement, des sites et guichets en ligne administratifs sont bloqués. Leur nombre augmente tous les jours. « Problèmes techniques », bredouille l'État. Mais les supposées avaries s'accumulent au point qu'un mois plus tard, l'ensemble des services publics du Costa Rica est affecté. Conti exige 10 millions de dollars pour débloquer la machine. Refus des autorités. Les cyberdélinquants doublent les enchères. « Nous sommes en guerre », lâche le président. Au tour des hôpitaux d'être dans le viseur. Le salaire de milliers de fonctionnaires est bloqué. Le ministère des Finances se retrouve incapable de récolter des impôts.

Le fichier contenant les données ultra-sensibles des contribuables est-il déjà entre les mains de Conti ? Communiqué de presse à l'appui, le groupe cybercriminel va – ironie suprême – jusqu'à appeler la population à descendre dans la rue afin de réclamer le règlement de la rançon.

De l'autre côté du globe, Paris surveille, Paris s'inquiète. Des notes techniques circulent alors dans les couloirs de l'Anssi, la cellule cyberdéfense du gouvernement. « Quelle riposte si cela nous arrivait ? »

À cette époque, la multinationale cybermafieuse Conti est assise sur un tas d'or : plus de 150 millions[1] de dollars récoltés, fruit d'un millier d'attaques type *ransomware*[2]. Une multinationale. Mais, comme le résume une tête pensante du renseignement français, très heureux de cette conclusion : « Poutine a tout foutu en l'air. »

En effet, depuis le début de l'offensive russe en Ukraine, l'état-major de Conti se disloque. Les pro-Moscou (majoritaires) affrontent les pro-Kiev (minoritaires). Les dissensions sont telles que le pilotage des opérations est momentanément interrompu.

Dans l'idée de tout renverser, une taupe provoque même une fuite de données inédite pour le secteur. Sont interceptés 60 000 avis provenant d'une messagerie sécurisée, tous rédigés par des éminences du géant Conti.

Orange cyberdéfense, au même titre que ses concurrents américains, britanniques et chinois, entame l'analyse la plus fine possible de ces messages. Les premiers enseignements sont les plus savoureux. On découvre qu'il y a chez Conti un directeur financier, un responsable des ressources humaines, que les talents maison sont souvent approchés par des groupes mafieux concurrents, qu'on verse des primes en cas de surperformance, que des barèmes sont à respecter pour toute demande de rançon, que des débats éthiques sur l'opportunité de cibler tel hôpital ou tel pouvoir public animent parfois la chefferie... Une mine d'or.

Des collectifs mafieux de type Conti, il en existe des centaines à travers le globe. Si on en parle ici, c'est

1. *The New York Times*, 17 mai 2022.

2. Logiciel malveillant qui bloque l'accès à l'ordinateur ou aux fichiers, puis réclame le paiement d'une rançon afin d'obtenir à nouveau l'accès.

bien parce que leurs attaques visent à affaiblir États et entreprises. La France n'est pas au-dessus du lot. Les services de renseignement travaillent du mieux qu'ils peuvent mais cela s'opère avec l'aide du secteur privé. Une nouvelle manière de riposter, face à une menace protéiforme.

*

D'ailleurs, l'une des techniques d'hameçonnage préférées des cybermafias consiste à installer un logiciel espion directement dans le téléphone portable des potentielles cibles. Parlez-en à Emmanuel Macron. Comme quinze de ses ministres, il aurait lui-même été victime de ce type de malversations[1].

Mais savoir que son téléphone a été hacké n'est pas chose aisée. Rares sont les équipements capables de détecter, au bout de quelques secondes, un discret mouchard sur un smartphone. Chez Orange cyberdéfense, cet équipement prend la forme d'une caisse de moins d'un mètre de hauteur sur un mètre de long. C'est une « cage de Faraday », matelassée de petits triangles bleus. Physiquement, on dirait un coffre blindé, totalement hermétique aux ondes électromagnétiques. L'outil est si performant que des membres de la police judiciaire viennent fréquemment l'utiliser – décidément, merci le secteur privé !

Sous nos yeux, la directrice opérationnelle d'Orange cyberdéfense propose de placer dans le caisson un smartphone tout juste conditionné, prêt à l'usage. La « cage » – c'est presque décevant – ne produit ni bruit inquiétant, ni effet rétrofuturiste. Les résultats tombent sur un écran

1. « Projet Pégasus », *Le Monde*, 20 juillet 2021.

géant. Deux minutes ont suffi pour repérer un logiciel espion en provenance de Chine. Précision (qui ne va rassurer personne) : le téléphone est neuf, aucun appel n'a jamais été passé ni aucune application téléchargée.

Sur l'écran de contrôle, il est également mentionné que des « investigations » sont nécessaires en raison de plusieurs zones d'ombre. À l'intérieur du smartphone.

L'examen au spectromètre se terminant, on nous rassure : « La plupart des logiciels espions sont très élaborés et le grand public, loin d'être toujours ciblé. » Difficile pour autant de rester serein après pareille démonstration.

Dans les couloirs, on croise de nouveau le patron d'Orange cyberdéfense. Lui est assez peu angélique. « Si on regarde la somme des menaces qui planent, la question pour toutes les entreprises n'est pas de savoir si on sera un jour touché, mais quand. »

À ses équipes, le directeur a récemment demandé de reprendre contact avec l'ensemble des PME clientes d'Orange cyberdéfense qui ont récemment été victimes d'une attaque en ligne. Six mois après avoir été visées, 60 % d'entre elles avaient mis la clef sous la porte, incapables de reprendre leur activité.

DIXIÈME PARTIE

DROGUES, MIROIR(S) DE FRANCE

La consommation de drogues épouse cruellement les malaises de l'époque. Les stupéfiants sont sans conteste l'un des reflets les plus saisissants de la France d'aujourd'hui. Non, la situation n'empire pas au point d'être hors de contrôle. Mais, oui, les circuits empruntés par les drogues doivent faire réagir. Savoir pour comprendre.

Jamais il n'a été aussi facile de se procurer cocaïne et drogues de synthèse. Un clic puis direction la boîte aux lettres.

Sur le terrain, dans certains quartiers en périphérie des capitales régionales et des villes moyennes, les dealers achètent la paix sociale tout en jouant à cache-cache avec des policiers désœuvrés pratiquant – l'expression pose question – la politique du « harcèlement ». À Paris, le fléau du crack, bien que marginal, signe quarante ans d'échecs successifs. Les problèmes, déplacés, ne sont jamais réglés.

33

Un clic, un courrier, une drogue

Roissy et Massy (Île-de-France)

Depuis bien longtemps la cocaïne n'est plus la drogue des riches. Elle sert de carburant à des manutentionnaires au bord de l'explosion, à des marins-pêcheurs, à des infirmières qui trouvent dans cette consommation, outre un aspect parfois récréatif, un moyen prosaïque de... tenir[1].

L'une des explications tient au fait que le coût de la poudre blanche a fortement baissé. Les pays producteurs, Colombie, Pérou, Bolivie, se retroussent les manches pour accroître de manière ahurissante les rendements. En bout de chaîne, le nombre de consommateurs de cocaïne a été multiplié par quatre ces vingt dernières années. Dans les hôpitaux français, tous les ans, 10 000 individus filent aux urgences[2].

Ce marché globalisé de la coke, qui transite d'un continent à l'autre, passe, afin d'arriver jusqu'à nous, par des mules. Cinq mille euros pour prendre l'avion

1. « Pêcheurs, soignants, serveurs... les nouvelles victimes de la cocaïne », *La Croix*, 30 janvier 2019.

2. Mission interministérielle de lutte contre les drogues et les conduites addictives, « L'Essentiel sur... la cocaïne : une diffusion en progression, des risques méconnus », 2022.

et transporter jusqu'à un kilo de drogue enveloppée de plastique. On la cache dans des valises, ou – plus efficace – on ingère des baluchons coincés ensuite plusieurs heures dans l'appareil digestif. « Certaines mules arrêtées avec de la cocaïne dans le ventre sont enceintes », confie un enquêteur qui bosse à l'aéroport Charles-de-Gaulle. « Elles foncent vers un hôpital quand une boulette a craqué à l'intérieur, ajoute un cadre dirigeant des douanes. Toutes les semaines, ça arrive. »

La coke voyage aussi, pour ne pas dire surtout, dans des conteneurs. Ils sont 3 millions à cheminer *via* le port du Havre chaque année. Le procureur de la République n'en peut plus d'ouvrir enquête sur enquête.

La voie maritime ? L'accès royal. 80 % des drogues saisies en France arrivent par la mer.

Mais en drogue comme en politique, « une troisième voie » est toujours possible. Dans le cas présent, ce sont des laboratoires clandestins capables de concevoir des cachets de synthèse qui, une fois avalés, retournent le cerveau, voire – on le verra – le cœur. Pas de champs, pas de culture, pas de long processus de transformation. Tout est chimique, depuis le commencement.

*

Ces laboratoires clandestins ne sont pas à chercher dans les rues de Lima ou Medellín, mais tout près de nous. « Aux Pays-Bas, en République tchèque, désormais aussi en Belgique, en Allemagne et en Espagne », détaille Audrey Noiret de la Direction interrégionale des douanes de Paris-Aéroports. Pourquoi un aéroport ? Parce que ces drogues de synthèse, qui « il y a encore huit, dix ans, n'existaient pour ainsi dire pas », inondent aujourd'hui le marché et voyagent par fret, en avion-cargo, avec transit par les aéroports parisiens, dans de petites enveloppes. Autrement dit : par La Poste !

Ces substances, accessibles sur la Toile, portent des noms barbares : 3-MMC, MDMA, GHB... Même pas besoin de passer par la case dark web. Quelques mots-clefs sur Google et surgissent des boutiques en ligne avec, côté présentation, les mêmes interfaces que chez Uber. Commandez vite, recevez vite.

Celui-ci propose buvards et tryptamines. Il se vante d'offrir un « service client » avec « livraison en ligne » et « courrier aérien gratuit à partir de 50 euros ». Les produits sont notés. 1 à 5 étoiles. Les mêmes que chez Amazon.

Presque toutes les drogues sont disponibles « maintenant », un petit écusson vert « en stock » est apposé en bas du prix. La couleur du vert est si éclatante qu'on pourrait croire le produit bio. Douze euros le gramme pour ce stupéfiant au nom exotique, dont on se demande s'il s'avale, se fume ou s'injecte.

La plupart du temps, les produits sont ensuite glissés dans des enveloppes rectangulaires ressemblant aux factures envoyées traditionnellement par les fournisseurs d'énergie. Le nom des entreprises, souvent factices, est tamponné, au même titre que le seraient ceux d'Engie et de Suez.

Vingt-quatre heures plus tard, ces enveloppes s'insèrent dans d'immenses sacs en toile contenant chacun des centaines de courriers. Les baluchons postaux atterrissent à quelques kilomètres des terminaux de Charles-de-Gaulle, dans le plus grand centre de tri postal de France. Le gestionnaire des lieux est La Poste. Les douaniers y bénéficient d'une zone réservée. Tous les jours, sur des tapis roulants, on extirpe – à la main – des enveloppes et colis paraissant suspects.

*

Dans le rôle du contrôleur principal : Jean-Luc Niklaszewski. « Vous allez voir, en général on ne se trompe pas trop. » Jean-Luc palpe les enveloppes qui présentent une petite boursouflure. Il soupèse un carton format A4, scrute des enveloppes bleu pâle contenant le logo minimaliste d'une entreprise. Il y a aussi ces timbres « *priority* » venant d'Amsterdam avec un joli moulin rouge et bleu qui semble un tout petit peu trop mignon pour être honnête. « On va approfondir », dit Jean-Luc, précaution de langage pour ne pas nous en mettre plein la vue tout de suite. Le voilà qui fonce, 100 mètres plus loin, de l'autre côté de l'immense hangar, vers un carré réservé. Le fameux carré des douaniers.

Devant une immense machine couleur crème, Jean-Luc passe les courriers aux rayons X. Il obtient un sans-faute. En effet, tous les courriers prélevés contiennent, à des doses diverses, de la drogue. Visiblement, les Pays-Bas constituent bel et bien une plaque tournante très active.

Il convient maintenant d'ouvrir les courriers. Jean-Luc met des gants. Fini les modèles en coton, place à ceux en plastique. « Certaines drogues type Fentanyl peuvent traverser les pores de la peau. On évite d'y aller à mains nues. Il est arrivé que des collègues, sans protection, tombent par terre en quelques secondes. » Hospitalisés, sevrés, choqués.

Dans cette zone grillagée tenue par les douanes et qui n'occupe modestement qu'une centaine de mètres carrés, sont traités chaque année 125 millions de lettres et paquets.

Comme au CHU, les manipulations ont lieu sur de grandes tables roulantes en métal. Trois individus de chaque côté. Dans les mains de chacun, un cutter. Un agent de La Poste veille aux opérations, protocole oblige.

Les enveloppes ne sont pas les seuls contenants à être examinés. Les colis aussi ! Prenez cette lampe chinoise au demeurant assez banale, envoyée d'Australie. Elle doit finir sa course à Marseille. À l'intérieur du socle en porcelaine, plusieurs centaines de grammes d'une drogue de synthèse ressemblant à du sucre de coco acheté en vrac chez Naturalia. Montant : 15 000 euros. « Cette lampe est moche, sa valeur, faible. Si on casse le produit sans avoir trouvé de drogue à l'intérieur, c'est aux douanes de rembourser. Dans le cas présent, on ne prend pas beaucoup de risques. » L'objet ne semble pas sortir d'une galerie d'art. « La fois précédente, c'était un modèle vintage hors de prix. On a hésité avant de la disséquer. » L'effet « vu chez Artcurial » est un truc de trafiquants. « Ils se disent qu'on n'ira pas fouiller dedans. »

Le festival se poursuit avec une pochette couleur brune dont est extrait ce qui a tout l'air d'être un sachet de « bonbons ». Des roses, des bleus, des verts, joliment alignés, trois fois emballés sous vide. Avec son stylo-feutre, un agent dessine un point sur chaque cacheton. Valeur totale : 1 000 euros. Puis arrive cette enveloppe habilement composée de deux sous-couches de kraft – encore les Pays-Bas, ça ne loupe pas – à peine boursouflée. Un coup de cutter dans le carton, plusieurs sachets en plastique tombent. Chacun contient des cristaux. Une étiquette en plastique, C11H15NO – apparemment, c'est une formule moléculaire. Un logo pour accompagner la marchandise : « *18 over only.* » « Ah, le fameux logo pour les adultes ! » rit presque Valérie

Besson, celle qui chapeaute l'équipe. Elle dit : « On pourrait croire que c'est un jeu de trouver les meilleures planques où sont cachées les drogues. » Puis elle reformule, des fois qu'on aurait mal compris : « Un jeu où en face, ils tuent avec leurs saletés. »

Depuis qu'elle travaille ici, Valérie Besson a tout vu passer. Les drogues de synthèse dans les sels de bain, les tableaux, à l'intérieur de Ferrero Rocher. Quand c'est spectaculaire, particulièrement visuel, les équipes douanières, sous l'égide de Bercy, s'empressent de prendre des photos pour alimenter les articles de presse. Il y a une petite guerre intestine avec la police afin d'exister sur le front des saisies. « Si seulement on avait leur visibilité ! » murmure un douanier.

Retour au tapis de dissection. Vu la quantité de courriers en provenance d'Amsterdam, Rotterdam et Prague, Valérie se sent l'obligation de contextualiser. « Avant, pour consommer, il fallait sortir, aller dans des quartiers sombres, rencontrer des gens un peu dangereux, zoner autour des points de deal. Aujourd'hui, aucun effort, vous commandez avec votre smartphone, depuis votre salon. »

Les douanes n'arrêtent pas toutes les personnes recevant des « courriers garnis ». Elles ne systématisent les poursuites qu'au-delà d'une certaine quantité – on taira laquelle.

Pour avoir du « flag » – flagrant délit –, l'appui des enquêteurs de terrain est essentiel. La justice aussi est sollicitée. Mais ça fait beaucoup d'acteurs, la machine est dure à huiler. Surtout, ça coûte très cher. Alors, les douaniers de Roissy adressent des « propositions » pour que soient organisées des « livraisons surveillées ». On repère un consommateur gourmand en stupéfiants.

S'il ouvre la porte pour réceptionner et accepter son colis, l'individu voit fondre sur lui plusieurs agents des forces de l'ordre. Très lourde organisation.

*

Dans ce monde où les drogues voyagent dans des enveloppes après avoir été achetées en deux clics, le plus compliqué pour les enquêteurs, ce sont les produits de synthèse. La police judiciaire et les douanes ont parfois du mal à prouver qu'il s'agit bien... de drogues. Car les trafiquants maîtrisent à la perfection l'art de l'esquive.

Dans l'Hexagone, peu de lieux ont la capacité de décoder les molécules utilisées en laboratoire par les trafiquants pour mieux les chasser ensuite. À côté de Massy, au sud de Paris, un cube blanc de six étages remplit ce rôle. De loin, le bâtiment a l'apparence d'une résidence de bon standing. À l'intérieur : des machines ultra-performantes, dont certaines valent, à l'unité, un demi-million d'euros. « Heureusement, pour diminuer la facture, on achète groupé », justifie le responsable du laboratoire, qui embauche une soixantaine de chercheurs dont une douzaine dédiée aux stupéfiants. Même pendant la première vague de Covid, quand les Français télétravaillaient, eux faisaient partie des « premiers de cordée ».

Au quotidien, ils dissèquent les productions des cartels de la drogue chinois aussi bien que celles des laboratoires clandestins hollandais. « Chaque semaine une substance toute fraîche entre sur le marché européen. » Le même rythme que l'industrie de la mode. Sauf qu'ici, l'univers des stupéfiants est bien plus rentable.

Les machines à 500 000 euros pièce ont le look cruellement vintage de lecteurs VHS des années 1990. Elles dégagent – la faute aux calculs effectués par ces bestioles – autant de bruit qu'un data center. Compter « entre une semaine et un mois » pour découvrir de quoi sont composées les molécules fractionnées. Si l'affaire est concluante, on leur donne un nom. Les autres laboratoires européens sont immédiatement prévenus. La formule nouvellement isolée est dès lors classée comme faisant partie de la grande famille des stupéfiants. Un immense fichier Interpol de la drogue de synthèse, en somme.

D'où viennent ces substances ? « D'un usage pharmaceutique détourné et transformé », résume Frédéric Barozzi, le responsable scientifique du laboratoire.

Les trafiquants jouent ensuite sur le packaging, le look des produits, « non pour échapper à notre contrôle mais pour plaire aux jeunes ». Longtemps, les cartons de LSD et les cachets de MDMA arboraient les logos des marques de luxe – les italiennes avaient beaucoup de succès. Aujourd'hui, ce sont plutôt les séries Netflix. Le laboratoire de Massy garde, dans des classeurs archivés, trace de ces reliques.

Certains matins, face aux saisies du jour, les chercheurs ne vous le diront pas comme ça mais ils gloussent en découvrant des buvards à l'effigie de Bart Simpson tenant une arbalète ; quand ce ne sont pas des cachets version bonbons qui piquent, roulés dans de petits cristaux, dont on jurerait qu'ils viennent de sortir d'une pochette « Haribo Miami »...

Si la consommation de drogues de synthèse reste marginale en France, son succès auprès des jeunes a doublé en l'espace de quatre ans. Et ici comme dans d'autres domaines, l'État se bat avec ses petits bras, quand en face, les labos clandestins n'ont – souvent – qu'à changer de localisation tous les mois pour ne pas être inquiétés. Dans ce secteur en particulier, glisse un acteur de premier plan, « on ne joue pas à armes égales ». L'économie digitale de la drogue offre d'innombrables perspectives face à des pouvoirs publics par définition moins agiles.

« Les organisations que l'on affronte n'ont aucune limite dans leurs moyens financiers, déplore la procureure de la République de Paris. Aucune limite dans leurs frontières ni dans leurs champs d'action pour peu que les profits se chiffrent en millions d'euros[1]. »

*

À l'autre bout du spectre, il y a les consommateurs. Là encore, les moyens de l'État ne suffisent pas, dès lors qu'on considère la si difficile prise en charge des personnes dépendantes.

Paris, hôpital Sainte-Anne. Un bureau lumineux, celui du psychiatre Xavier Laqueille. Ce responsable du service d'addictologie jongle avec les patients ; avec les emmerdes aussi, inhérentes à l'hôpital d'aujourd'hui. L'attente pour avoir un rendez-vous ; le manque de personnel même si la boutique tourne plutôt bien ; les moyens « pas au niveau » pour faire de la prévention ; les lits d'hospitalisation spécialisée trop peu nombreux ; les dealers qui viennent à la rencontre des patients jusque dans les couloirs de la structure... Le docteur a

1. Interview de Laure Beccuau, *Le Monde*, 18 novembre 2022.

les traits de quelqu'un qui n'a pas assez dormi hier, qui ne dormira pas assez demain.

Parce qu'il est habitué à décrire les dégâts des drogues de synthèse, Xavier Laqueille, de sa main droite, touche son cœur. « C'est là que se trouvent les plus gros dommages. Chaque fois que vous prenez de la drogue, même la première dose, les fibres cardiaques du cœur sont altérées. Un jour – chez certains ce peut être très jeune, pour d'autres le miracle dure des décennies –, un jour donc, ça craque. Le cœur lâche, tout s'arrête. »

La suite tient en une phrase, sans verbe : « Accident vasculaire cérébral, hémiplégie, fauteuil roulant. »

Parfois, les trafiquants de stupéfiants jouent eux-mêmes la pédagogie. Sur les emballages de cristaux interceptés par les douanes du centre postal de Roissy, une petite étiquette blanche est souvent apposée. « *Not For Human Consumption* » (« Pas pour une consommation humaine »).

34

La ville moyenne devenue supermarché de la drogue

Avignon (Vaucluse)

Cité des papes. Côté dealers : une organisation version trois-huit. Une structure pyramidale, avec des contrats à la journée, comme pour les agences d'intérim. Côté consommateurs : des tarifs « promo » aussi bien référencés en ligne que sur les murs des immeubles d'habitation dans lesquels les « petites mains » font leur nid, bloquant jusqu'aux portes d'entrée. En face, des policiers pratiquant la politique du « harcèlement » pour ne pas lâcher le moindre territoire.

« Si seulement on pouvait changer plus souvent de voiture banalisée », dit le policier comme pour s'excuser, alors que son véhicule rentre dans le quartier Monclar, en banlieue d'Avignon, là même où, quelques mois plus tôt, un jeune homme de 16 ans est mort, tué par balles, sur un rond-point servant de point de deal. La voiture des policiers de la BAC fonce pour se garer. « *Arha* » (« attention », en arabe), crient, au loin, quelques individus. Immédiatement, deux adolescents posés sur un canapé s'engouffrent dans l'immeuble le plus proche. De leur véhicule, les policiers en civil aperçoivent des ombres se faufiler dans la cage d'escalier. Les portières claquent. Ils ont beau courir vite. Trop tard.

Le jeu du chat et de la souris. Plusieurs heures. Tous les soirs de l'année. « On est six, maximum, à patrouiller la nuit. » L'hiver, certains s'assoupissent au volant, le chauffage à fond, quand les températures glissent sous zéro. L'été, les descentes sont plus tardives. Quand l'horloge indique 5 heures du matin, les équipes rentrent chez elles. Pour, enfin, dormir. À l'heure du goûter, encore groggys, les plus courageux récupèrent les enfants à l'école, avant la prochaine ronde de nuit. « En vacances, on met dix jours à trouver un nouveau rythme de sommeil. »

Ce soir, la descente dans le quartier Monclar ne donne rien. Sur les murs d'un bâtiment, des indications Snapchat pour commander directement *via* le smartphone. En face, dans le hall délabré d'une autre barre d'habitation, à même le mur, les horaires d'activités sont dévoilés au crayon noir. La semaine, jusqu'à 1 heure. Le week-end, jusqu'à 3 heures. « Le matin, en revanche, c'est des flemmards, y a personne avant 10 heures », ironise un membre de la BAC.

Même patrouille, cette fois dans un quartier adjacent. 20 h 30, 10 degrés dehors. Deux jeunes posés sur un canapé en plastique. Des burgers, des frites, du ketchup sur les doigts. Ils mangent si lentement qu'on en viendrait à se demander s'il y a un souci avec la nourriture. Les flics arrivent. Toujours le même scénario. Aux fenêtres, on a – encore – repéré la voiture des policiers. Un retentissant « *Arha* » vient d'être émis. Les deux jeunes avec des burgers dans les mains sont « guetteurs ». Ce soir ils n'ont même pas besoin de déguerpir, les sachets de drogue ont été extirpés à temps par des complices, mis à l'abri dans une cave, une poubelle, un appart, c'est selon. Tout est ordonné, hiérarchisé. Fonctionnement pyramidal. Il y a les « charbonneurs », qui veillent sur les « sacoches » de drogue. Dans les barres d'immeubles, les nourrices, elles, stockent les grosses quantités : cannabis, coke, et même un peu d'héroïne. Le crack ? Pas encore à Avignon.

Le binôme aux burgers reste stoïque. Chacun sait par avance ce qu'il va se passer. Le contrôle d'identité, la fouille succincte. Dans la poche d'un des mangeurs de burgers, 350 euros en liquide. La liasse de billets sous les yeux, les policiers ne relèvent pas. Ils auraient aimé trouver des sachets prêts à la vente, de l'herbe ou de la poudre. Mais les « *Arha* » empêchent tout.

En journée, certains policiers du département ont déjà tenté les tenues de facteur, les habits d'agent EDF. Même une poussette a été utilisée pour faire diversion, avant interpellation en flag. « Le vélo aussi, ça marchait bien, fut un temps. » Depuis, tous les quartiers se sont passé le mot, la ruse n'a plus lieu d'être.

Les deux guetteurs, qui décidément peinent à avaler la moindre bouchée de burger, lèvent les bras en l'air. Palpation. Quelques secondes.

Puis un policier demande à l'un des deux :

– T'es d'où ?

– De là.

– « De là », c'est quoi ?

– J'habite là.

– Quelle adresse ?

– J'ai pas d'adresse.

– OK.

Les guetteurs, payés entre 100 et 150 euros la journée à Avignon, sont dorénavant recrutés dans toute la France *via* les réseaux sociaux. « Ils prennent le train, pour une journée ou une semaine, et repartent avec de l'argent liquide. Ils ne savent même pas pour qui ils bossent. » Les plus organisés louent des chambres d'hôtel. Ils en profitent pour planquer de la drogue, quelques jours durant.

Dans le secteur d'Avignon, les guetteurs sont plutôt bien payés. C'est en partie dû à la concurrence féroce que se livrent plusieurs réseaux de trafic locaux. Ils peinent à recruter et pratiquent donc la politique du carnet de chèques. Voilà pourquoi, aux abords de la Cité des papes, se pressent autant de guetteurs.

Pour leur part, les « charbonneurs » peuvent espérer 300 à 400 euros la journée. « Allez leur demander, ensuite, de trouver un boulot chez Pôle emploi », s'exaspère un membre de la BAC, en évoquant les grilles de rémunération. Le policier se garde bien de souligner que lui-même gagne moins qu'un « charbonneur ».

*

Le même quartier en début de soirée, la nuit, peu d'éclairage. Des bruits de pneus. Sans doute des clients. Cinq, entassés dans une voiture blanche qui coûte une petite fortune. Ils arrivent au mauvais moment. Parmi les passagers, plusieurs mineurs aux cheveux peroxydés, avec de grosses quantités d'argent liquide dans les poches. Deux affichent des yeux très rouges et aucun n'a de conjonctivite. Tout ce petit monde est contrôlé. Pas de drogue trouvée.

En ligne de mire des policiers : un immeuble d'une douzaine d'étages. Dans la voiture banalisée, les flics plaisantent : « Ah, ils n'ont pas encore crié. » Quelques secondes plus tard, c'est chose faite. « *Arha.* » Un sprint est tout de même enclenché. La cage d'escalier est dévalée, trois marches par foulée. Les lieux ont beau avoir été réhabilités il y a trois ans seulement, l'état général est déjà largement défectueux. Des portes, des câbles internet, des armoires électriques... arrachés.

Au troisième étage, deux Caddie obstruent l'entrée du couloir. Les dealers sont entrés dans un appartement. Impossible de savoir lequel. Il est plus de 21 heures. Pour la police, accéder à l'intérieur des logements est, à cette heure-ci, interdit. C'est la loi. « Ils connaissent bien les règles, ils savent exactement quoi faire. » Un autre flic : « Si procédure il y a, parce qu'on arrive quand même à les attraper parfois, ils demandent toujours l'aide des trois mêmes avocats d'Avignon, pas forcément les meilleurs, mais comme ils se sont fait une spécialité de défendre les dealers, ils finissent par connaître tous les éventuels vices de procédure. »

Dehors, tout est sombre. Le lampadaire planté au pied de l'immeuble a été couvert de plusieurs couches de film plastique noir puis de carton pour éviter que les forces de l'ordre observent de loin les mouvements comme les visages. Face à ces combines, la police est souvent impuissante, mais – la nuance est d'importance – pas démunie.

Fini le temps où l'on pleurait pour avoir des moyens. Le Père Noël est passé. « Caméras piéton de bonne qualité, tablettes pour interroger les fichiers nationaux, ordinateurs cryptés. » De l'avis général, même les véhicules sont corrects. « Peugeot et Skoda. Autre chose qu'il y a quelques années, quand on devait manœuvrer des

Citroën Berlingo. » Dorénavant, les motards ont même des airbags.

Précieux quand on sait qu'il y a quelques mois, l'un des membres de la BAC a reçu neuf balles sur son deux-roues lors d'une course-poursuite aux contours encore flous. « On peut parler d'un miracle », dit l'intéressé en repassant ce soir-là sur les lieux de la fusillade, à côté d'une pharmacie. Sa voix est comme comprimée, l'épisode, tout sauf digéré.

Le groupe de nuit de la BAC va continuer ainsi sa virée jusqu'au petit matin et l'ouverture des premières boulangeries. Avignon et ses environs comptent une vingtaine de points de deal. Un ou deux à l'intérieur de la vieille ville ; la quasi-totalité à l'extérieur des remparts.

*

Avignon toujours. Ciel bleu, pas un nuage. Le soleil cogne. Le printemps en plein hiver. Cour intérieure de la police. Une trentaine de membres de la sécurité publique du Vaucluse alignés en demi-cercle. Deux jeunes femmes, l'une blonde, l'autre brune, encadrent une opération coup de poing prête à commencer. Elles ont à peine la quarantaine, en tenue de fonction, et mènent la danse. Personne ne bronche. « On va taper trois quartiers. On verra si on fait plus. » Les motards en éclaireurs.

– Allez, c'est l'opération hebdo, s'amuse la brune pour réveiller une grappe de collègues assoupis.

– On harcèle, sinon on perd pied, enchaîne la blonde, lunettes de soleil marron sur le nez.

– On va s'adapter en fonction des remontées.

– On ne lâche pas.

Les sirènes rugissent en sortant de l'hôtel de police. Une dizaine de véhicules démarrent en trombe. RMC dans la voiture. La famille royale en Angleterre. Harry et William. « S'aiment-ils encore un tout petit peu ? » questionne la présentatrice, Estelle Denis. Harry vient à nouveau de cracher son venin dans la presse, ça débat sur les ondes.

Le premier quartier apparaît au loin, on coupe les sirènes. « Taux d'immigration : 90 %, taux de chômage : 80 % », ose un brigadier, conscient de forcer le trait. Puis : « C'est pour planter le décor, hein. »

Voici Saint-Chamand, l'une des plaques tournantes de la drogue à Avignon. Un territoire, une marque aussi. Sur les sachets de coke et de cannabis, les dealers du coin confectionnent des stickers à l'effigie de leur base arrière : « Coffee Saint-Chamand. » Effet : « Le bon goût de nos régions. »

Quand les voitures de police arrêtent leur course, étrangement, il n'y a personne dans les rues. « C'est pas normal », souffle la cheffe brune.

La Brigade d'intervention (BI) croit savoir où « taper ». Un immeuble de quatre étages, au fond d'une cour. Ils sont une dizaine à piquer un sprint. L'un transporte une échelle pliante, pour accéder au toit. Mais le hublot permettant d'atteindre ledit toit a été scellé par le bailleur social. Quelques soupirs contenus.

Sont ensuite visitées plusieurs cages d'escalier. « Lieu habituel de vente de cocaïne et d'herbe. » Rien.

Saint-Chamand, ce sont d'abord des silences et des ombres. Un trafic de drogue qui achète jusqu'à la paix sociale. Peu de violence, de protestations. « Les stupéfiants, le premier employeur local. » L'équipe cynophile retourne dehors. Le chien s'appelle... Opium. Il renifle une plaque d'égout jouxtant la façade d'un édifice. À ses côtés, la policière le félicite. « Est-ce que ça ne sentirait pas un peu la beuh, dis donc ? » Elle soulève le lourd couvercle. Dans un premier pochon en plastique noir, une trentaine de doses de cannabis prêtes à la vente. Puis un sac blanc. À l'intérieur, de la cocaïne. Des dizaines de sachets. Sur tous, des autocollants blancs ont été apposés. « 30 euros + 10 euros offerts. » Vu la qualité de l'impression, tout a été fait maison.

« C'est pas normal. » La cheffe brune n'en démord pas. « Pas normal » qu'il n'y ait aucun adulte dans les rues. « Quelqu'un a dû les renseigner avant qu'on n'arrive. » Des enfants rentrent de l'école primaire, leur sac sur le dos, pas le moins du monde surpris de voir pareille opération policière se déployer. « Ils ont l'habitude », interprète un membre de la Brigade d'intervention.

Opium reçoit un petit cadeau pour son implication.

Le temps de faire un nouveau point et la trentaine de policiers part cette fois vers Monclar. À la terrasse d'un café, assis sur des chaises en plastique, discutent une douzaine d'hommes. La moitié d'entre eux filment avec leurs smartphones. Visiblement, c'est comme ça à chaque fois. Personne ne l'avoue mais ça intimide les policiers.

En ordre dispersé, les forces de l'ordre investissent le rez-de-chaussée d'un édifice. Ils entrent par une fenêtre. Plusieurs individus arrêtés, dont les visages, les pedigrees sont connus. « J'étais encore en prison y a quatre jours », glousse un riverain, la vingtaine, les mains en l'air alors qu'il est sommairement fouillé. Pas de drogue sur lui. Ses copains attendent 20 mètres plus loin. Ne pas perdre la face. Alors il rit fort. Et se permet quelques familiarités vis-à-vis des policiers qui ne réagissent pas.

Un autre est contrôlé. Connu des forces de l'ordre parce que lourdement soupçonné d'être l'un des chefs d'orchestre du deal dans le quartier, le jeune homme hurle pour être bien certain que ses amis, agglutinés autour d'un tronc d'arbre, de l'autre côté de la rue, l'entendent. À destination d'un flic, il éructe : « Je te le dis *une fois*. Je te le dis *deux fois*. Je te le dis *trois fois : tu me lâches.* » Survêt, cheveux ultra-courts, dès qu'il a fini de crier, il reprend le même sourire désarmant visant à faire perdre leurs nerfs aux flics. « Appelle ma mère, dis-lui de joindre mon avocat. » Les phrases se terminent au choix par « enculé » ou « trou du cul ». L'une des cheffes, la brune, pointe le regard vers lui. Il s'interrompt. Ça tient au moins deux minutes.

Bientôt il est assis à l'arrière d'un véhicule de police, en survêt. Pas de menottes. Un homme armé face à lui, pour éviter toute fuite. « Il n'a jamais de barrette sur lui, il sait comment filouter, chuchote un enquêteur. Là, il joue au caïd, mais il s'est littéralement fait dessus au moment de l'arrestation. » Au bout de vingt minutes et d'une trentaine d'insultes, l'individu est relâché.

Une brigadière, au moment de rentrer vers l'hôtel de police, lâche : « Heureusement qu'ils sont souvent cons, quand même. »

Bilan des courses : 998 grammes de cannabis et 248 grammes de cocaïne saisis. En trois heures.

*

Retour à l'hôtel de police. Au bout d'un couloir, un agent enfile des gants. Avant d'enfermer dans un coffre-fort les substances interceptées, il les range préalablement par famille. Coke, résine, herbe... Tous les produits sont emballés. Certains sont très flashy.

Particulièrement ce sachet plastique « Carambhash » aux couleurs du célèbre Carambar avec les mentions « fleurs/filtré/mousseux ». « 0 % calorie, 100 % foudre. » Un logo « FR » indique que l'herbe provient de France. Qui sait...

Dans des tubes cylindriques, des petites doses de cannabis sont enfermées ; pour recouvrir le capuchon, un film-scotch rouge brillant sur lequel est écrit « Sceau de sécurité ». Le policier chargé de la pesée, ironique : « Ils veulent sans doute faire croire que c'est pur et manipulé sans les doigts sales. » Partout en France, le trafic de drogue épouse les codes du marché de masse. Le travail y est déréglementé, ubérisé, stratifié.

En 2022, le ministère de l'Intérieur dit avoir saisi 128 tonnes de cannabis, dont un tiers sous forme d'herbe. « Un record. »

Pour la cocaïne, le « tsunami blanc », comme on l'a métaphorisé à Bercy, c'est 27 tonnes, dont la moitié en provenance des Antilles et de Guyane.

Côté répression : presque 40 000 condamnations pour des « faits de trafic de stupéfiants ».

Dans l'hôtel de police d'Avignon, un mur mesure l'étendue des trouvailles des dealers. Ce mur est recouvert d'une centaine d'emballages de stupéfiants, vision quasi postmoderne de la société de consommation. Les figures de la pop culture sont convoquées, à commencer par les stars du hip-hop et... les Minions. Il y a aussi le pochon Burberry avec son damier classieux, les boissons Capri Sun'z... Emmanuel Macron aussi est représenté, fumant un trois-feuilles.

Sur une table, deux exemples de « menus » retrouvés sur des points de deal et rapportés au commissariat avec un certain délice par des enquêteurs qui préfèrent en rire. Composé au crayon feutre, un panneau indique : « *Welcome to the 2C Pharmacie* ». « Notre menu à votre disposition. » L'écriture pourrait être celle d'un enfant de CM2. La première offre de « weed » commence à 10 euros. Le quart de gramme de coke est à « 25 dollars » ! Le dealer a oublié que, par ici, on paye en euros. Ou alors c'est plus cool écrit ainsi.

Et puisque le vivre-ensemble, c'est important, un message de service : « Ne jettez plus vos pochton dans le Batiment [*sic*]. » Certains revendeurs vont plus loin, qui offrent des cartes à gratter, appelées ici « Tickets cadeaux ». Tous les coupons sont gagnants. « 10 euros à valoir sur le futur achat. »

D'abord accrocher, ensuite fidéliser. Chez Procter & Gamble, on ne dirait pas autrement. Sauf qu'ici, les produits peuvent tuer.

Dans un département voisin, des collègues policiers ont fait circuler une photo ahurissante. La scène se passe dans un quartier près de Nîmes, juste avant les fêtes de fin d'année. Une nappe découpée dans du papier-cadeau recouvre une table de camping pliable. Dessus, on a posé des paquets de chips, des briques de jus de pomme et d'orange, quelques bières en bouteilles déjà décapsulées. Au pied de ce banquet improvisé, un gros cerf en habit de Père Noël, ceinturé d'une guirlande qui scintille dans la nuit. « Bienvenue à tous. Promo de Noël », est-il écrit sur le tableau. Pour tout achat, l'apéro et 2 grammes de cannabis sont offerts.

Dehors, en plein air, au pied des immeubles d'habitation.

*

Dans le Vaucluse, le trafic de stupéfiants génère un millier d'interpellations par an. Un point de deal lucratif qui représente un chiffre d'affaires quotidien dépassant parfois les 15 000 euros. « Les jours de très forte activité, ça monte même jusqu'à 30 000 euros », révèle Emmanuel Desjars, le directeur départemental de la sécurité publique.

Les quartiers fonctionnent comme de « petits cartels ». Ils sont, admettent les enquêteurs, « très organisés ». Du taylorisme appliqué aux stups. Il y a ceux qui stockent, gèrent les comptes, les plannings des guetteurs. « Plus ils montent dans la hiérarchie, moins ils mettent les mains dans le cambouis. »

Côté transport, la Cité des papes relève du lieu stratégique. « Avignon est facile d'accès, à quelques minutes de la quatre-voies. On rejoint Marseille en quarante-cinq minutes, Lyon en deux heures. »

Les drogues arrivent des Pays-Bas, de Belgique, du Luxembourg. Les ports français aussi ont voix au chapitre. Le Havre, mais pas que. « Dunkerque, de plus en plus. » La plasticité du trafic amène à privilégier les « itinéraires *bis* ». Dans les champs environnants, pas très loin d'Avignon, « les Gitans aussi fournissent ».

Des cultures de cannabis, derrière les voies ferrées. Un lieu « insoupçonné ». Un jour, les policiers ont appelé les pompiers à l'aide afin de brûler des parcelles. Toute cette herbe dévorée par les flammes, ça sentait si fort que quelques brigadiers sont revenus avec de puissants maux de tête.

Avignon, ville de taille moyenne, nouveau terrain de jeu des dealers. Comme Alençon, Niort, Vannes.

En face, les acheteurs aussi changent de visage. « Artisans, employés de maisons de retraite, commerçants. » « C'est fini la consommation en fonction de son rang social, certifie le patron de la brigade des stups d'Avignon. Entre 18 et 40 ans, ils se rendent souvent dans les cités pour faire leurs emplettes. UberShit et UberCoke : c'est pour les vieux. » La consommation de cocaïne a le vent en poupe. « Le week-end, dans les hôpitaux, on relève beaucoup trop de soucis cardiovasculaires avant 40 ans. » La poudre.

Autre changement de paradigme : prière d'oublier la fable selon laquelle la came est de mauvaise qualité. « Ils ne vendent pas de la merde, sinon ils n'arriveraient pas à fidéliser. » Garder les clients : objectif premier. « Ils coupent leur matos avec de la lidocaïne et de la caféine. » De petites doses de coke – 10 euros pour 0,15 gramme – sont fréquemment interceptées par les policiers. La poudre est déposée dans un cornet en plastique rose translucide. « Un produit d'appel. Tu aimes, tu reprends. Pour les ados, c'est comme un apéro. Ça appelle à une chose : recommencer. »

Dans le Vaucluse, le trafic de stup est devenu « la priorité numéro un des riverains », avance le directeur départemental de la police. Il dit avoir été « très étonné » de découvrir l'ampleur dudit trafic en prenant possession de son poste, lui qui, auparavant, était en fonction dans le Nord-Pas-de-Calais. « Il y a plusieurs France », ponctue-t-il.

*

Pendant ce temps, l'insécurité joue des percussions. « On a, au global, 15 000 plaintes déposées chaque année, mentionne le directeur départemental. Des plaintes pour violences conjugales, pour vols avec violences, pour voitures fracturées... Il faut les traiter aussi. »

Alors oui, les moyens humains sont fréquemment réévalués (670 hommes et femmes pour la sécurité publique du Vaucluse). Mais la machine judiciaire a du mal. À suivre. À poursuivre.

« Moins de terrain, moins de fonds, regrette un enquêteur, devant sa tasse de café, un vendredi matin, à l'intérieur de l'hôtel de police d'Avignon. Dix ans en arrière, on passait la moitié de notre temps dehors, pour les investigations. Désormais c'est 30 % de terrain, 70 % de paperasse. Et encore, nous sommes ceux qui allons le plus dehors. »

Il n'y a pas si longtemps, certains juges laissaient encore leur numéro de portable. Échanges, *off*, conseils. Des réunions étaient organisées. Formelles ou à la table d'un restaurant. Dorénavant, les procédures judiciaires, « de plus en plus complexes », broient les enquêteurs jusqu'à atteindre leurs moteurs. « La PJ [police judiciaire] est même obligée de lancer des campagnes de recrutement alors qu'avant on devait se battre pour entrer dans ses rangs. »

35

Quand les drogues au volant cristallisent l'opinion publique

Trappes (Yvelines)

Les stupéfiants sont mis en cause dans 20 % des morts sur les routes de France. Le sujet est éminemment politique. Il renforce le sentiment d'impunité et de manque de moyens. À chaque fait divers, l'opinion publique est secouée, les forces de l'ordre, accusées de ne pas en faire assez.

Février 2023. L'« affaire » Pierre Palmade éclate. L'humoriste a provoqué un très grave accident de la route après avoir consommé de la cocaïne. L'« affaire » obstrue l'espace médiatique.

« La prison tout de suite ? »

« Les forces de l'ordre ont-elles encore les moyens d'agir ? »

« Bientôt plus de contrôles sur les routes ? »

Ça récrimine beaucoup autour des grandes tables en Plexiglas des chaînes infos.

« Vite, venez voir sur le terrain », riposte la police.

*

Rond-point Tabarly, dans la ville de Trappes (Yvelines). Une vingtaine de policiers mobilisés. Contrôle éclair, deux heures durant.

On suit la commissaire Agathe Foucault et son adjoint, Fred. Lui, taiseux. Elle, affable, multipliant les légers traits d'humour face à des automobilistes arrêtés « au hasard » pour un test de stupéfiants. Cet après-midi, le hasard tombe beaucoup sur les jeunes.

Arrive une Polo grise en bout de course. Le véhicule en est déjà à 176 000 kilomètres. Deux individus, la vingtaine, à l'avant. Le conducteur porte un bonnet, ses yeux sont délavés. Profession : boucher dans un centre commercial.

Fred : « Vous consommez des stupéfiants ? »

Le jeune au bonnet : « Jamais. »

Fred : « Jamais, jamais ? »

Le jeune au bonnet fait non de la tête.

Fred : « Même pas le week-end ? »

Nouveau hochement négatif de la tête.

Fred : « On va faire un petit prélèvement quand même. »

Le jeune au bonnet reconnaît les boîtiers permettant d'effectuer les tests. Usage unique, résultat en dix minutes maximum. « Avant ils étaient bleus », dit-il à voix haute, n'ayant pas franchement conscience de renforcer l'idée générale qu'il est souvent contrôlé.

Agathe, la commissaire, entre dans la danse : « Monsieur est un connaisseur. »

Le conducteur n'a pas de permis, pas de carte grise, juste une facture d'assurance en lambeaux.

Le jeune au bonnet : « J'ai déjà été positif à cause de vos vieux tests. »

La commissaire : « Non, ce n'est pas parce que le test était vieux que vous avez été positif, c'est parce que vous aviez fumé. »

Une camionnette aux couleurs rouges du cirque Zavatta passe sur le rond-point, plus personne n'entend rien. La commissaire attend que le silence revienne puis reprend sur le ton de la douce ironie : « Vous allez être négatif cette fois, ça sera un motif de fierté. Vous faites quoi dans la vie ? »

Le jeune au bonnet : « On essaie de s'en sortir. »

La commissaire : « La police recrute, vous savez ! »

Le jeune au bonnet : « C'est pas que je vous aime pas, mais... euh... c'est pas mon truc. »

La commissaire : « On attend ensemble, pour les résultats du test, ça prend un peu de temps. »

Le jeune au bonnet : « Je pourrai le garder après ? »

La commissaire : « Le test ? Si vous entrez dans la police, vous en aurez plein. »

Le résultat tombe : négatif.

*

1 300 contrôles de stupéfiants sont réalisés quotidiennement à travers la France[1]. Beaucoup moins que les presque 20 000 contrôles d'alcoolémie par jour.

Les tests qui détectent coke, cannabis et drogues de synthèse coûtent cher. Dix euros l'unité. Les forces de l'ordre ciblent donc leur public pour ne pas exploser les budgets. Dans les Yvelines, les policiers ont un certain savoir-faire. Une fois les automobilistes repérés, le taux de positivité se rapproche de celui lié au baccalauréat. « Plus de 90 %. »

*

1. Chiffres fournis par la porte-parole du ministère de l'Intérieur, le 15 février 2023.

De l'autre côté du rond-point, un jeune conducteur paraît en difficulté. Maigrichon, il flotte dans son survêt noir. À peine 20 ans. Très à l'aise, il tutoie quand il faut et lâche des petits sourires en coin à chaque question. Mais quelque chose cloche. Un agent lui demande s'il est connu des services de police pour stupéfiants. « Pas pour ça », répond-il.

Le test se révèle positif.

Le jeune conducteur est embarqué dans une camionnette vers le commissariat de Trappes. « Celui visé par des tirs de mortier tous les quinze jours », précise la commissaire.

La voilà maintenant dans le hall d'entrée, qui cornaque l'aspect administratif, les contraintes en pagaille. Elle ne se plaint pas. Son sourire, mieux qu'un gilet pare-balles.

Une garde à vue à côté, un cri lourd retentit. La commissaire tourne la tête dans l'autre sens.

Sur un banc dans le couloir, à côté d'un homme menotté, le jeune conducteur en survêt se voit administrer un second test, avant que celui-ci ne parte en laboratoire. Résultats sous quarante-huit heures. « Si je suis positif, c'est peut-être parce que mes copains fument. » Fred enlève ses gants. « Le prélèvement dira. »

Un policier inspecte le casier judiciaire du jeune homme. Des faits de violences, pas de drogue au volant. « En cas de récidive, les peines sont plus lourdes. »

Il faut taper le compte rendu, ça prend un temps fou.

*

La drogue au volant. Deux enjeux sécuritaires en un : la route et le trafic de stupéfiants. Sondage après sondage, ces chantiers « non achevés » sont jugés très durement par les Français. Ça cristallise politiquement, perpétuellement, ça s'entrechoque, souvent, maladroitement, dans l'actualité. Chacun son expertise, son avis, son indignation, sa solution.

Des cadres du ministère de l'Intérieur, pour parler de ce dossier « deux en un », disent : « le truc explosif ». Parce qu'on en mesure les dégâts beaucoup plus facilement que les avancées.

36

Le crack, l'impossibilité d'une solution

Paris (Île-de-France)

Le nombre de consommateurs de crack a plus que triplé en une décennie. À Paris, le problème, connu de tous, ne fait que se déplacer vers des quartiers chaque fois plus défavorisés. Trente ans que ça dure. Les riverains sont à bout. Les politiques, obligés de formuler des promesses intenables.

Reportage sur le temps long – cinq ans –, avec des consommateurs errant dans les rues de la capitale.

« La colline du crack. » Presque le titre d'un film d'horreur. Un petit bout de terre coincé à côté du périph parisien. Pour situer sur une carte : au nord, le Stade de France, au sud, Montmartre.

Des bâches en plastique, quelques draps colorés étendus le long d'une barrière pour éviter les regards. Ça ne cache pour ainsi dire rien, mais l'intention est là.

On doit se faufiler entre plusieurs tentes, à l'intérieur desquelles certains dealent, d'autres consomment, la plupart attendent, mais difficile de savoir quoi.

Il y a Ahmed. Un large sourire quand il dit bonjour. 52 ans. Il perd ses cheveux devant, a des épis derrière. Calme, détendu. « En descente », explique-t-il. Sa prochaine dose est déjà prédécoupée. Sagement rangée. Sous la langue. Il ouvre la bouche. Un petit caillou blanc, enroulé dans du papier cellophane. « Quand tu te fais contrôler, on ne va jamais voir par là. » Il referme la bouche.

La « galette » coûte entre 10 et 15 euros. Fabrication maison, à partir d'un dérivé de cocaïne écrasée. On la pose dans une cuillère à soupe. On ajoute du bicarbonate de soude ou de l'ammoniaque. On allume un réchaud. La montée au cerveau prend quelques secondes. L'effet dure une quinzaine de minutes. L'addiction n'en est que plus rapide.

Nous sommes en septembre 2018. La colline du crack a déjà été démantelée dix-sept fois en dix ans, chiffre fourni par la mairie de Paris. Qui réclame une nouvelle intervention. Ça ne saurait tarder. Ici tous les campeurs en parlent comme d'un événement imminent. Les dealers ont tout prévu. Certains sont déjà partis, les autres s'apprêtent à déguerpir. Ce chamboule-tout, Ahmed, ça le fait bien rire. Hors de question de bouger.

Chemise à carreaux rouges et blancs, tongs en plastique fatiguées, il sort une pipe en plastique, transparente à l'origine, mais qui ne l'est plus depuis longtemps, à force d'être charbonnée par les flammes de son briquet rouge. Il pose un petit caillou au sommet de la pipe, enclenche le briquet. Il inhale. Dans quelques instants, le débit de sa voix va changer, le rythme, ralentir. Et, prévient-il lui-même, avec une clarté dans les propos, une lucidité déconcertante : « Ça va me faire une autre personnalité... »

Le briquet n'a pas encore eu le temps de refroidir.

– Vous vous sentez mieux ?

– Pas mieux, non. J'ai peur. J'ai peur des flics. J'ai peur des gens. J'ai même peur des enfants.

Outre des hallucinations, le crack provoque des accès de paranoïa. Durant plusieurs années, tous les consommateurs rencontrés dans ces recoins nord et est de Paris nous donneront les mêmes détails sur ces crises qui brouillent jusqu'à leur propre identité.

*

Il fait chaud ce lundi après-midi le long du périph. Un infernal brouhaha provoqué par les voitures. Alice a 53 ans et des yeux humides. Elle pleure, elle n'arrête pas. Elle explique : sa fille qui est au lycée habite dans un immeuble, à moins de 2 kilomètres de la colline. Elle ne l'a pas revue depuis de longs mois. « J'ai trop honte. » Alice lui avait promis de s'en sortir. Elle a connu d'innombrables allers-retours vers plusieurs cliniques, sans grande conviction que ça s'arrangerait. Une prise en charge plus concluante que les autres l'a emmenée dans le sud de la France. Cette fois-là, elle s'est accrochée. Quelques semaines plus tard, elle est retombée. « Échec. » Le ton est sec. Alice ne pleure plus.

Elle est maigre, de profonds problèmes de dentition, une blessure purulente sur une main. Elle reste coquette, malgré tout. Porte des sandales rouges, ornées de marguerites en plastique. Les ongles de ses pieds sont presque tous tombés. Elle cache ses cailloux de crack dans une minuscule boîte verte qui, auparavant, accueillait des antidépresseurs.

À propos de sa fille : « Je voudrais juste savoir comment elle bosse, ce qu'elle fait quand elle est assise à son bureau. » Pas de pathos. Alice interdit qu'on la plaigne.

Vingt mètres plus loin, devant les tentes de la colline du crack affluent des consommateurs à la démarche parfois désarticulée. Mais il y a aussi quelques costards-cravates ainsi que des looks de designers graphistes avec de belles casquettes et des sneakers vintage. Plusieurs horizons. Même consommation.

En retrait, cachée derrière un buisson, accroupie, Alice explique que son problème numéro un, c'est l'argent. « Je consomme pour 60 euros en moyenne tous les jours. Le minimum que je prends, c'est 20-30 euros. » On ne comprend pas le propos. Une pause. Alice, plus explicite : « 20-30 euros. Mon tarif pour faire l'amour. Vous pensez que l'argent tombe comment ? »

Elle dit en vouloir à des plus jeunes qu'elles, qui, ici, sur la colline, cassent les prix. « 10, 15 euros. Moi je dis non. Moi, je ne peux pas. »

Un camion de police surgit. Puis plusieurs. Des CRS. La nouvelle opération « nettoyage » commence. Moins XXL qu'attendue.

Des consommateurs observent la scène, assis sur un muret, presque frôlés par les véhicules engagés sur le périph.

Apparaissent à présent des agents de la ville de Paris, portant des combinaisons blanches, comme à Tchernobyl. Ils attrapent des tentes, une table en plastique, des appareils électroniques qui traînent par terre.

Le « nettoyage » est rapide.

Inutile.

Sur une autre langue de terre, 20 mètres plus loin, un nouveau campement est agencé. Au nez et à la barbe des policiers.

Un individu sort une galette. La glisse dans la main d'un passant. Un billet en retour. Le deal reprend déjà ses droits, les camions de police à peine partis. Il est 17 heures.

Cinq mois plus tard. La colline du crack a été « neutralisée ». Le problème, déplacé.

*

Place Stalingrad. Bientôt quarante ans que le crack s'enracine dans ce quartier populaire. Par vagues, au gré des moments. Ces temps-ci, le trafic gagne en intensité. Les riverains s'organisent, excédés. Les médias relaient. La pression sur la préfecture de police oblige à quelques actions, certaines plus ou moins musclées et concertées, ça dépend des saisons.

Ce soir de février 2019, sous un petit tunnel mal éclairé reliant la place centrale aux rues adjacentes, une femme avance vers un dealer.

Elle : doudoune noire luisante, petit « It bag » en cuir épais.

Lui : sweat zippé, usé, marque Redskin, rouge et noir.

Elle : secrétaire dans un cabinet d'avocats, consommatrice depuis treize ans déjà. Cherche une dose pour la soirée.

Lui : connaît la cliente, la dépanne parfois. Transaction en cash. Un billet de 10 euros.

Elle : empoche deux briquets puis fait chauffer le bout de sa pipe en plastique.

La femme dont l'âge semble indéfinissable parle deux langues. Celle de son employeur et celle de la rue. Elle entame une phrase structurée, complexe, avec trois virgules et un vocabulaire soutenu. Puis éructe contre deux individus à la recherche d'un caillou. Qu'ils dégagent, « les bâtards ». Ici, tout le monde se connaît. Stalingrad, carrefour du quotidien pour des dizaines d'accros au crack.

La secrétaire est de passage. « De passage tous les jours. » Avoir un appartement et un boulot, explique-t-elle, la sauve.

Autour d'elle, un Paris sans carte postale, un Paris-débrouille. Des joggers en Nike de la tête aux pieds, des enfants qui jouent à cache-cache, mais aussi une association qui dispense des cours de français pour des sans-papiers à l'aide d'un tableau Velleda posé sur un pied.

Non loin, une voiture de police patrouille. Véhicule siglé. Pas de nature à inquiéter les dealers.

Autour du parvis de la place Stalingrad, les commerces qui le peuvent embauchent des vigiles. La Rotonde – rien à voir avec l'établissement chéri du président Macron – emploie un agent de sécurité l'hiver. L'été venu, quand les terrasses sont de sortie, les effectifs triplent. « On assume. On fait ça pour rassurer nos clients. Cette place fait tellement peur », se désole le gérant des lieux, Christophe Poligani.

Dans le coin, l'autre adresse qui fait le plein, c'est le cinéma MK2. Deux complexes, un de chaque côté du bassin de La Villette. Là aussi, des vigiles ont été recrutés. « Certaines heures, vous passez sans problème, le reste du temps, faut rester chez soi », se désole une grand-mère qui promène son chien. 11 heures du matin, « le bon horaire ». La grand-mère n'écoute plus les promesses des élus. « La situation est la même depuis que j'ai emménagé ici, il y a vingt-huit ans. Ça s'arrête, puis ça recommence toujours. »

*

Le trafic et la consommation de crack n'envahissent pas seulement les rues du quartier, ils investissent aussi le métro. Station Jaurès. Sur les quais, assis sur un banc : un individu reconnaissable entre mille, car portant sur les épaules une couette couleur crème, tend un petit caillou blanc à un homme interlope, jogging tombant quasiment jusqu'aux cuisses. Ce dernier glisse un billet, récupère la galette et prépare une pipe. Le briquet sorti, tout va très vite. Il inhale. Le métro arrive, les usagers de la RATP s'engouffrent. La grande majorité ne remarque rien.

Il nous faut quelques instants avant de prendre conscience que le consommateur avec son jogging tombant est le même homme que nous avons observé, une heure plus tôt, à l'angle des avenues Jean-Jaurès et Secrétan.

Il était alors poursuivi par trois policiers portant des casques de VTT et une petite caméra embarquée, type GoPro, pour filmer en cas de dérapage.

L'individu au jogging qui tombe, sans doute à cause de sa démarche hésitante, son corps légèrement désarticulé, met quelques secondes tout au plus avant d'être encerclé. Les policiers n'ont qu'un signe à produire de la main pour que le consommateur de crack sorte de sa poche plusieurs cailloux. Il se fait sermonner. Puis repart. Pas de contravention. Les cailloux confisqués.

Il y a bien longtemps que le maire PS du 19e arrondissement, François Dagnaud, épuisé par les dérapages qui se succèdent dans le quartier, ne cherche plus de bouc émissaire. « En France, les toxicomanes ne sont pas considérés comme des délinquants, mais plutôt comme des malades. Or, ces malades ne demandent pas spontanément à être soignés. De toute façon, il n'existe pas assez de dispositifs sanitaires, sociaux et psychiques de prise en charge de ces publics hyper-précarisés. »

Les mois qui suivent voient s'égrener manifestations et appels publics à agir. Se joue aussi un incessant ping-pong verbal entre la mairie de Paris et la préfecture. Dans une cour de récré, on dirait : « C'est pas moi, c'est l'autre. » Ici, on préfère les phrases toutes faites du type : « Plus jamais ça », « Un plan d'action va être activé. »

La violence monte en gamme. Deux soirs durant, des tirs de mortier sont déplorés. « C'est organisé par des riverains, parce qu'ils craquent », croit savoir un enquêteur. On ne sait plus qui excuser, qui condamner.

« C'est rare, des situations où un trafic n'amène aucun gagnant », résume un gradé, place Stalingrad. « La solution n'est certainement pas policière, ajoute un cadre du syndicat Unité SGP Police-FO. Il faudrait légiférer pour que ces consommateurs de crack soient, contre leur volonté, pris en charge pour se faire soigner. » En attendant, les policiers poursuivent les rondes.

*

Élisabeth Avril parle un peu comme Arlette Laguiller. Avec conviction. Ses cheveux courts doivent faciliter la comparaison. Pour le reste, la patronne de l'association Gaia, en évoquant les ravages du crack, ose : « Parfois le social paie. » La structure qu'elle gère, et qui distribuait des seringues dès 1989, est constituée de deux centres médico-sociaux.

Dans la pièce servant de pharmacie s'empilent les traitements de substitution donnés au cas par cas. Le médecin Avril est habituée à rembarrer ceux qui, notamment dans la classe politique, formulent des solutions livrées en kit. « Y a pas de miracle ! Aucun médicament ne soigne à lui seul la dépendance au crack. » La directrice de Gaia plaide la logique des cercles concentriques.

« C'est politiquement incorrect à dire, mais ce n'est pas parce qu'on touche une seule fois à une drogue dure comme le crack que l'on va devenir dépendant. Ce fantasme est faux. Ceux qui tombent ont des blessures, un contexte socio-économique déjà marqué avant même leur premier contact avec la drogue. »

Quelques jours auparavant, à la suite d'un nouveau démantèlement dans le nord de Paris, l'agence régionale de santé a publié un communiqué annonçant la prise en charge effective ou à venir d'une quinzaine de toxicomanes addicts au crack. Élisabeth Avril n'a pu s'empêcher de sourire. « Une quinzaine ! Vous connaissez le nombre exact de personnes dépendantes rien qu'en Île-de-France ? » « 700 à 800 », d'après la Cour des comptes, qui a compté[1]. Davantage, si l'on en croit les associations. Toutes pointent du doigt un trafic ne se limitant plus aux abords de la capitale, mais pénétrant désormais – dans des proportions contenues – jusque dans certaines campagnes.

La Cour des comptes, pour y revenir, épingle le « plan crack » mis en place entre 2019 et 2021. Initialement chiffrée à 9 millions, la facture s'est envolée au point d'atteindre 24 millions d'euros. Sans que le problème baisse en intensité. « Personne ne peut se sortir d'un tel merdier », scande, d'une phrase assassine, un élu parisien.

Quand la polémique devient symphonique, parfois, on cite en exemple la Suisse et ses « salles d'injection à moindre risque ». Ou le Danemark et ses centres d'hébergement pour toxicomanes accros au crack. Le Portugal aussi est convoqué, avec la dépénalisation des

1. « La mise en œuvre du plan crack », audit de la Cour des comptes, décembre 2021.

drogues dures amenant les policiers, en cas de contrôle, à orienter vers une structure de soin.

Et puis, la pression redescendant, on oublie les voisins européens et leurs démarches.

Juin 2021. La préfecture a décidé de faire de Stalingrad une « priorité ». Depuis quelques semaines, la présence policière est donc considérablement renforcée. Le trafic a migré quelques rues plus loin, dans un parc public prisé des habitants du quartier : le jardin d'Éole.

17 heures, sortie des classes. Le parc se retrouve, bien malgré lui, scindé en deux zones. À gauche, les jeux pour enfants, les parents pour surveiller, certains déjà installés sur des draps pour un goûter improvisé. À droite, derrière des allées qui serpentent, dans la partie la plus verdoyante des lieux, un immense supermarché du crack à ciel ouvert. Plus de 200 consommateurs alimentés grâce aux *modou*. Ils viennent pour la plupart du Sénégal. *Modou* signifie « petit négociant » en wolof. Un terme teinté de bienveillance à Dakar. Beaucoup moins à Paris, où ces dealers se fournissent dans des « cuisines » improvisées au rez-de-chaussée d'immeubles souvent délabrés. Pas de distribution pyramidale. On est loin du système mafieux tentaculaire. Pragmatiques, les *modou*. La drogue du pauvre, vendue aux pauvres, par des moins pauvres qu'eux.

Les riverains, eux, se sentent lâchés. Les plus impliqués tentent une concertation avec l'hôtel de ville et la préfecture. Puis, parce que ça patine toujours, ils descendent dans la rue.

Cheveux longs gris, ramassés dans le dos, Patrick Coeuru prend la tête de la « protestation », bien que le qualificatif l'ennuie. « Ça fait très droite dure. » Pourtant, il avoue ne plus supporter les points de deal qui prospèrent à quelques mètres des aires de jeux. Moins accrocheur comme argument, mais c'est aussi déjà une réalité : les logements mitoyens, une fois en vente, ne trouvent plus preneur. Les prix chutent.

Patrick organise la riposte. Une dizaine de prospectus dans les mains. « Stop au crack dans notre quartier. Manifestation tous les mercredis. Pancartes – sifflets – percussions – casseroles. »

Dans le parc, le voilà qui interpelle les promeneurs. « Ils fracturent les portes des résidences des bailleurs sociaux. Ils entrent dans les caves. Ils agressent. »

Patrick sort un document de son sac. Une carte scolaire du quartier. « Ici, dans un rayon de 200 mètres, on compte vingt-deux établissements dédiés à l'enfance, de la crèche au primaire. Veut-on vraiment offrir *ça* à nos enfants ? »

Les parents écoutent, certains promettent de venir mercredi prochain, 17 heures, devant les grilles du parc.

Le jour J, une immense banderole est accrochée sur les grilles du jardin : « Rendez-nous notre parc. » Des consignes sont passées pour que le rassemblement ne vire pas à la foire d'empoigne. Pas de messages trop politiques. Du calme quand on scande les slogans.

Les manifestants ? Ils sont une centaine avec, dans les mains, des ballons de toutes les couleurs. « On reste dans un esprit bon enfant », répète une bénévole, avant que Patrick n'empoigne un haut-parleur. « Nous demandons aux pouvoirs publics de prendre en charge dignement ces toxicomanes. » Les casseroles résonnent. De l'autre côté des grilles, certains consommateurs de crack rigolent, la plupart ne prêtent pas attention à tout ça.

Il faut attendre le mois suivant pour que la maire de Paris, Anne Hidalgo, vilipendée sur les réseaux sociaux et sur CNews pour son « inaction », se rende sur place.

10 heures, on entame la déambulation par la présentation du nouveau dispositif de sécurité déployé à l'entrée du parc : trois agents municipaux pour fouiller les sacs des visiteurs. Ils jugent au faciès. Pas simple. Ils viennent d'ailleurs de laisser filer, par mégarde, deux toxicomanes. Ces derniers gloussent, très heureux de leur coup.

L'opération propreté est enclenchée. Dans le jardin d'Éole, des agents municipaux portent les mêmes tenues blanches que celles déployées dans la colline du crack. Les fameuses blouses façon Tchernobyl. Eux ramassent des pipes en plastique. Des dizaines, en quelques minutes seulement.

La maire de Paris progresse jusqu'au milieu du parc. Devant plusieurs caméras, prenant soin de ne jamais répondre aux questions parfois insistantes sur le manque de réactivité des autorités locales, Anne Hidalgo applaudit le travail associatif d'une ferme pédagogique, présente. À ses pieds, quelques moutons et biquettes. Anne Hidalgo salue « la renaissance » du jardin d'Éole.

Entourée de plusieurs élus et conseillers, elle s'avance dorénavant vers le fond de la zone verte. Plusieurs personnes la tirent par la manche, lui intimant de faire demi-tour. Le trafic de crack a déjà repris. Trop tard ! Un journaliste filme la scène, sa caméra passant de l'édile (zoom avant) au trafic (zoom arrière). La maire repart quelques minutes plus tard.

Au troisième étage d'un des immeubles donnant sur le parc, une jeune femme blonde, cheveux ondulés, ressemblant comme deux gouttes d'eau à l'actrice Maïwenn, ne loupe pas une miette de la scène.

Elle a deux enfants en bas âge. Son appartement est blanc immaculé, parquet d'époque, c'est décoré avec goût. Des sculptures africaines dans chaque coin du salon. Quand les « crackés » sont arrivés dans le jardin, elle a accueilli plusieurs d'entre eux, le temps d'une nuit ou deux. Elle résume comme elle peut : « J'ai le cœur vraiment à gauche. » Puis : « Aujourd'hui, notre empathie est transformée en colère. » Elle assure avoir été violentée dans le hall d'entrée. « Mes voisines aussi se sont fait agresser en allant bosser, à 7 heures du matin. Les "crackés" sont des victimes. Nous aussi. Des victimes face à l'abandon des pouvoirs publics. »

Quand, deux mois plus tard, nous rappelons la voisine du troisième étage, elle a déménagé pour s'installer à Marseille. Les enfants y ont été scolarisés à la hâte. Son appartement en vente, personne ou presque n'est intéressé. Un crédit sur le dos et désormais un loyer mensuel à honorer.

*

Septembre 2022. Un an, déjà, que les racines du mal se sont déplacées du jardin d'Éole vers le campement de Forceval, aux abords de la porte de La Villette. Presque un mouvement naturel vers le périphérique, un rejet là où l'on ne regarde pas. Les « crackés » ont échoué sur un bout de terre à la géographie hasardeuse, entre Paris, Aubervilliers et Pantin. Cohabitent trafiquants, consommateurs, et plusieurs dizaines de sans-papiers. En journée, des stands proposent cigarettes de contrebande et bouteilles d'alcool dont la plupart gardent au-dessus du bouchon les cadenas de sécurité des supermarchés alentour. Sur une table en plastique carrée, des petits tas d'herbe de taille identique, prêts à la vente. En face, alignées en parallèle du périph, plusieurs pissotières ont été apportées. Autour, un nombre démentiel de préservatifs.

Un nouveau préfet de police a été nommé, il est remonté, promet d'en finir vite, maintenant ça suffit, puisse tout le monde avoir compris.

Le ministre de l'Intérieur aussi est remonté. Profitant du 78e anniversaire de la libération de Paris, Gérald Darmanin, visiblement inspiré par d'autres thématiques que celle célébrée ce jour-là, dit : « Contre le crack, de premiers résultats sont là. » Premiers ? Le ministre oublie au passage quarante ans d'actions plus ou moins concluantes entreprises par ses prédécesseurs. « Cent vingt-huit individus ont été interpellés entre le 20 juillet et le 20 août, trois fois plus qu'à la même période l'an dernier. Et le volume de crack saisi en quelques semaines équivaut déjà à la totalité du crack saisi en 2021. » Micro éteint, on parle d'une « opération coup de poing ». On a arrêté de les compter.

Dans les rues alentour, les agressions, elles, se multiplient. Un vigile patiente devant un hôtel B & B qui n'accueille plus de touristes mais seulement des personnes précarisées. Un gardien fait barrage jour et nuit devant une résidence universitaire d'une douzaine d'étages. À l'accueil, un des responsables évoque lui-même des étudiants « roulés dans la farine » qui, après vingt-quatre heures sur place, prennent conscience du vrai visage du quartier et « rendent leurs clefs ». Avenue Jean-Jaurès, Jean-François Lacaux, le patron d'Intermarché, qui embauche une vingtaine de salariés : « Ceux qui habitent ici ne votent pas. Ou alors, quand ils votent, c'est à la gauche de la gauche. Autant dire que le gouvernement s'en fout. Les autres n'ont pas leurs papiers. Jamais ils n'oseront aller au commissariat après avoir été agressés par un toxicomane. Ils sont trop bien élevés et ont peur qu'on en vienne à les ennuyer, eux, pas les "crackés". La seule option pour qu'on parle de nous et que l'opinion publique s'émeuve, ce serait un *bad buzz*. Un fait divers sordide : un enfant agressé, un vieux tabassé... » Le patron du supermarché dépense désormais davantage en frais de sécurité que pour son loyer. Même le parking est inutilisable. Des rixes entre consommateurs éclatent tous les deux jours. « Attention où vous marchez », indique-t-il alors qu'on pénètre dans les sous-sols. Au sol : excréments et préservatifs usagés. Presque en quantité égale.

Une semaine plus tard, un homme de 92 ans est violemment passé à tabac par une toxicomane, porte de La Villette. Deux fractures du bassin. Une hémorragie interne. Quarante-cinq jours d'ITT.

Dans ce contexte, la préfecture décide de donner signe de vie. Est lancée une énième « opération coup de poing ». La veille, des fuites évoquaient déjà cette action. Quand les dizaines de cars de CRS se garent, les *modou* sont partis depuis de longues heures. Les consommateurs, avertis, aussi. Les autres, défoncés au crack, poursuivent pour certains leurs inhalations sous les yeux de policiers habitués. Tous sont repoussés au fond du terre-plein. Un tri s'opère, selon que les individus ont ou non des papiers d'identité et de la drogue sur eux. Les CRS forment des cercles. Les consommateurs doivent passer de l'un à l'autre. Au bout de la chaîne, sur le trottoir : un bus des forces de l'ordre pour emmener au poste les « cas les plus embêtants ». Une jeune mineure en jogging rose pleure par intermittence au moment de monter dans le véhicule.

Le lendemain, le même trafic, les mêmes tentes, les mêmes mouvements de deal sont observés.

Quelques semaines plus tard, le camp est définitivement démantelé, des grilles plantées pour empêcher toute intrusion. Les crackés, eux, ont trouvé d'autres refuges. À Stalingrad notamment.

ONZIÈME PARTIE

L'ADMINISTRATION QUI PARALYSE

Ils sont fonctionnaires, serviteurs de l'État, ont passé des concours, parfois très sélectifs. Dans le privé, certains gagneraient nettement plus. Mais ils restent animés par une notion d'intérêt général. Sauf que, directrice d'école comme patron d'un centre hospitalier, ils sont cernés par l'administratif. Un peu, beaucoup, et puis ça craque. Au point de ne pas toujours arbitrer les bons choix.

En bout de course, c'est le citoyen qui perd.

37

La directrice d'école et le mur d'escalade administratif

(Grand-Ouest)

C'est un métier essentiel mais que l'on apprend seulement sur le terrain : directeur d'école. Quand il commence, le directeur est souvent jeune et inexpérimenté. En plus de gérer sa propre classe, il compose avec les désidératas des parents et des élus. Les processus et réglementations changeant plus vite que la couleur du ciel, il passe des heures collé à un ordinateur.

La moindre action relève de l'effort herculéen, la paperasse dévorant la pratique de l'enseignement. Si seulement l'énergie déployée pouvait l'être au service de l'éducatif.

La cloche sonne pour la première fois de l'année scolaire. Satanée rentrée. Il fait nettement moins beau que les jours passés. Dans la cour, ça crie suffisamment fort pour que Sylvia, la directrice[1], pousse la voix afin de se faire entendre des parents. Avec sa traditionnelle tenue de travail jean et pull en coton, elle fait tout pour oublier, devant elle, ce gros mur en pierre

1. Le prénom a été modifié, le lieu exact de l'école n'est pas mentionné, afin de respecter le devoir de réserve du fonctionnaire.

recouvert d'enduit qui continue de s'effriter alors qu'il a été retapé voilà seulement dix ans. Un nouveau lifting devient urgent. Des pans entiers tombent. « J'ai honte », soupire Sylvia, le dos tourné. Des mois que ça dure. « Et la sécurité des enfants, quelqu'un y pense ? » ont déjà protesté des représentants de parents d'élèves. L'an passé, la directrice a convoqué plusieurs conseils d'école, demandé aux participants de se déplacer devant le mur, pour que tous constatent la vétusté de la paroi en pierre.

L'établissement scolaire – public – étant sous la responsabilité de la mairie, une conseillère municipale a été interpellée. Sa réponse, en forme de non-dialogue : « La cour de récréation, ce n'est pas important dans une école, ce sont les classes qui comptent. » À force d'insister, la directrice obtiendra gain de cause, le mur sera remis en état et repeint... à la rentrée suivante.

*

Depuis le trottoir, les parents agitent les bras une ultime fois avant que les enfants ne rentrent dans les classes. La directrice, qui gère elle-même un niveau, prend place devant le tableau. Au bout de quelques heures, un appel au secours lui parvient. « Vite ! Un enfant de maternelle manque ! » Le tout jeune élève vient de se faire la malle.

Le garçon est rentré chez lui, à pied, en déverrouillant de la plus simple des manières une porte.

La directrice avait signalé ce problème dès la mise en place des nouvelles serrures : « Il faut modifier le système de verrou, qu'il ne soit plus à hauteur d'enfant. » Pour que ça ne coûte pas trop cher, Sylvia avait proposé des crochets placés haut. Le conseil d'école avait été saisi. Un rendez-vous avec le maire, organisé. Verdict : « On n'a pas le droit de condamner les portes, ça relève des règles de sécurité incendie. »

L'administratif, les règles, le poids qui va avec.

Sylvia ne dit jamais qu'elle est épuisée. Se plaindre ne fait pas partie de son champ lexical. Mais cette mère de famille est assiégée par une multitude de tâches qui rendent son travail de moins en moins captivant. Les mails « Très urgent » de l'académie, les w.-c. bouchés pour la troisième fois du mois, le protocole de gestion de crise en cas d'attentat, le petit cancre de CM2 qui est envoyé tous les trois jours dans son bureau pour se calmer.

Pour autant, la directrice évolue dans un département « tranquille ». Les profs mettent des années à y être mutés. Les plus chanceux posent leurs valises près de la mer. Sylvia a hérité d'une école dans les terres, dans une commune de moins de 3 000 résidents.

La pesanteur administrative, la jeune femme y est abonnée depuis une quinzaine d'années et la fin de sa formation.

À première vue, le poste de directeur devrait revenir à des profs expérimentés. Mais c'est souvent le contraire qui se produit. Par manque de volontaires. « Trop d'emmerdes », disent ceux qui sont déjà passés par là, et jurent ne plus vouloir recommencer. Alors l'Éducation nationale supplie de jeunes titulaires d'accepter cette mission délaissée, au motif qu'un établissement ne peut fonctionner sans pilote.

En échange, l'État accorde au directeur une journée de « décharge ». Une fois par semaine, celui-ci est autorisé à ne pas donner cours en classe, afin de se consacrer à la paperasse. Une condition cependant :

l'école se doit d'avoir au minimum quatre classes. En deçà, toute la gestion s'effectue sur le temps libre du directeur-professeur.

Ce double poste est accompagné d'une petite prime – environ 300 euros mensuels – afin de faire passer la pilule. Le montant est mince, quand on connaît les salaires actuels des enseignants. Au début des années 1980, un prof débutant gagnait 2,3 fois le Smic. Aujourd'hui, c'est 1,2 fois le salaire minimum.

Pour Sylvia, qui profite bien d'une journée de décharge et d'une prime, le plus terrassant, c'est ce mur d'escalade administratif qu'il convient d'empoigner quotidiennement. Les prises sont lâches, les pentes, raides. Sans tenue de protection. Et aucun tapis au sol.

« Personne n'est vraiment préparé, synthétise Sylvia, qui refuse l'apitoiement. J'ai choisi ce métier par conviction, par plaisir. » Le ton, le regard, la manière de le défendre, ça vient du ventre. « Je voulais donner la même chance à tous les élèves. »

Les journées de travail, pour Sylvia, suivent le même perpétuel rythme : dossier administratif, élèves, dossier administratif. La pause déjeuner, vingt minutes chrono, se tient dans la bibliothèque, sur de vieilles chaises, avec les autres professeurs. Chacun son Tupperware. Deux micro-ondes pour réchauffer les plats que les enseignants ont apportés eux-mêmes.

Entre deux bouchées, ils font le point sur les élèves, les projets, les questionnements, le moral et la vie perso. Si l'équipe est fragilisée, c'est toute l'école qui vacille. Sans collectif, sans personne de confiance sur qui s'appuyer en cas de coup dur, pas de direction.

*

En France les professeurs des écoles bossent en moyenne quarante-deux heures par semaine. Vingt-cinq heures d'enseignement et quatorze de préparation[1].

Pour Sylvia, les semaines sont bien plus chargées encore. Le soir, elle ne rentre pas avant 19 h 30. « Parfois ça déborde après 22 heures », corrige son compagnon, qui s'interdit lui-même de râler « parce que c'est un métier qui compte ». Le week-end aussi est amputé, « quoi qu'il advienne », de « deux demi-journées au moins », chacune dédiée à l'école. Dans son petit bureau aménagé au rez-de-chaussée de la maison familiale, une kyrielle de dossiers entoure Sylvia. Toutes les étagères en bois sont occupées par des cours. Les papiers, les formulaires et les comptes rendus de la direction restent à l'école, seule concession pour ne pas être davantage envahie – même si les corvées administratives urgentes savent très bien se rappeler à elle aux pires moments.

L'une des activités les plus chronophages ? Le redoublement. « Avant, on devait parler de "maintien" et non de "redoublement". Mais le ministère vient encore de changer les appellations, on doit à nouveau utiliser le terme "redoublement". » Sacré révélateur des règles et contre-règles qui régissent le paquebot Éducation nationale.

Le redoublement, donc, est théoriquement interdit en maternelle, exceptionnellement autorisé en élémentaire. Là, commence une tâche labyrinthique, qui n'en finit plus de retourner le cerveau de Sylvia. Le processus commence avec le programme personnalisé de réussite éducative (PPRE). On ouvre ce processus dès

1. « L'Europe de l'éducation en chiffres, 2022 », DEPP, ministère de l'Éducation nationale.

qu'un élève rencontre ses premières difficultés afin d'adapter son travail. On y répertorie ses réussites et échecs. « Je dois obligatoirement trouver ce qu'ils appellent des "points d'appui", c'est-à-dire des qualités. Je souligne souvent des qualités en "arts visuels", même si l'élève coule dans toutes les disciplines, y compris le dessin. » Un rendez-vous est ensuite programmé avec les parents. À l'issue, prière de signer un document d'étape. Mais le calendrier pose question. « Ce rendez-vous est théoriquement à organiser en début d'année scolaire. Or, comment juger en septembre de l'avenir scolaire d'un élève ? » Tant pis pour le calendrier. « Je prends le temps de la réflexion et de l'observation. Ça veut dire que j'antidate les documents, en accord avec les parents, que je reçois plus tard dans l'année. »

Entre-temps, Sylvia doit rédiger une demande afin d'obtenir l'aide d'un Rased[1]. Sans cette demande, le redoublement ne peut techniquement pas être accepté. Les Rased sont tous professeurs des écoles, spécialisés dans les difficultés scolaires ou psychologues, membres d'un réseau spécifique.

Nouvelle demande, nouveau formulaire, papier officiel, signature, accord, feu vert ou rouge, validation si tout va bien.

Le précieux Rased accompagne un ou plusieurs élèves tout au long de l'année scolaire. L'Éducation nationale aime l'inclusion mais elle n'offre aucun budget de fonctionnement. Chaque commune est dans l'obligation de financer ces postes, mais aucun montant précis n'étant fixé, on donne en fonction de son bon vouloir.

1. Réseau d'aides spécialisées aux élèves en difficulté.

Tout étant éclaté, les financements comme les localités, certains Rased conduisent quarante-cinq minutes pour se rendre d'une école à l'autre, dans ces territoires ruraux où les établissements sont particulièrement éloignés les uns des autres. *Quid* des frais kilométriques ? Une enveloppe est accordée par l'académie, mais elle est souvent épuisée en milieu d'année scolaire, juste après les vacances de Noël.

Pour les élèves les plus en difficulté, le psychologue scolaire peut être amené à réaliser un WISC-IV (un test intellectuel dédié aux 6-16 ans, mais pourquoi nommer les choses simplement ?). Le matériel coûte plusieurs centaines d'euros. Or, aucune ligne budgétaire n'a été prévue. Sylvia observe parfois des confrères ferrailler avec un ordinateur dont les touches ne fonctionnent plus et qui possède encore un Windows XP « obsolète depuis 2001 ». En maternelle et primaire, un élève coûte à la collectivité 6 805 euros par an[1]. Merci de ne pas alourdir la facture.

La procédure de redoublement se poursuit avec la convocation d'une « équipe éducative ». Puis, le dossier de l'élève est ensuite adressé à l'inspecteur de l'Éducation nationale de la circonscription. Calendrier contraint. En général, la première quinzaine de mai. « Quand j'ai commencé, il y a quinze ans, on ne sollicitait pas l'avis de l'inspecteur. Puis son avis est devenu "rédhibitoire". Dorénavant, il est "consultatif". » Kafka doit bien rigoler.

Pendant ce temps, la directrice veille sur le tout-venant : inscriptions scolaires, assurance des bâtiments, épidémies de gastro. Mille bourrasques à même de se transformer, à tout instant, en tempête.

1. Plateforme d'information, « En avoir pour mes impôts », Bercy, 2023.

*

Même les sorties scolaires virent au cauchemar, quand elles devraient être des bols d'air pour tous, y compris les profs.

Pourquoi diable Sylvia n'a-t-elle jamais organisé la moindre séance dans la salle communale multisports ? « Le complexe financé par la ville est à vingt-cinq minutes à pied. Le temps de faire l'aller-retour, la session serait déjà finie. Et on n'a pas de trottoir pour effectuer le chemin de manière sécurisée. » Marcher sur la route avec vingt-cinq enfants ? « Pas question. »

Alors il faut se rabattre sur la piscine. Expérience chevaleresque, là encore. « Il convient de rédiger et faire signer un projet au responsable de l'établissement. » Une sorte de lettre d'intention. Quatre pages, afin de détailler chaque activité aquatique. « J'adorerais écrire : “Les enfants apprennent à nager” et *basta*, mais non ! » Doivent en outre être renseignés les noms des parents accompagnants. Ceux qui restent au bord. Ceux qui vont dans l'eau. D'ailleurs, la présence des parents dans l'eau est soumise à validation. Une « demande d'honorabilité » pour vérifier les casiers judiciaires. « Concrètement, il faut deux mois pour obtenir les feux verts, alors comment fait-on quand les créneaux piscine sont mis en place deux semaines après la rentrée de septembre ? »

« Mais pourquoi ils ne vont jamais à la piscine ? » râlent souvent les parents, à la sortie des classes.

*

Résumant les soubresauts dont sont victimes les fonctionnaires de l'Éducation nationale, le professeur de linguistique Alain Bentolila dit : « L'heure est venue de faire un choix entre une école de complaisance et de faux-semblants et une école de résilience et de justice. Ceux qui furent les hussards de la République ne sont aujourd'hui que des agents de service[1]. »

*

Parmi les innombrables tâches qui incombent aux serviteurs de l'Éducation nationale, Sylvia se doit de signaler les absences des élèves dès lors qu'elles deviennent trop fréquentes. Sur le papier, rien que de très normal.

Mais que faire quand certains enfants affichent un taux d'absentéisme de 70 % ? Parfois une maladie touche un proche, parfois aussi les parents décrochent socialement. La directrice entame un dialogue. Si l'absentéisme persiste, il y a obligation de le signaler à l'académie. Un courrier de rappel à la loi est adressé au foyer. Cela produit rarement son effet. Les absences se poursuivent ? La directrice convoque à nouveau les parents, tente une médiation avec une assistante sociale. Lorsque les familles n'ont pas les capacités de le faire, Sylvia en profite pour inscrire l'enfant au bus scolaire, à la cantine. Des heures d'entretiens, de démarches. La scolarisation régulière redevient une perspective envisageable ; et puis, parfois, « la fratrie, sans prévenir, disparaît à l'autre bout de la France ».

Lors d'une rentrée scolaire, la directrice reçoit sur son téléphone un appel de détresse d'une famille issue de la communauté des gens du voyage. « La voiture est cassée, on est coincé en Espagne. » Sylvia : « Madame, j'insiste

1. Lemonde.fr, 12 février 2023.

pour qu'il revienne au plus vite. » Fin septembre, l'élève est enfin de retour. La responsable d'établissement n'a entrepris aucun signalement. « Pour ne pas casser le lien déjà fragile entre la famille et l'école. »

38

Le directeur d'hôpital et les injonctions paradoxales

Verdun (Meuse)

On parle beaucoup de la crise des vocations et de la pénibilité des personnels de santé. Médecins, infirmières, aides-soignants... Mais le même constat est à déplorer pour les hauts fonctionnaires à la tête des structures hospitalières. Leur quotidien : composer avec un nouveau texte normatif tous les jours. Alors qu'ils gagneraient beaucoup plus dans le privé tout en travaillant nettement moins, ils sont prisonniers d'injonctions paradoxales entre l'État et les élus locaux qui, chacun, souhaitent faire avancer leur propre agenda.

Il est à la tête d'un « gros machin », comme disent certains syndicats. Le « GHT Cœur Grand Est » n'est pas un centre commercial, mais une galaxie de huit établissements dont le poumon se trouve à Verdun. Le « gros machin » compte 5 500 collaborateurs. Budget annuel : un demi-milliard d'euros. Le directeur général de cette méta-structure s'appelle Jérôme Goeminne. Une mèche de cheveux gris sur le front, mais ne lui dites pas que ce sont les soucis.

Chaque semaine, le directeur avale les kilomètres sur les routes, passant par Saint-Dizier, Bar-le-Duc ou encore

Vitry-le-François, un bassin de population regroupant 300 000 habitants.

Le « mariage hospitalier » entre toutes ces communes a eu lieu en 2017. Au début, douze hôpitaux. Maintenant, on en compte huit. Les fusions, le sens de l'histoire.

Jérôme Goeminne est parfois obligé de jouer avec les mots. « Non-réouverture » plutôt que « fermeture ». Il y a les syndicats qui moquent le champ lexical. Les autres descendent pour protester, au pied des établissements de santé du groupe.

Partout sur le territoire, on regroupe, on range dans des boîtes plus grandes, plus fonctionnelles, moins chères. Certaines communes gagnent au change, d'autres s'estiment délaissées.

Dans nombre de villes, le premier employeur local aujourd'hui, quand ce n'est pas le supermarché, c'est l'hôpital public. 1 million de salariés dans le pays. 387 000 lits. 12 millions de Français pris en charge chaque année, pour un séjour durant, en moyenne, cinq jours et demi.

Afin de piloter les hôpitaux, on fait appel à de hauts fonctionnaires qui passent par l'École de la santé (EHESP). Un peu comme l'ENA, mais pour la fonction hospitalière. Ils sont d'ailleurs pas mal à tenter les deux voies royales d'accès à la haute fonction publique. Label « Catégorie A+ » une fois diplômés. Des « serviteurs de l'État » qui, dès leurs stages de formation, prennent en pleine face les carences et manques de lisibilité des pouvoirs publics.

Jérôme Goeminne résume poliment : « Nous sommes là pour appliquer les décisions de l'État. Du national vers le local, mais pas que... C'est un métier très pragmatique. »

Un métier, surtout, très complexe.

Les ruches hospitalières sont composées de 200 métiers. Le bloc opératoire, la gestion des 387 000 lits, les systèmes d'information, les bâtiments à retaper, les marchés publics... Directeur d'hôpital ? « Le métier social le plus complexe du monde », *dixit* des chercheurs ayant disséqué la question.

Face à cette toile d'araignée où chaque fil contient un intérêt particulier, l'État est loin d'être le compagnon de route idéal. Ce que Jérôme Goeminne appelle « les injonctions paradoxales » – il refuse la facilité qui consiste à taper sur Paris. Côté face : la loi impose aux directeurs d'hôpital de maintenir les services ouverts. « Ça veut dire, par exemple, l'interdiction de fermer une maternité. » « Obligation juridique », rappellent les textes. Or, le personnel médical, par endroits, manque cruellement. Recruter des médecins pour la maternité ? Une tannée. Alors on négocie les rémunérations. Problème – c'est le côté pile : l'État impose de plafonner lesdites rémunérations médicales. C'est écrit dans une « loi de simplification ». Conséquence : « Il faut choisir une solution, et celle-ci nous expose. » Trancher, c'est se mettre en danger. « Chaque année, des collègues, parce qu'ils portent une responsabilité pénale, sont poursuivis en justice pour faire leur boulot. » Le directeur sait de quoi il parle, il est à la tête du syndicat SMPS, représentant les « managers publics de santé ».

Autre injonction paradoxale : les directeurs d'hôpital ont l'obligation de présenter un budget équilibré. Ce qui signifie, en langage pratique, tailler dans certaines dépenses. Fermer un service, ou, moins douloureux, changer un contrat de restauration ? Les maires, qui siègent aux conseils d'administration, refusent souvent.

Intérêts locaux. Chacun sa partition. Alors on dessine des plans B, puis des plans C... « On trouve d'autres issues, pas toujours les bonnes », regrette Jérôme Goeminne.

Roi du jonglage, le directeur d'hôpital est aussi prié d'être un bon jardinier. Il a pour rôle de débroussailler le parc à la française des règles et contraintes. Celles qui corsètent, empêchent, rendent moins efficace, laissent filer le temps... Le principe est celui de la sédimentation. « Sur 240 jours ouvrés, nous recevons plus de 200 textes normatifs, des appels à projet, des questionnaires de l'État. » Entre eux, les directeurs parlent d'« hypernormativité » quand les syndicats se fixent sur le terme « gros bordel ».

« Les services publics, estime l'ancien patron de l'École de la santé de Rennes, sont encore trop ancrés sur des notions d'organisation verticale et bien timorés pour laisser une marge d'autonomie dans l'exercice professionnel de leurs agents[1]. »

Bilan des courses : le métier, il y a vingt ans encore considéré comme prestigieux, n'attire plus. « Désamour, crise des vocations, tout le monde parle d'un hôpital qui plonge, les regards se détournent, à commencer par ceux qui pourraient être intéressés. »

Sur le campus de Villejean, aux abords de Rennes, là où se trouve l'École des directeurs d'hôpital, les dossiers de candidature diminuent dangereusement. « Pour le concours externe, quand j'ai tenté ma chance en 2004, nous étions 2 000 inscrits, pour une promo accueillant

1. Laurent Chambaud, « Comment redonner envie aux jeunes de se tourner vers la fonction publique », Acteurspublics.fr, janvier 2023.

au final 80 personnes. En 2022, seulement 180 candidats se sont présentés au concours externe. » Pour la branche « directeurs de soins », des places n'ont pas été pourvues. « Candidatures inadaptées », ont plusieurs fois tranché les examinateurs.

« Dans le privé, on gagne deux fois plus et les contraintes sont bien moindres. » Cette phrase, tous les directeurs d'hôpital l'ont prononcée au moins une fois. Eux qui touchent 3 500 euros net par mois en début de carrière, jusqu'à 8 000 à la fin. Le montant peut paraître important, mais dans les 1 000 cliniques privées présentes sur le territoire français, il est très aisé d'aspirer à bien plus.

Cependant, l'intérêt pour la chose publique reste un moteur pour nombre de hauts fonctionnaires, malgré un système qui semble abîmé à tous les étages. Sur ce point, et c'est peut-être le dernier ciment qui tient dans l'hôpital public, les aides-soignantes comme les dirigeants parlent encore la même langue. Pour combien de temps ?

Afin de recoller les morceaux, Jérôme Goeminne organise depuis trois ans des réunions locales entre professionnels de santé d'horizons variés. Ils viennent de l'hôpital ou sont installés « en ville ». Cent cinquante personnes dans une même pièce, et l'obligation de faire surgir « cinq priorités », puissent-elles n'engendrer ni frais ni lourdeur supplémentaire.

« Au départ, je m'attendais à une grosse tarte à la crème. » Rien de cela. Dans le public, on a unanimement réclamé, comme priorité absolue, « un annuaire partagé et remis à jour automatiquement ». Pour savoir qui fait quoi, et où... À l'hôpital et en dehors. Autrement dit : pour comprendre où sont les forces en présence.

Voilà qui en dit long sur le système de santé, incapable par lui-même de compter ses troupes.

*

Le directeur d'hôpital, chacun sait où le trouver. Son logement de fonction se situe généralement dans ou à proximité immédiate de l'établissement qui l'emploie. En contrepartie, le haut fonctionnaire effectue des « permanences » ventilées par tranches de vingt-quatre heures. Ce qui donne des coups de fil en pleine nuit, avec obligation de trouver une solution instantanément. 3 h 30 du matin, il manque deux infirmières aux urgences. 4 h 16, est admis un enfant maltraité, portant des signes de violences sexuelles, le directeur doit en référer au procureur. 5 h 45, des familles viennent chercher par la force le corps d'un défunt pour l'emporter, au mépris du protocole sanitaire. Il y a aussi des patients qui prennent la fuite, des règlements de comptes, des batailles rangées, des armes, tout ça dans les couloirs menant aux urgences.

Ces derniers mois, Jérôme Goeminne a également dû gérer une cyberattaque à partir d'un logiciel espion. 24 gigaoctets de données avalés. Ont été subtilisés des numéros de Sécurité sociale, de cartes bleues, des données de fournisseurs, des codes informatiques. Depuis l'étranger, les malfaiteurs réclament 1,2 million d'euros. Refus sec du directeur, d'un mouvement de main. En riposte, il lance un « confinement informatique ».

En octobre 2021, le directeur se retrouve face à un autre tracas. Cette fois, le problème est interne.

Tout part d'un rapport remis par la Haute Autorité de santé, le gendarme de la profession. Il concerne le centre hospitalier de la Haute-Marne, spécialisé en santé mentale, sous la direction exécutive de Jérôme Goeminne. À l'image des nutriscores sur les paquets de biscuits, chaque établissement hospitalier tricolore possède désormais une note. En l'espèce, le centre de la Haute-Marne se voit accoler la lettre E. La pire possible. « Ça n'arrive jamais », admet, décontenancé, le directeur général du GHT Cœur Grand Est. « Les soins, stipule le rapport, ne sont pas réalisés dans le respect de la dignité et de l'intimité des patients. »

Découvrant l'ampleur des dégâts, le directeur profite d'une assemblée d'élus du conseil départemental de Haute-Marne pour mettre les pieds dans le plat. Au micro : « On va se dire ce qui ne va pas, après tout, c'est dans le rapport. » Veste et cravate noire, devant son ordinateur, le directeur solidement assis sur sa chaise poursuit : « Quand dans les pavillons on met un kit anti-suicide sur les lits, c'est illégal. C'est non réglementaire. Ce n'est pas éthique. Pour le commun des mortels, c'est presque une incitation à commettre une tentative de suicide. C'est pourtant ce qu'on fait [au centre hospitalier de la Haute-Marne]. Et on se bat pour que ça n'ait pas lieu. » Suivent des détails sur des patients enfermés, des systèmes de clefs qui bloquent les accès, des siestes contraintes et systématiques pour empêcher les mouvements de certains malades.

La salle est sidérée. « On a, poursuit le directeur d'un ton qui chasse les doutes, le personnel médical avec nous. » Le haut fonctionnaire propose un regroupement avec un autre établissement. Refus catégorique de plusieurs syndicats, qui se lancent dans un bras de fer tout en jugeant le rapport outrancier. Les pratiques au sein du centre de psychiatrie, elles, sont revues par le menu. Une nouvelle note est attendue.

39

Le désert administratif et les bricolages qui vont avec

Guise et Proisy (Aisne)

L'administration française cimente. Mais elle impose aussi de multiples contraintes qui ralentissent la bonne marche du pays. À mesure que le règne du numérique s'installe, ces mêmes administrations désertent physiquement des territoires entiers, là où la demande est pourtant la plus criante. Comment, dès lors, des communes ayant déjà le sentiment d'être déclassées gèrent-elles la disparition du centre des impôts, de la CAF ou encore de la poste ?

Il y eut la révision générale des politiques publiques en 2007. Puis, trois ans plus tard la réforme de l'administration territoriale de l'État. Puis encore la modernisation de l'action publique... Désormais, le gouvernement compte une Direction interministérielle de la transformation publique.

Dans la petite commune de Guise (Aisne), coiffée en son sommet d'un donjon, ces noms font penser à des couteaux. « On coupe », disent plusieurs élus. Avec une conséquence : les boutiques de l'État ferment.

La CAF, la Sécurité sociale, le centre des impôts ont plié bagage ou ne reçoivent plus de public. Pôle emploi est resté, mais les locaux ont été déménagés à l'autre bout de la commune, dans une zone loin de tout, proche d'un champ.

Difficile de comprendre tant les règles, les horaires, les ouvertures changent, disparaissent plus souvent encore.

À Guise, les branches de l'État ont été si élaguées qu'on en arrive à se demander si des feuilles vont encore pousser.

Hiver 2019-2020. Sur la place Lesur, devant une école composée de briques rouges, juste avant d'aller récupérer les enfants, deux mères de famille ne savent même plus qui blâmer. « C'est pas la faute du maire. C'est plus haut », dit la première. La seconde : « On ne peut rien faire. C'est la République. [Silence.] J'en veux à la République. »

Ce désert administratif, plus personne ne conteste, à Guise comme ailleurs, ni son existence, ni – surtout – sa prolifération. Pour les élus, l'enjeu consiste à négocier, afin de récupérer ce qui fonctionnait hier et manque aujourd'hui. Les ambitions sont revues à la baisse. Fini les antennes locales, place aux vide-poches administratifs.

Dans le centre de Guise, le vide-poches en question a d'abord trouvé refuge à l'intérieur d'une salle communale abritant jusqu'alors un « centre informatique et de formation ». À la place a été installée une permanence pour les retraites et les impôts, cinq matinées par semaine. Puis la mairie, trouvant l'écrin un peu triste, a investi un autre espace, la Passerelle 70, sur la place d'Armes. On l'appelle le Tiers-Lieu. Ni administratif, ni ludique, quelque chose entre les deux. À l'intérieur : un référent impôts et un autre, chargé des retraites. Officiellement on compte « une personne et demie » pour les deux postes. Le Tiers-Lieu propose aussi du coworking, des cours de cuisine et de lecture pour les enfants et les plus vieux...

Un même lieu, une même facture d'électricité. Pour financer l'ensemble ont été mis à contribution la Région, le Département, la CAF.

« On s'est battus pour y arriver », explique le responsable de l'urbanisme, Éric Florenty. Comme chez tous les élus des petites communes, « se battre » est devenu pour lui un tic de langage mais surtout un geste du quotidien. Dans ces batailles administratives, on combat, sans trop savoir qui est en face, encore moins qui arbitre. L'art de la guerre, version brouillard. « En tant que petite commune, on ne pouvait plus se battre seuls. Alors on s'y est mis avec l'aide des cinquante-deux villages présents autour de nous. » L'élu évoque un « territoire tendu » – le sien. Puis il se reprend très vite : « Je ne voudrais pas que vous pensiez qu'on est à plaindre, quand même. »

Dans ce département où le taux de pauvreté est l'un des plus élevés de France, la part des prestations sociales dans le revenu disponible des habitants dépasse largement la moyenne nationale. L'illettrisme est quasiment deux fois supérieur au reste du pays. Dans l'Aisne, il y a beaucoup moins de médecins et plus de chômage qu'ailleurs.

C'est ici que l'État devrait prioritairement intervenir, investir, inciter, réveiller.

En attendant, les élus, les associations, les motivés, bidouillent avec les moyens du bord.

*

Le bricolage administratif, c'est devenu le boulot à temps plein d'Angélique Humbert. Ce jour de pluie, on la retrouve au volant d'un camping-car de la bien nommée marque Chausson sur une route départementale. Chaque mois, elle parcourt des centaines de kilomètres à la recherche des administrés qui coulent. Un petit marathon. Ça représente trente-quatre communes au total. À l'arrière du véhicule, les autocollants des financeurs : Pôle emploi, Assurance maladie, Assurance retraite... Ils ont abandonné les communes, ils investissent dans le camping-car.

Angélique orchestre des « tournées » à la manière des marchés et des foires. Les journées sont indiquées et planifiées à l'avance. Pas besoin de rendez-vous.

On s'arrête dans un minuscule village, pas très loin de Guise. Un couple prend place sur les sièges couleur crème du camping-car qu'il a fallu aménager en salle d'accueil de poche. Une table pliante, des prospectus, un pot à crayons. Pour éclairer le véhicule, des néons – les mêmes que chez le dentiste.

Le couple demande de l'aide pour rédiger un courrier fiscal. Angélique va écrire, scanner, envoyer aux impôts. Elle parle doucement, s'interdit le familier et le soutenu. Langage courant, tout le temps. « Ce papier-là, vous le gardez bien, hein ! On ne sait jamais. » En dix minutes, l'affaire est réglée.

Apparaît un autre couple. Un dossier épais comme un dictionnaire, pour savoir quand madame va pouvoir partir à la retraite. Carrière hachée, trimestres manquants, elle s'excuse, trouve que c'est compliqué. Angélique acquiesce. Perdue, elle aussi. Puis elle se redresse. Comme piquée par une guêpe. Elle empoigne son petit téléphone portable à touches rouges et noires (ici les bonnes fées de l'administration n'ont pas le droit aux iPhone). La voilà qui compose un numéro direct commençant par 06. « Je les connais tous maintenant dans l'administration, je ne passe plus par le standard. » Le couple est impressionné. Lui : bouche bée. Elle : applaudit. Trois mots, c'est résolu !

Les rendez-vous s'enchaînent à un rythme très soutenu. Angélique a la délicatesse de ne jamais rappeler que pour elle non plus, l'administratif n'est pas source d'un constant plaisir. Les dossiers actuellement les plus énergivores ? Les cartes grises.

Une grand-mère, à la retraite, sur le siège du camping-car. « Comment je peux récupérer ma carte grise ? J'ai galéré en ligne, on a voulu le faire sur Internet en pensant que ça serait plus simple ! Quelle idiote ! Alors on est allé à Sains-Richaumont parce que là-bas, il y avait quelqu'un qui savait faire. Mais il n'a jamais réussi. Je suis allée je ne sais combien de fois à Saint-Quentin pour espérer un rendez-vous. » Angélique hoche la tête. En plus de manquer d'accessibilité, l'administration manque aussi de clarté. « Tout le monde pense que les mamies ont un enfant ou un petit-enfant qui va les aider pour leurs démarches. »

Quand on croise Angélique, le Covid commence tout juste à s'inviter en France et la formule du camping-car administratif est encore exotique. Aujourd'hui, partout dans l'Hexagone, des véhicules itinérants se substituent aux bureaux en contre-plaqué de l'État. Louable initiative. Mais une fois de plus, ça tient grâce au bon vouloir de travailleurs couramment embauchés à coups de contrats précaires.

*

Toujours dans l'Aisne, voici à présent Proisy, un peu moins de 300 habitants. Dans le classement des communes de France, elle est 21 132e par la taille. Ici, pas de boulangerie ni de café, mais une antenne de La Poste. Cette dernière est implantée... en mairie, dans la pièce principale aux murs violets et blancs.

Dans cet espace de 20 mètres carrés, Samantha jongle entre deux métiers : secrétaire de mairie et guichetière. Un bureau pour chaque fonction. 1,80 mètre entre les deux. Sur celui de La Poste, les crayons sont accueillis dans un ancien pot de yaourt en terre cuite. Sur le bureau de la mairie, le pot est en plastique. Sur chaque table, une imprimante, quelques dossiers, tout est très bien rangé.

11 heures. Un riverain pointe le nez. « Un colissimo s'il te plaît. » Au bout de vingt minutes de discussion avec Samantha, toujours aucun colis expédié. « La priorité, c'est d'avoir du contact », dit le maire en entrant dans la pièce. Comme pour excuser son administré.

Afin de décrocher un guichet postal, l'élu a dû passer un accord avec la direction de La Poste. Le groupe aux 230 000 salariés est dorénavant une société anonyme dont le capital est détenu à 100 % par l'État et son bras armé, la Caisse des dépôts. Bref, La Poste, c'est les services publics, mais faut plus le dire comme ça. Puissent les rouages de l'administration continuer à fonctionner.

Monsieur le maire voulant *mordicus* conserver sur sa commune un bureau de poste, il a négocié de la sorte : je vous prête ma secrétaire, qui va animer le bureau. En échange, vous, La Poste, versez 80 % des frais afférents. La mairie prend en charge les locaux et le salaire.

Samantha est donc secrétaire de mairie *et* responsable d'une agence postale. Sur le bulletin de salaire, on a traduit ainsi : « adjointe administrative ».

Presque trois ans après notre passage, Samantha est toujours en place, mais le maire a changé. Le lino a fait place à du parquet. Une porte sécurisée a été installée. « La Poste finance à 50 % les travaux et tout le mobilier. » Alors autant en profiter. Le bureau s'est mué en guichet-comptoir.

Samantha reçoit debout, ça fait plus pro. En moyenne, chaque mois, « entre cinquante et cinquante-cinq clients » se rendent au comptoir de la secrétaire-de-mairie-adjointe-administrative-responsable-de-bureau-de-poste.

Beaucoup de lettres en recommandé, « presque pas de Vinted et d'Amazon – on est un tout petit village ». Chaque jour, quelques habitués passent une tête pour parler à Samantha, sans acheter le moindre service postal. « Ça leur fait du bien de venir. » Cette mission-là ne figure pas sur le contrat de travail de Samantha ; c'est pourtant la tâche qui prend le plus de temps, celle dont on ressent le plus urgemment le besoin.

Et qu'on arrête de dire que les collectivités locales ne fabriquent que des emplois fantômes. Derrière son comptoir, désormais, Samantha vend aussi des... baguettes. Une soixantaine, toutes les semaines.

40

L'agricultrice et la retraite, bientôt-patience-ça-arrive

(Morbihan)

Quand la bureaucratie brouille jusqu'à l'avenir.

L'histoire frappante d'une agricultrice ayant connu une carrière professionnelle décousue, avec son lot de virages inattendus. La retraite approche, dans quelques semaines, quelques mois tout au plus. Une libération pour Jacqueline ! Mais l'administration, soudain, n'est plus si sûre du calendrier.

Le bâtiment tient sur deux étages. Soutenu par plusieurs piliers, un gros cube noir et rouge surplombe le rez-de-chaussée. En Californie, à la place de la tôle, on aurait utilisé du béton armé. Et tout le monde aurait trouvé ça élégant.

La voiture de Jacqueline est garée juste à côté, sur le parking qui grignote un espace auparavant dévolu aux champs. Le rendez-vous se tient à la MSA, la Sécurité sociale agricole, dans ce coin renfoncé du Morbihan où l'on perd des habitants à chaque recensement de l'Insee alors qu'au bord du golfe, les prix de l'immobilier grimpent et les rêves d'installation occupent tous les esprits.

Ici, ce n'est pas la France des barbecues, pas non plus celle des pavillons. La France périphérique est un peu avant. Cette France-là n'a pas de nom, pas d'étiquette.

Jacqueline est agricultrice. Avec son mari, elle élève 160 truies. Lui est à la retraite. Mais dans les faits, le couple travaille encore en binôme. Journées élastiques. Beaucoup de fatigue.

Aujourd'hui, l'objectif du rendez-vous, pour Jacqueline, c'est de connaître sa date de sortie de la vie active.

Par où commencer ? Son premier boulot ? Ça ne figure pas dans le dossier. Et pour cause, elle a commencé enfant. Ses parents étaient agriculteurs. « Maman me confiait les gros travaux. » Le fumier et la traite des vaches. Il y avait aussi dix frères et sœurs à cornaquer. Jacqueline est l'aînée.

Avant ses 18 ans, elle part à Paris pour un boulot, « un vrai ». Lui non plus ne figure pas dans le dossier. 16e arrondissement, à côté du pont Mirabeau. « C'était beau. Ça m'a dégourdie. » Neuf mois dans un immeuble haussmannien. Jacqueline est « bonne à tout faire ». Elle, au rez-de-chaussée. La famille, au cinquième étage. « Nourrie, logée. » Le premier jour, l'attend sur le palier la patronne en « robe d'hôtesse ». L'époux est assureur, le grand-père, commissaire. « Je ne savais rien de la ville », relève pudiquement Jacqueline, depuis sa maison en pleine campagne morbihannaise, un jour où la pluie obstrue la vue à 10 mètres. Tout juste « diplômée agent administratif », elle se retrouve dans la capitale à faire les lits, la cuisine. Elle « couvre » le mari qui rentre à des horaires nocturnes suspects – il jongle avec une maîtresse. Trois trimestres durant, la capitale l'essore autant qu'elle la stimule. Puis retour dans le Morbihan.

Il s'appelle Daniel. Un mariage. Une ferme familiale. Le beau-père tient les rênes. Jacqueline propose mais n'est pas autorisée à travailler à ses côtés. Alors elle s'essaie tour à tour à la distribution alimentaire et au commerce de prêt-à-porter. Le tout dans une petite ville où les enseignes indépendantes ont encore un bel avenir...

Cette vie-là dure vingt ans, c'est sûrement inscrit sur les relevés d'activité, il faut vérifier, même s'il manque quelques pièces. Jacqueline ne se rappelle plus les dates exactes.

L'interlocutrice en face de Jacqueline fait un signe comme pour dire qu'il manque des lignes, c'est ce que comprend l'intéressée, qui tient à expliquer la suite de sa carrière.

Après vingt ans dans le commerce, enfin elle devient agricultrice. Avec son mari, elle veille sur 70 hectares. Le plus chronophage : les truies. Il y a les légumes aussi. « Pour le distributeur D'Aucy. » Haricots, petits pois. Deux récoltes l'an.

Le matin, le réveil sonne à 6 heures. La journée se termine fréquemment après 21 heures. Rien que de très normal. Dans la profession, les agriculteurs travaillent en moyenne cinquante-cinq heures par semaine (37,9 heures pour les employés[1]). Jacqueline : « Ne nous plaignez pas, on a le droit à la sieste, après tout. »

Le plus dur pour l'exploitante reste les nuits fractionnées. Parce qu'elle s'inquiète souvent pour ses truies, à 3 heures du matin elle peut, sur un coup de tête, aller veiller sur ses animaux, accompagnée de son fidèle ber-

1. Insee, « Les agriculteurs : de moins en moins nombreux et de plus en plus d'hommes », octobre 2020.

ger allemand. « Leur santé est fragile », se justifie-t-elle après coup auprès de son époux.

Une nuit, elle se retourne le pied, coincé sous le poids d'une truie. Une autre, elle est persuadée que Sauterelle, sa chouchoute, va y passer ; l'animal a de la fièvre. Exténuée, Jacqueline s'endort par terre, à ses côtés. Puis regarde sa montre. 5 heures du matin. Les enfants n'en sauront rien. On va encore dire qu'elle en fait trop, qu'elle manque de distance. Des choses comme ça.

Quand les bambins se réveillent, en général, il y a des Post-it sur la table, parce que leur mère est déjà au boulot. Des conseils. Des demandes de coup de main. « Épluchez les patates avant de partir. » « Mettez-vous propres avant d'aller à l'école. »

Le jeudi, les enfants ne la voient pas de la journée. « C'est le sevrage. On sépare les petits de leurs mères. C'est long et brutal. » Ensuite, il convient de nettoyer la porcherie. « Le jeudi, je n'ai pas le temps de prendre une douche. »

Dans le petit bureau de la MSA, alors que la conseillère consulte en silence son ordinateur, Jacqueline imagine la date qui sera celle de la délivrance.

Elle regarde la baie vitrée, la vue sur le parc d'activité bétonné. À la retraite, se dit-elle, elle va pouvoir voyager à nouveau. Cette perspective lui donne la chair de poule.

Ressurgit le souvenir de son premier déplacement, avec son mari. « On était beaux, on était encore presque jeunes, pas encore rabougris. » Afin d'organiser l'escapade, le fils aîné, 15 ans, accepte de gérer l'exploitation. Les parents ne partent pas longtemps. Un week-end. En Alsace. Les noces d'or d'un couple d'amis.

Quelques années plus tard, les parents s'autorisent une autre folie, bien plus grande. Prendre l'avion – c'est une première – et se la couler douce au soleil – première fois aussi. Ce sera l'île de La Réunion. « J'ai quarante de fièvre quand j'embarque », se souvient Jacqueline. À l'arrivée, un verre d'alcool est offert, ça cogne dans la tête. Jacqueline blâme le surmenage, les semaines de soixante-dix heures de boulot. « Je ne tiens pas, je m'écroule de fatigue. » Le séjour dure huit jours. Pendant toute la semaine, avec son époux, Jacqueline ose dresser à voix haute la liste des pays où elle rêve de poser ses valises.

Toujours devant son écran d'ordinateur, la conseillère s'emmêle dans les dates, à moins que ce ne soient les dates qui s'emmêlent entre elles. Ça prend du temps, rien n'est fluide. Pas du tout ce qu'avait anticipé Jacqueline, qui aurait adoré qu'on lui dise *illico* : « C'est terminé, vous pouvez rentrer chez vous, la retraite sera versée dès la semaine prochaine. » À force de remplir des papiers pour l'exploitation, elle a négligé ses papiers à elle.

Puis le verdict tombe. « Madame, il va falloir encore travailler. » Il y a bien un nombre d'années mentionné, mais Jacqueline ne l'intègre pas pleinement. Deux ? Trois ? Elle a reçu un coup au cerveau. KO.

Quand elle sort du petit bureau, elle croise le patron du PMU, lâche quelques larmes.

Lui : « Mais qu'est-ce qu'il se passe ? »

Elle, sans même se retourner, ni chercher à expliquer quoi que ce soit : « Mon dossier de retraite. »

Jacqueline est dehors. La confusion a pris le contrôle. Incapable de la moindre projection. Elle pense à son fils aîné, en train de reprendre les rênes de l'exploitation. Elle doit trouver une autre activité. C'est mieux pour son envol. Gérera-t-il mieux qu'elle la pression administrative ? Elle a en tête la récente visite « des gars de la Commission européenne ». Trois véhicules au total. Les moteurs des voitures à peine éteints, elle lâche : « C'est Chirac dedans ou quoi ? » Venu en soutien, un voisin lui tape alors dans le coude. « Tu te tiens bien, tu ne dis rien. »

Les « contrôleurs » viennent ausculter l'exploitation agricole. Ils possèdent une carte satellite qu'ils déplient devant l'assistance. C'est pour vérifier la taille exacte des lieux, la conformité entre le terrain et les registres administratifs. « Il manque des arbres qui figurent pourtant sur la carte », dit l'un. Jacqueline choisit d'en rire, mais sans faire de bruit.

À l'issue de leur inspection, les contrôleurs valident ce qui doit l'être. La « prime PAC » pourra continuer à être versée. Quatorze mille euros par an. « C'est uniquement avec cet argent-là qu'on se versait un salaire », se souvient Jacqueline. Le reste, avalé par les dépenses de fonctionnement et d'investissement.

Toute cette paperasse, au détriment du dossier de retraite de Jacqueline. « On ne parle pas de carrière, dans les champs. »

Puisque la délivrance n'est pas pour demain, et qu'il convient de cumuler des trimestres, Jacqueline fait ce qu'elle a toujours fait : elle avance sans râler. Quatre mois durant, contrat à l'appui, elle part traire les vaches chez un voisin. La nuit, elle distribue également les journaux pour *Ouest-France*. Livraison à domicile, avant que le soleil ne soit levé. Cent trente maisons quotidiennement approvisionnées. Parfois, sur la route, quand le paysage devient boisé, elle a peur. Son mari l'accompagne. Il aime l'exercice. Elle déteste. Pour la première fois de sa vie, elle ose exprimer le fait qu'une tâche professionnelle ne lui plaît pas.

Son anniversaire, un 22 septembre. Le téléphone sonne. La MSA au bout du fil. « Le 1er octobre, vous recevrez votre pension de retraite. » Jacqueline ne sait quoi répondre. Assise sur une chaise en bois, dans la cuisine, elle vient de prendre un coup sur la tête.

Remise de ses émotions, son premier réflexe est de vouloir s'inscrire à l'Université du temps libre, l'UTL. Depuis le temps que ses copines lui en parlent. Deuxième réflexe : elle prend sa voiture, fonce au supermarché acheter des jeux de société. Un Uno et un Rami. Pour ses petits-enfants. Les semaines suivantes, elle participe à des marches en nature, joue aux échecs.

Un jour, devant des tasses de thé fumantes, entre amies, on lui demande quel regard elle porte sur sa vie passée. Jacqueline répond : « Oh, moi, je n'ai rien fait de ma vie. »

Quelques mois plus tard, avec le recul, elle dira avoir détesté répondre de la sorte. Mais qu'elle ne savait pas quoi dire d'autre.

*

À l'âge de 70 ans, un tiers des retraités n'ont pas sollicité la totalité de la pension qui leur est pourtant due[1]. Si on prend ceux nés en 1942, un quart d'entre

1. Dress (Direction de la recherche, des études, de l'évaluation et des statistiques), « Non-recours : à 70 ans, un tiers des assurés n'ont pas fait valoir tous leurs droits à retraite », étude réévaluée le 18 octobre 2022.

eux bénéficient d'une pension, mais « n'ont pas touché l'ensemble des droits auxquels ils peuvent prétendre ». Parcours fractionnés, éclatés, difficiles à ramasser. Méconnaissance des points cumulés. Labyrinthe administratif. Mais aussi, système de redistribution défaillant.

Sur son décompte retraite, Jacqueline touche 2,09 euros par mois pour avoir trait les vaches de son voisin.

détective privé pour trouver un docteur. Pourtant, parfois, des bu
d'espoir surgissent localement.

Fruit de cinq années d'immersion et de reportages partout en Fran
ce récit met en lumière des réalités souvent insoupçonnées.

Ce livre ne contient aucun commentaire d'expert, aucu
conversation en « off » des cabinets ministériels. C'est la force
reportage que d'aller au plus près décrire un pays fractionné, qui
jamais autant attendu de l'État, tout en lui tournant le dos.

« Ça craque », et il est temps de comprendre pourquoi.

François-Xavier Ménage est un grand reporter pour la télévision. Il a couvert, entres autres, des guerres et des confli
en Ukraine, Centrafrique, Côte d'Ivoire, Libye, Égypte, Afghanistan... Il a écrit *Fukushima, le poison coule toujour*
(Flammarion) après s'être rendu à de nombreuses reprises dans la zone rouge japonaise. Il est également l'auteur d
roman *Les Têtes baissées* (Robert Laffont) qui a obtenu une très belle presse et de l'enquête *L'Intrigante Sarah Knaf*
(Robert Laffont) coécrit avec Ava Djamshidi.

Attachée de presse
Solveig de Plunkett
solveig.deplunkett@robert-laffont.com
06 27 17 05 40

Robert
Laffon

ÇA CRAQUE !

François-Xavier Ménage

Une enquête au cœur du pays, qui raconte et donne la parole à ceux qu'on n'entend jama

EN LIBRAIRIE LE 14 SEPTEMBRE

« Ça craque ! ».
Partout, au volant d'une ambulance, à l'intérieur d'une s
au sein de la plus grande barre HLM de France, dans les
pouvoir même, cette phrase revient: « Ça craque ! ».
La crise énergétique plonge des milliers de Français dans
du givre à l'intérieur des salons. Dans les écoles, des él
deux ans à décrocher un rendez-vous chez le ps
insécurité, une entreprise privée se substitue à l'Éta
contre la cyberdélinquance. Des maires en viennent

DOUZIÈME PARTIE

L'ÉTAT EN HAUT, LE VIDE EN BAS (LES MAIRES)

On connaît l'état de l'opinion publique face à la classe politique. Presqu'un Français sur deux dit que la démocratie « ne fonctionne pas bien ». La figure du président de la République obtient un taux de confiance flirtant péniblement avec les 30 %[1]*. L'image des députés, des sénateurs ? À peine plus réjouissante.*

Dans ce contexte, la défiance investit maintenant le niveau local. Les maires ne sont plus perçus comme des héros du quotidien. Eux-mêmes craquent de plus en plus, en raison de la charge de boulot, des contraintes, de la violence parfois, voire du désamour qu'ils ressentent vis-à-vis... de leur propre travail. L'impuissance publique alimentant la crise civique...

Dans certains départements, on en vient à calculer le « taux de démission des maires ». Les chiffres, cruels, enracinent le malaise.

Et puis, été 2023, le volcan entre en action. Une vague de violence inédite par son ampleur et sa soudaineté frappe

1. Baromètre Sciences Po Cevipof, « En qu(o)i les Français ont-ils confiance aujourd'hui ? », *Vague*, n° 14, février 2023.

la France. Dans la ville la plus pauvre de l'Hexagone, des élus veillent la nuit dans des écoles pour éviter que ces dernières ne brûlent.

41

Les grands incendies et les grandes emmerdes de madame la maire

Balizac (Gironde)

Les feux en Gironde, survenus durant l'été 2022, ont sidéré la France par leur ampleur. Mais ce qui a aussi sidéré les élus locaux, c'est l'agressivité d'une partie de la population locale à leur encontre, malgré ce moment de catharsis. Comme la fin brutale – mais attendue – d'une lune de miel entre le maire et ses administrés.

L'église de Balizac a été transformée en camp de base arrière. Dans cette commune de 500 âmes, au milieu du brasier, c'est désormais la chapelle qui fait office de salle de crise. Madame la maire, Nathalie Duluc, en a décidé ainsi. Parce que c'est pratique, qu'il fallait faire vite.

Les chaises pour prier, les bancs, tout a été rangé sur le côté. Un réfrigérateur comme on en trouve dans les restaurants a été placé au centre de l'édifice religieux, remorqué grâce à la voiture d'un habitant. À l'intérieur : lait Lactel, jus d'orange Super U, bouteilles d'eau Cristaline. Un générateur posé à côté, si l'électricité venait à manquer. Près de l'entrée, à côté d'un bénitier, une grande planche en bois pour servir café, biscottes, compotes et barres de céréales.

En plus de gérer la dévorante inquiétude des riverains, madame la maire veille donc aussi sur cette auberge de fortune. Il fait plus de 30 degrés dehors, un pompier, de retour des flammes, avant de repartir dans quelques minutes, tend une glacière à l'entrée du porche. Même pas besoin de parler, ça veut dire : « Rechargez-moi. » Du pâté, quelques morceaux de pain et de la guimauve lui sont donnés. Le feu est à moins de 3 kilomètres. Dans quelques jours, un total de 13 800 hectares aura été ravagé dans ce coin de la Gironde. Le ciel est rouge, orange, noir, ça change toutes les demi-heures. Le ciel, c'est la guerre, l'annonciation, c'est là qu'on puise angoisse et espoir. Le ciel, madame la maire le scrute toutes les dix minutes. Pour survoler la zone, on a fait appel – le terme effraie les riverains – à des « hélicoptères d'attaque feux de forêt ».

Le téléphone de Nathalie Duluc vibre en continu. Cris, protestations. À tous les habitants, il a été demandé de partir. « C'est pas moi, c'est la préfecture qui impose », tempère madame la maire.

Beaucoup sont compréhensifs. Les autres braillent. Quand ils passent devant l'église : « Elle est passée où, encore, la maire ? Elle dort ? » Dans les faits, Nathalie Duluc s'assoupit deux heures par nuit, sur un lit de camp, à côté de la sacristie. Quand elle n'est pas sur le terrain, avec les riverains, elle participe aux réunions de crise avec la préfecture et les pompiers, puis elle fonce au poste de commandement dans la commune voisine.

Les pompiers la sollicitent dès qu'une zone paraît difficile d'accès ou qu'un habitant fait du zèle. Tous les matins, sur le capot d'une voiture, madame la maire déploie une carte de la zone. Avec un crayon, on trace l'avancée des flammes.

Au bout de trois jours de feu, la France, ahurie, entrevoit l'étendue des dégâts en cours. Le président de la République planifie déjà un déplacement. Les 20 heures sont en édition spéciale.

L'urgence, pour madame la maire, c'est de convaincre les récalcitrants de quitter leur domicile. L'un d'eux, perdu dans la forêt, est plus coriace et véhément que les autres, plusieurs voisins ont fait des remontées. Accompagnée d'une adjointe et de plusieurs pompiers, la maire considère qu'il est de son devoir de se rendre sur place.

Deux véhicules au total empruntent un chemin hasardeux. La nuit est déjà tombée. Le chemin en question est très accidenté, d'intenses panaches de fumée mangent l'air. « On ne va pas le laisser seul ici », dit la maire, assise à côté d'un soldat du feu. Leur véhicule est soudain contraint à l'immobilisation, des flammes tout autour. Un cercle. «Je me vois mourir. Et je me dis : "Tu parles d'un métier, j'avais pas imaginé disparaître comme ça." » Un pompier manœuvre avec suffisamment de dextérité pour traverser le feu. L'équipe parvient à rejoindre la maison du récalcitrant. À l'intérieur ? Personne. « Faux signalement », râle un pompier. Nathalie doit calmer la troupe. « Ne pas y aller aurait été une faute. »

Le lendemain, nouveaux problèmes, nouvelles exigences. Relogés à plusieurs dizaines de kilomètres, des riverains – ils sont 16 000 évacués dans toute la Gironde – appellent Nathalie Duluc pour qu'on aille sauver leurs animaux. Madame la maire reçoit le coup de main des chasseurs. Le plus jeune ne doit pas être majeur, quand les autres ont dépassé les 75 ans. Madame la maire coordonne comme elle peut, entre deux appels d'habitants réclamant de rentrer chez eux : « Parce que vous comprenez, c'est très important, je dois récupérer les contrats d'assurance avant que ça brûle, c'est votre boulot de maire de nous aider, hein, faites quelque chose, moi, c'est moi, les autres, c'est les autres, si un maire ça ne sert pas à ça, alors un maire, ça ne sert à rien, mettez-vous à notre place, et on a voté pour vous en plus, allez, franchement, un peu de bon sens, on est foutus sinon. »

Sur le chemin, un nouveau récalcitrant : Yannick. Planté devant sa maison en bois, il bichonne un âne. « Calichon est têtu, mais très gentil. » Yannick et Calichon ne veulent pas déguerpir. Les gendarmes, venus en renfort, insistent. Madame la maire dans le rôle de la médiatrice. Ici, ça passe. Ailleurs, ça gueule.

Quelques kilomètres plus loin, dans la même commune de Balizac, dans une Peugeot Partner, les chasseurs embarquent plusieurs chiens. Puis rendent compte à madame la maire qui, alors que le feu est loin d'être contenu, a parfois le sentiment d'être la concierge d'un hôtel. Mais ces choses-là ne se disent pas à voix haute. Alors l'édile garde cela pour elle.

*

Malgré sa douceur de vie, Balizac reflète une tendance de fond en matière de politique locale, un mouvement qui touche d'innombrables petites communes : l'anonymisation.

Aujourd'hui, les populations des bourgs vivent dans un lieu, travaillent dans un autre, sortent le week-end dans un autre encore. Ce faisant, la cimentation sociale d'hier ne se renouvelle plus. Pire, elle se sclérose. Les élus ont beau donner leur numéro de portable, répondre aux sollicitations toujours plus pressantes des riverains, ils nagent à contre-courant. Les aides qu'ils fournissent ne font pas partie des fonctions pour lesquelles ils ont été élus. Pour les maires, tout paraît déformé. Les attentes comme le métier.

*

Alors que les incendies progressent encore, madame la maire se fait « gueuler dessus ».

– Pourquoi, diable, la route principale est barrée ?

– Pourquoi avoir fait appel aux chasseurs pour donner un coup de main ?

– Pourquoi on n'a pas d'infos sur les rotations d'hélicoptères ?

– Pourquoi il ne vient pas ici, le président ?

– Pourquoi on n'a pas le même nombre de pompiers qu'à côté ?

– Pourquoi on a l'impression que personne ne fait rien pour nous ?

Entourée de ses quatre adjoints, la maire encaisse.

Sur les réseaux sociaux, le défouloir ressemble à un lendemain de polémique chez Hanouna. Sidérée, Nathalie Duluc prend des captures d'écran. « Les pompiers ont manqué de nourriture. » « La faute du maire. » Parfois, c'est rare mais ça arrive, Nathalie ose répondre. « Je n'ai pas eu l'honneur de vous voir à l'église pendant tous ces jours ! » Rester polie, toujours.

Le climat actuel est si tendu pour les élus locaux que l'Association des maires de France propose désormais, en présence de membres du GIGN et du Raid, des formations pour gérer... les conflits.

*

L'été, les flammes, les dégâts, tout est fini. L'automne a pris le relais. Nathalie Duluc et d'autres maires touchés par les terribles incendies sont conviés à l'Élysée. Trois cent cinquante invités au total. « Les forces vives », déclare, lyrique, la présidence de la République. Au départ, Nathalie n'a pas très envie. « Me montrer là-bas, ça sert à quoi ? » Ses semaines sont déjà assez chargées.

En plus d'être maire de Balizac, elle est secrétaire de mairie dans deux communes limitrophes. Deux contrats de travail, deux temps partiels. Pour gagner sa vie.

« J'y vais pas », tranche la maire lors d'une conversation avec plusieurs collègues. L'un d'eux la fait changer d'avis. « C'est important, quand même, de répondre aux sollicitations de l'État. » Le mot « État » doit encore avoir quelque chose de magique, madame la maire est soudain ragaillardie.

Avec ses confrères élus, Nathalie Duluc prend donc le train. Aller-retour dans la journée. Elle a 42 ans. C'est sa quatrième visite à Paris.

Dans le discours du chef de l'État, les maires sont cités après les ministres, les ambassadeurs, les préfets, les parlementaires, les présidents de conseils départementaux. Mais avant les pompiers. « Vous, les forces vives », répète le président.

Nathalie reste en retrait, discrète, circonspecte, étonnée, impressionnée aussi par le décorum. Mille pensées la traversent. C'est l'heure de conclure pour le chef de l'État, qui souligne « la gratitude de la nation à toutes et tous pour votre courage, votre engagement ». Nathalie n'écoute plus, avalée par l'idée de faire un rapide tour sur les Champs-Élysées, cette avenue où elle n'a jamais mis les pieds. La cérémonie terminée, elle fonce sur place, Le Fouquet's dorénavant face à elle. Pas question de s'arrêter à l'intérieur prendre un café, l'idée ne germe même pas dans sa tête. Il y a deux mondes chez les élus. Ce n'est ni bien ni mal. C'est comme ça.

Aujourd'hui, elle vient de voir à quoi ressemblait l'autre.

42

Le jour où l'on a calculé le taux de démission des maires

(Morbihan)

Depuis plusieurs années, on évoque le phénomène de « Grande Démission ». Des cadres qui claquent la porte de leur entreprise, poussés par un vent de liberté ou rejetant des contraintes qu'ils estiment ne plus vouloir subir, c'est selon.

Dans le Morbihan, un département régulièrement présenté comme l'un des plus attrayants de France, les élus aussi rejoignent, à leur manière, ce mouvement de fond. Les raisons sont diverses. Mais elles renseignent cruellement sur le poids d'un « métier » devenu, pour beaucoup, ultra-contraignant. Celui d'élu local.

La petite commune du Saint, presque 600 habitants, porte très mal son nom. Depuis début 2022, des élus disent subir insultes et menaces de mort. L'un, pris pour cible sur les réseaux sociaux, est surnommé « SS ». De son côté, le maire affirme avoir été poursuivi sur une quarantaine de kilomètres par des opposants qui voulaient s'en prendre à sa famille. La secrétaire de mairie a déposé plainte car, dit-elle, un opposant menaçait de l'asperger avec de l'acide. Le village, situé dans la partie cornouaillaise du Morbihan, jouxte les montagnes noires et leur grès dur.

L'ambiance est devenue invivable au conseil municipal, l'équipe actuelle étant entrée dans un bras de fer avec la précédente, sur fond de difficultés financières. Certains pensent arrêter là le carnage. Et démissionner.

L'Association des maires du Morbihan (AMF 56) est contrainte d'évoquer de « graves incidents ». C'est vrai pour cette commune. C'est vrai ailleurs aussi.

*

Dans le département, deux ans et demi après les élections municipales de 2020, déjà huit maires ont démissionné. 141 adjoints ont suivi le même chemin. Sans oublier 586 conseillers municipaux qui ont décroché. Au total, cela fait 735 démissions en trente mois. À l'échelle d'un département moyennement peuplé, le bilan paraît à la fois « ahurissant » et « tristement banal » pour le président de l'AMF 56, Yves Bleunven.

« Toutes les semaines, quatre renoncements surviennent dans le département », dit-il. Trop de pression, trop de paperasse, trop de querelles, trop d'insultes. Le département en question est pourtant attrayant, et le degré de révolte des administrés, sans doute loin d'être le plus élevé du pays. « En matière de taux de démission, ça représente 15 % des élus locaux. Dans le secteur privé, normalement, on tourne un peu en dessous de 3 %. »

Pour obtenir ce constat, l'association a sollicité l'État afin d'analyser le Registre national des élus. Personne ne s'attendait aux conclusions de cette radiographie alors inédite, à savoir le rejet, chaque jour plus affirmé, de la figure politique, même dans les si nidifiés « territoires ».

Les collectivités locales, dernier maillon qui jusqu'alors semblait préservé, souffrent d'un désamour que l'on n'aurait jamais pu anticiper vingt ans plus tôt. Même le journal *Ouest-France* parle d'« hémorragie[1] ».

*

Juin 2020. Élections municipales. Dans le Morbihan – c'est vrai partout sur le territoire français –, les postulants sont alors beaucoup moins nombreux que lors des précédentes. « On passe de 10 000 à 8 605 candidats », relève Hicham Abbad, directeur de l'AMF 56. Dans un quart des communes, une seule liste est – péniblement – constituée. « Le débat démocratique s'abîme », jauge un baron local. Les candidats rament pour rallier des volontaires. Jamais dans de telles proportions le rôle d'élu local n'avait été à ce point vu comme un repoussoir. Avec ou sans parti, avec ou sans étiquette, avec ou sans expérience, on tourne le dos à la politique de terrain.

Pourtant, la crise des Gilets jaunes et le Covid laissaient penser le contraire. Les ronds-points, les supermarchés, les Caddie, les préoccupations à hauteur de maire. L'édile, celui qui rassure, surtout avec la pandémie.

Le sommet de l'État semblait prendre conscience du caractère précieux des collectivités locales, lançant un bouquet de mesures « pour le terrain ». C'était l'opération « Action cœur de ville », qui visait à oxygéner 222 villes « intermédiaires ». C'était la promesse de recruter davantage de fonctionnaires dans les administrations déconcentrées. C'était un Conseil national de la refon-

1. « Démissions d'élus, les raisons d'une hémorragie » *Ouest-France*, édition Morbihan, 23 décembre 2022.

dation pour remodeler l'école et les hôpitaux, les deux colonnes vertébrales des communes.

Mais à peine installés, les nouveaux élus locaux, promotion 2020, ont vite compris que les intentions du gouvernement ne suffisaient pas. Pour parler gentiment.

En centre Bretagne, les maires s'épuisent. L'étendue des tâches qui sont les leurs donne le tournis. Dans certains villages, il faut tondre soi-même l'herbe dans les fossés bordant la route principale. Des élus s'improvisent gardiens de cantine parce qu'une partie du personnel, malade, ne peut venir surveiller les enfants à la pause déjeuner. Ailleurs, on peint les murs d'un bâtiment à la place d'un artisan, par manque d'argent. La plupart du temps on ne dit rien à personne.

Des actes de bravoure, alors que les indemnités touchées par les maires de communes de moins de 500 habitants sont de 645 euros par mois.

*

Quand la décentralisation commence, en 1982, dans les mairies, on pense que la partie est sur le point d'être gagnée. Le passage à l'âge adulte. L'âge de raison. Quelque chose comme ça.

Quarante ans plus tard, la Cour des comptes estime que les objectifs « n'ont pas encore été atteints[1] ». Le financement des collectivités est illisible, les maires se noient, incapables d'y voir clair.

Des mouvements législatifs contraires se croisent. Marée haute, marée basse... Une année on pousse les régions, l'autre les départements. Répartition trop com-

1. Rapport annuel de la Cour des comptes, mars 2023.

pliquée ? Une nouvelle couche est créée : l'intercommunalité. Sept cent mille agents recrutés. Qui fait quoi ? Dans quel cadre ? Quel budget ? Les communes jouent des coudes. Elles sont 35 000 à vouloir exister. La moitié ont moins de 500 habitants.

Et puis il faut gérer les pare-feu, les barrières, les pièces d'un puzzle que même les acteurs de terrain ne comprennent plus dans sa totalité. Entreprises publiques locales, sociétés mixtes, associations avec subventions publiques...

Symboliquement, le poste de secrétaire de mairie devient un sacerdoce. Partout, les offres d'emploi s'empilent. « Pas de candidat », constatent les édiles. « 1 300 euros net par mois pour gérer les documents civils, les autorisations d'urbanisme, les comptes rendus de réunion, la rédaction des marchés publics », déplore l'AMF 56. Dans près de 10 % des communes françaises, ces postes pourtant essentiels sont vacants[1].

Sur les contrats de travail des secrétaires, plus la commune est petite, plus les heures rétrécissent. « Quand on propose, faute de mieux, vingt-quatre heures par semaine, j'ai l'impression de casser la tirelire », se désole un maire. Résultat : aucun postulant n'appelle.

Alors, dans un nombre grandissant de bourgs, le maire et ses adjoints effectuent eux-mêmes les activités de secrétariat. Au prix d'une fatigue intenable. « Le maire n'a pas le droit de se plaindre, c'est bien le seul », juge un élu morbihannais, trois mandats au compteur.

À quoi ressemblent leurs journées ? À une succession de tâches administratives, ingrates, asphyxiantes, parfois

1. Rapport d'information du Sénat n° 676, 1er juin 2023.

aussi dévalorisantes, quand elles ne sont pas incompréhensibles.

« Rédigez un cahier des charges d'appel d'offres, vous allez vous marrer. Essayez de commander du savon pour un an : c'est vingt pages. » Ah ! ces marchés publics, pourtant essentiels car offrant une promesse de transparence. Sauf que c'est technique, que ça réclame une agilité financière, juridique, institutionnelle. « Il y a cent façons de casser un appel d'offres », décrit un responsable local. Heureusement, peu de personnes farfouillent dans les documents après coup. Sinon, les appels d'offres seraient remis en question. Et la machine, encore plus grippée.

Pour guider leurs décisions, les élus ont face à eux une Pléiade XXL... Depuis 1982, le Code de l'urbanisme est passé de 600 à 3 600 pages. Pour sa part, le Code de l'environnement est dix fois plus épais qu'en 2012.

« Être élu de la République, c'est un métier, commente Yves Bleunven, le président de l'Association départementale des maires de France. Pourquoi n'offre-t-on pas une formation aux nouveaux élus, comme en Allemagne ? » Outre-Rhin, où l'on compte trois fois moins de communes pour 85 millions d'habitants, les maires passent très souvent par l'université, option sciences administratives appliquées.

Pour décrire les difficultés rencontrées par les élus locaux, le maire de Grand-Champ, 5 000 habitants, résume ainsi : « L'argent et l'individualisme. »

Commençons par les finances. « Dans le Morbihan, l'endettement des communes tourne entre 800 et 1 500 euros par habitant. À mettre en parallèle avec l'endettement de l'État : 45 000 euros par Français. » Les villes ont l'interdiction de fournir un budget de fonctionnement déficitaire, contrairement au gouvernement, qui ne présente que des budgets déficitaires depuis 1975[1]. « Pour nous, la menace, c'est la tutelle. » Conclusion de l'élu : « L'État nous tape dessus pour que l'on respecte des critères de plus en plus stricts en matière de dépenses, mais le même État creuse une dette abyssale, tous les jours, sans interruption. »

Le président de l'AMF 56 perçoit aussi un autre mal : l'individualisme. « Chaque jour, cet individualisme s'exprime davantage. Sur les réseaux sociaux, on menace de mort. Dans la rue aussi, on se prend des insultes, souvent sans raison. » Les demandes de protection adressées à la préfecture s'accumulent.

Dans toute la France, on relève, en 2022, 1 500 agressions contre des élus municipaux. 50 % d'outrages. 40 % de menaces. 10 % de violences volontaires[2].

« Les citoyens deviennent consommateurs. » Angoisse, aigreur, agressivité. Parfois tout est mélangé. « Ils tapent sur ceux qui, paradoxalement, peuvent le moins pour eux : nous, les maires. » Yves Bleunven ajoute : « Covid, canicule, sécheresse, incendie, énergie... On accumule les crises, les "transitions", comme ils disent à Paris. Ça rend la société de plus en plus irascible. » Le maire de Grand-Champ dit qu'il en veut aux « pseudo-experts » en costume sur les plateaux des chaînes infos, qui « transmettent du stress ». Puis l'élu se reprend, conscient que c'est trop facile, que les racines vont puiser plus loin. « Le comportement des grands élus à l'Assemblée doit nous questionner aussi. Ils s'insultent matin, midi et soir. Bon Dieu, on est des enfants gâtés en France. Le pire, c'est qu'on ne s'en rend même plus compte. »

1. Insee.
2. Association des maires de France.

43

Le volcan

Grigny (Essonne)

Personne n'avait anticipé la vague de violence qui s'abat sur la France fin juin 2023. En cinq jours, près de 1 000 bâtiments brûlés ou pillés, 5 000 véhicules incendiés, 3 200 personnes interpellées. Des centres commerciaux pris d'assaut par des émeutiers dont certains n'ont que 12 ans. À Grigny, ville la plus pauvre de l'Hexagone, le maire et ses élus jouent les pare-feu, allant jusqu'à veiller la nuit dans les écoles afin d'éviter qu'elles ne partent en flammes. En classe, des enfants de CM2 se vantent de savoir manier des mortiers d'artifice.

Deux agents de sécurité avec des brassards orange fluo ouvrent les grilles de l'école maternelle Paul-Langevin. Bâtiment public, potentielle cible. Le maire de la commune, Philippe Rio, arrive dans sa Renault blanche. L'écharpe tricolore sur le siège arrière. « T'es encore là, toi », glisse-t-il à un parent d'élève venu en renfort. Autour de lui, plusieurs adjoints ont également fait le déplacement. Comme hier. Comme demain. « Si l'école brûle, c'est toute une population qui tombe. Alors on veille. »

Le maire restera jusqu'à 1 heure. Puis d'autres prendront le relais. Parmi eux, Dehbi, élégante mère de famille, sac à main rouge, ongles impeccables. Rompue aux gestions de crise. « On a déjà eu trois incendies ces derniers mois dans mon immeuble : les assurances ne nous couvrent presque plus. Du coup, je suis habituée à surveiller par moi-même. » Pas de poubelles qui traînent dehors. De la lumière en permanence. Des rondes sur le parking. Montrer une présence.

En pleine flambée de violence, dans un pays sidéré, Grigny résiste plutôt bien. Certes, une école a déjà été visée par des casseurs, mortiers d'artifice et feux d'artifice dans les sacs à dos. Mais des parents ont informé les élus à temps, évitant que le bâtiment ne s'embrase. « JUSTICE POUR NAHEL », ont écrit les émeutiers, en référence au jeune homme de 17 ans tué par balle au volant de sa voiture lors d'un contrôle policier à Nanterre – l'élément déclencheur.

En 72 heures, Grigny a connu les tirs de mortiers d'artifice, les poubelles en feu. Mais pas de scénario catastrophe. Dans une ville où 80 % des habitants n'ont pas de voiture, celles qui sont incendiées laissent en bouche un goût tenace – l'amertume. L'autre soir, huit véhicules ont cramé concurremment. Les flammes ont progressé jusqu'à grignoter un arbre. Le tout au pied d'une barre d'immeuble. Des vidéos sont alors postées, qui laissent – à tort – penser que le quartier entier est la proie du feu. En pleine nuit, il a fallu que la préfecture de l'Essonne calme les habitants, sur les réseaux sociaux, pour démentir la prophétie d'un cataclysme version 3.0, déjà relayée des dizaines de milliers de fois sur Internet.

Cinq nuits de tension plus tard : « calme relatif ». Nombre de villes découvrent le terme. À Grigny, c'est un art de vivre. « On est sur un volcan, illustre l'édile. Un volcan qui sommeille. On ne sait jamais quand ça va sortir, ni quelle sera l'étendue des dégâts. Là, tout est sorti d'un coup. Chez nous comme ailleurs. » L'élu communiste, enfant du coin, qui vit toujours dans les tours, évoque une « France bien pourrie depuis les attentats de 2015 ». Dans sa bouche : pas de solution en kit, mais des interrogations, beaucoup, qui crépitent : « Qu'est-ce qui fait qu'on est Français aujourd'hui ? Qu'est-ce qui fait qu'on tient encore debout ? Pourquoi est-on devenu une nation aux pieds d'argile ? »

*

L'élu est en pleine tournée du soir. Instituée quotidiennement, depuis le début des violences. À chaque dos-d'âne, la voiture du maire tremblote un peu plus. Se dresse au loin un mur de béton. Les imposantes barres d'immeuble de Grigny 2. Une copropriété géante. 5 000 logements, regroupant 17 000 habitants. L'élu vit au rez-de-chaussée d'une des structures. Il y a les chemins à emprunter, ceux à éviter. « Vous voyez la route devant nous ? On l'oublie. Ça a brûlé l'autre soir. » Clignotant à droite. « Sur ce chemin, il y a des caméras de surveillance, c'est mieux. »

21 h 30. La journée est loin d'être terminée. Les traits sont tirés, les yeux chiffonnés. Une semaine que ça dure. Philippe Rio serpente inlassablement les allées des « quartiers prioritaires ». Présence, résistance – puisse tenir la confiance. Cette nuit, si tout va bien, il dormira quatre heures. Les premiers à l'appeler seront, comme les autres jours, le préfet ou le commissaire de police. À 3 heures du matin ; 5 heures s'il a de la chance. Pour évoquer un incendie, une arrestation musclée.

À Grigny, en ce début d'été, les forces de l'ordre sont en retrait. Les douze agents de la police municipale restent dans le « village ». Drôle de dénomination pour parler du centre-ville (ici, les mots courants trouvent une autre signification). Pas de patrouilles non plus des CRS dans les deux zones sensibles que sont Grigny 2 et La Grande Borne. Pas d'étincelle. Consigne. Discipline.

La Grande Borne, justement. C'est un peu le Mont-Saint-Michel des banlieues. Une figure totémique, de celles qu'on convoque dès que ça pète dans les quartiers. Sur place, lors de la crise de 2005, des policiers avaient tiré à balles réelles sur des émeutiers. Dix-huit ans plus tard, rue du labyrinthe, un père de famille a des nœuds dans le ventre. Il s'appelle Brahim Allam, 52 ans. En 2005, lors de la précédente « crise des banlieues », il était agent de sécurité (maître-chien) à Villiers-le-Bel, là où tout avait commencé. « Le climat actuel ? Pareil, en pire. »

Il réside dans un petit appartement grignois fraîchement réhabilité. Aucun objet ne traîne par terre, à peine un élément de décoration sur une étagère, les enfants sont repris quand ils ne prononcent pas bien un nom commun ou ratent l'accord d'un verbe au passé composé. Sur le canapé du salon, le papa est entouré de Sirine, 11 ans, et sa petite sœur, Mebarka, 7 ans. Diction parfaite. On leur donnerait facilement trois ans de plus. Toutes les deux regrettent que la fête de l'école et la sortie théâtre aient été annulées à cause des « événements ».

Lui : « Tu sais pourquoi papa rentre tard en ce moment ? Pour protéger ton école. » La nuit dernière, Brahim a regagné sa demeure à 2 heures du matin.

« Dans la classe, intervient Sirine, trois garçons se vantent d'utiliser des mortiers et des feux d'artifice. Ils disent qu'ils en ont allumé depuis un pont. » Sirine donne les prénoms des camarades de classe. « J'ai rien dit à la maîtresse, je ne veux pas être une balance. » On insiste : « Des élèves de CM2 ? Des mortiers d'artifice ? Vraiment ? » Le père hausse les épaules. Il valide. Pas besoin de mots. Ne pas en rajouter. Pas devant les enfants.

La suite de la conversation se passe dans la cuisine. Une tasse de café, le sourire de Brahim envolé. « J'excuse pas, mais je comprends. On nous bassine tout le temps avec l'idéal de mixité ! Mais regardez la mixité, ici ! Où est-elle ? Les Algériens avec les Algériens. Les Maliens avec les Maliens... On nous demande de nous intégrer, mais on est parqués comme des buffles. Quand c'est la merde, on se regroupe entre nous. Et là, on est dans la merde. »

Brahim dit qu'il attend beaucoup des élus locaux, plus rien des élus d'en haut. Pourtant, c'est l'État qui a alloué 350 millions d'euros d'investissement en quinze ans à La Grande Borne. Le quartier, dorénavant, est moins enclavé. Mille cinq cents logements retapés. Privilège ultime, une ligne de bus a même été installée. Après des décennies d'abandon, le gouvernement sort enfin le carnet de chèques. Mais que c'est long, fastidieux. Pendant ce temps, la défragmentation sociale et territoriale s'accélère. « Les précaires sont encore plus précaires », dit l'adjointe à l'urbanisme qui ne parle plus de « logement social » mais de « logement d'urgence ». Sur la commune, le revenu annuel médian ne dépasse pas les 10 000 euros. Une famille sur trois se nourrit grâce aux banques alimentaires. Un actif sur quatre n'a pas de travail. Brahim : « Quand je postule en tant qu'agent de sécurité, comme j'ai plus de 50 ans, on me répond en rigolant : "Ça va pas être possible." »

Quand il surveille les écoles, le soir, Brahim sait qu'il est utile. Pas rémunéré. Mais utile.

*

Grigny est peut-être la plus précaire des villes de France ; elle est aussi l'une des plus débrouillardes. Quand certaines agglomérations proposent à leurs élèves un petit déjeuner festif avant les vacances de Noël, ici, tous les matins, du lundi au vendredi, 1 600 enfants répartis dans 96 classes bénéficient d'un repas pour démarrer la journée. Pain, fromage, fruit. Service en classe, juste avant le début des cours. « On évite juste les kiwis, c'est trop salissant. » Parce que Grigny est en zone rouge, l'Éducation nationale subventionne chaque petit déjeuner quotidiennement. 1,30 euro par enfant. La municipalité assure le reste. C'est considérable. « Toutes les autres villes ont laissé tomber un tel dispositif tellement c'est compliqué, glisse Virginie Ortet, la directrice propreté et alimentation de Grigny. Nous, on a relevé le défi. »

Achat d'un camion frigorifique, livraison des produits dans les écoles tous les lundis matin, stockage dans des armoires froides (5 000 euros l'unité), personnel périscolaire levé à 5 h 30 du matin pour être d'attaque à 7 heures et préparer les petits déjeuners. « On est rincés, mais on est fiers », commente l'élu chargé de l'éducation, Lamine Camarra, depuis une école plantée en plein cœur de La Grande Borne. Pas n'importe quelle école. « Celle dont l'indice de pauvreté est le plus bas sur tout notre territoire. »

À quoi reconnaît-on un pays segmenté ? Aux définitions disparates employées pour dépeindre ce qu'est une « famille favorisée ».

Ailleurs, elle sera synonyme de grandes vacances en Asie du Sud-Est, ou de cours privés d'anglais, après l'école.

À Grigny, nous dit l'adjoint à l'éducation, « la famille favorisée », c'est celle où l'un des parents a le temps et l'argent pour préparer le petit déjeuner pour ses enfants. « Beaucoup de familles monoparentales chez nous. La maman se lève à 5 heures du matin pour partir travailler avec le premier RER. » Les aînés de 8 ans disposent eux-mêmes – quand il y en a – tartines et céréales pour les petits frères et sœurs, puis tous filent à pied en direction de l'école.

« Les raisons de décrocher, quand on est jeune ? J'en ai cinquante en stock », relève Lamine Camarra. Les mauvaises orientations scolaires, les contrats en alternance rompus faute d'entreprise candidate... « Quand tu parles aux ados de Grigny, immanquablement, le premier mot qu'ils prononcent est : “injustice” ».

*

Dans une salle de boxe, un homme hausse la voix et tous les participants se raidissent. « Rambo » est à l'entraînement avec des Grignois de 6 à 20 ans. Ancien double champion d'Afrique de boxe anglaise, la quarantaine, béret sur le crâne, chemise rose, « Rambo » n'est pas ce qu'on appelle un « grand frère » – l'étiquette est passée de mode –, mais l'idée est là. Quand il cause, on écoute. Les jeunes en déscolarisation, les parcours cabossés, à chacun il dit : « Venez. » Ceux qui n'ont pas l'argent pour payer la licence, « on verra plus tard ».

Ce soir, les exercices sportifs sont disciplinés. Une heure comme à l'armée. Pour épauler « Rambo », il y a Toufik. Cheveux bouclés, yeux verts. Le plus assidu des élèves. « Me parlez pas politique ou violences, je ne répondrai pas. »

Le matin, toujours à Grigny, dans le quartier de La Grande Borne, on avait déjà croisé Toufik dans une autre salle d'entraînement de boxe. Mais la rencontre avait tourné court. Notre caméra arrachée. Alors que l'on filmait en présence de deux élus de la commune. Un jeune homme avance, se saisit du matériel. Sûr de lui. Parce que chez lui. Il attrape l'équipement. S'en va avec. Les autres regardent. Amusés. Menaçants, juste ce qu'il faut. Un complice, quelques instants plus tard : « Deux cents balles et on vous la rend. » Puis un responsable associatif, à notre adresse : « Vous prévenez avant de filmer ici. Rien à foutre que vous soyez avec la mairie. C'est chez nous. » Alors on est parti. Profil bas. Sans trop savoir quelle autre réponse adopter. Puis le responsable associatif est réapparu, la caméra dans les mains. « Barrez-vous, c'est mieux. » Pas agressif, on oserait presque le qualificatif « bienveillant », mais compte tenu des circonstances...

Dix minutes plus tard, cette fois dans une artère passante, loin de l'enclave tout juste quittée, même scénario. La caméra à nouveau arrachée par un garçon cagoulé. Si ça dérape, derrière un mur, les autres sont en embuscade. Le tout sans prononcer le moindre mot. Protester ? Contre-productif. Voire dangereux. Les élus, eux, restent interdits.

Pas de raccourci. Les fauteurs de troubles à Grigny : une petite minorité. « Qui pourrit la vie des autres », résume un élu.

*

La Grande Borne toujours. L'autre versant, souriant celui-là. Voici Fatoumata Kante. Son entreprise, c'est d'abord sa smala. Elle est à la tête d'une famille « XXL ». Comprendre : plein d'enfants. Elle a, en elle, un sacré concentré de sourire et de bonne humeur. « À Rennes !? Mais c'est dingue ! » Elle crie. Elle vient d'apprendre. Une Grignoise, lycéenne, amie de la famille, est tout juste acceptée à Sciences Po en Bretagne.

C'est la sortie d'école, 16 h 30. Dehors, des tracts sont distribués. Un « appel au calme » lancé par les élus et une association de riverains. Fatoumata empoigne un exemplaire. On peut lire ceci : « Il n'y a pas de territoires perdus de la République. Il y a une République qui exclut les habitants des banlieues comme elle exclut la France rurale où la crise des Gilets jaunes avait fait irruption. » Lecture politique des événements. Or, ce discours, aucun interlocuteur rencontré ce jour ne l'exprime lui-même spontanément. La politique, c'est un autre continent, loin, très loin. Exception faite de Fatoumata, la seule à mentionner encore, dans un même souffle, le sommet de l'État et sa personne quand elle décrit ce qui ne va pas.

Elle ajuste son voile puis déroule : « On devrait tous se remettre en cause. Le président de la République comme l'école, les parents. Tous. Les gosses qui font des conneries, c'est notre faute collective. » Elle dit aussi : « Je veux que la république fonctionne. » Quelques larmes retenues dans le coin des yeux. Alors que le climat de violence des derniers jours obscurcit l'horizon, elle aussi surveille les écoles le soir.

*

Toujours dans sa voiture blanche, monsieur le maire poursuit, comme tous les soirs de tension, son opération vigie. Il aperçoit une voiture dont le warning est resté par erreur allumé. « C'est la bagnole d'une adjointe. » Il la contacte au téléphone. « Si ça pète ce soir et que tu dois aller sur le terrain, sans batterie, on va être bien. » L'adjointe s'autorise à rigoler.

Puis nouveau coup de fil. Un élu local d'une autre commune. Philippe Rio lui raconte la réunion à laquelle il a participé un peu plus tôt dans la journée à l'Élysée. Plus de 200 maires convoqués par le président de la République. Une « câlinothérapie » pour expurger ce qui peut l'être, après la vague d'émeutes. « Avant la fin du discours, la moitié de la salle était déjà partie », ironise Philippe Rio – élu sous l'étiquette communiste. « On y va sans enthousiasme, on repart sans enthousiasme. » Ce qui frappe l'édile de Grigny ? « Une majorité de maires représentant des communes où les Gilets jaunes ont été par le passé très actifs. » La France des quartiers, la France des ronds-points. « C'est pas un "plan banlieue" qu'il faut », conclut, toujours au téléphone, monsieur le maire. « C'est un plan pour la France. »

Épilogue

Ça craque... depuis bien longtemps

« Les amères leçons du passé doivent être réapprises sans cesse. » Qu'il nous pardonne, Albert Einstein, d'abuser de son acuité pour juger quelques instants, le temps d'une conclusion, le décrochage prétendument prophétique, inévitable, de notre pays.

« Ça craque » ? Notre embourbement, le précipice juste à côté, la terre qui glisse sous nos pieds... Chaque décennie construit, quant à l'avenir, ses propres réverbérations et échos négatifs.

« Ça craque » ? Parce que nous avons toutes les difficultés du monde à interpréter ces nouveaux phénomènes qui travaillent la société française. Être « post » ne suffit pas. Postmoderne, postindustriel, postdémocratique, ce n'est pas répondre au besoin de clarté d'un pays qui semble avoir du mal à définir jusqu'à son époque.

« Ça craque », mais ça tient encore. Ça fait si longtemps.

*

1952. *Paris Match*. Numéro 148. « La France inquiète. » Titre de l'article. Puis ces mots : « Pourquoi en sommes-nous là ? » Évoquant la guerre d'Indochine, mais puisant bien plus largement dans les événements de l'époque, Gaston Bonheur écrit : « La France ne trouve plus en elle assez de ressources. [...] elle recule la nécessité du choix à la limite de ses forces [...] mais consentirait-elle des sacrifices encore plus lourds, au risque de l'épuisement ? » La France, « cette presqu'île », est déjà morcelée. Incapable de trancher. Sur la guerre comme sur sa destinée. À genoux.

Huit numéros plus tard : des billets de banque de 10 000 francs ornent la couverture de *Paris Match*. Titre : « La crise française. » Déjà. Encore. Les épargnants ralentissent leurs souscriptions aux emprunts d'État, lequel État multiplie les impôts pour tenter de combler le déficit. La taxe sur le chiffre d'affaires, la taxe à la production... Les prix renchérissent. « C'est le cercle vicieux. » Le consommateur français accélère ses achats, par crainte de payer plus cher s'il diffère. « Nouveau cercle vicieux. » La France, c'est vicieux, s'effondre.

1962. *Paris Match*. Numéro 714. Ingrid Bergman en col roulé est « encore plus belle ». Dans les pages intérieures du magazine, la société française est représentée de manière nettement moins starisée. L'État tricolore est défaillant et c'est la Croix-Rouge qui sauve les meubles, dit l'éditorial du magazine. 1 200 000 adhérents, « trois fois plus que les organisations politiques les mieux implantées ». 1 200 comités, 90 conseils départementaux, 9 hôpitaux, 200 dispensaires, 90 établissements spécialisés : pouponnières, crèches, maisons maternelles, maternités, colonies sanitaires, aériums... La France craque, et les associations, déjà, se substituent aux pouvoirs publics.

1972. *Paris Match*. Numéro 1212. La France va encore craquer, et cette fois, le monde avec. La cause ? « La société de consommation. » « Nous, peuple riche, [sommes] lancés dans une fuite en avant qui a pour objectif toujours plus d'automobiles, toujours plus de voyages en avion. » Le « dégoût de cette société d'abondance » est ensuite dépeint par un haut fonctionnaire européen, Sicco Mansholt : « La population de la terre augmente d'une façon délirante tandis que les matières premières dont cette population peut disposer diminuent impitoyablement [...]. L'humanité marche vers une catastrophe, et l'an 2000 risque fort d'être la fin du monde. »

1982. *Paris Match*. Numéro 1701. Un sondage rend compte de l'état d'esprit tricolore alors que François Mitterrand vient d'arriver au pouvoir. Son titre : « Les Français voient tout en noir au-dehors et tout en rose pour leur famille. » On demande aux sondés de classer, par ordre d'importance, les événements les plus marquants depuis 1944.

1/ La Libération de la Seconde Guerre mondiale.

2/ La bombe d'Hiroshima.

3/ La mort de Staline.

« Les Français, glisse le magazine, n'ont pas la mémoire courte mais une intelligence saine de l'histoire. »

On en reparle dans cinquante ans ?

Remerciements

Quand ils sont interviewés, les hommes et femmes politiques n'offrent pas, ils proposent. Merci donc à tous les anonymes qui ont offert des pans entiers de leur quotidien, sans autre motif ni contrepartie que d'expliquer.

À Thierry Billard, qui a en lui cette force rare de suggérer en quelques mots la piste à prendre, puis de permettre les envols. À Sophie Charnavel et son moteur en titane.

Ce livre doit beaucoup à la rédaction pour laquelle je travaille, TF1. J'ai la chance de côtoyer des confrères qui stimulent et obligent. Merci infiniment à eux. Mention spéciale à Olivier, partenaire de terrain dont l'adaptabilité est unique !

À ma femme, mes filles, ma famille, mes proches, qui savent que ce métier avale, immerge, prend beaucoup de place. La leur est inestimable.

Table des matières

CINQUIÈME PARTIE

L'ÉCONOMIE AVANCE, EUX RECULENT

SIXIÈME PARTIE

QUAND LES COMMERCES FUIENT LA VILLE

SEPTIÈME PARTIE

TRANSPORT, PRODUIT DE LUXE

HUITIÈME PARTIE

L'INSÉCURITÉ PRÈS DE CHEZ SOI

NEUVIÈME PARTIE

L'INSÉCURITÉ LOIN DE CHEZ SOI

DIXIÈME PARTIE

DROGUES, MIROIR(S) DE FRANCE

ONZIÈME PARTIE

L'ADMINISTRATION QUI PARALYSE

DOUZIÈME PARTIE

L'ÉTAT EN HAUT, LE VIDE EN BAS (LES MAIRES)

Ce livre existe grâce au travail de toute une équipe.

Communication : Caroline Babulle, Sandrine Perrier-Replein, Sabrina Bendali, Inès Paulin, Adélaïde Yvert.

Coordination administrative : Martine Rivierre.

Studio : Pascaline Bressan, Barbara Cassouto-Lhenry, Joël Renaudat.

Fabrication : Muriel Le Ménez, Céline Ducournau, Bernadette Cristini, Sophia Paroussoglou, Isabelle Goulhot.

Commercial, relation libraires et marketing : Catherine Lauprêtre, Perrine Therond, Ombeline Ermeneux, Élise Iwasinta, Morgane Rissel, Arthur Rossi, Aurélie Scart.

Cessions de droits : Elisabeth Stempak, Benita Edzard, Lucile Besse, Sonia Guerreiro, Costanza Corri.

Gestion : Sophie Veisseyre, Chloé Hocquet, Isabelle Déxès, Camille Douin.

Services auteurs : Viviane Ouadenni, Jean-François Rechtman, Catherine Reimbold.

Ressources humaines : Mylène Bourreau.

Juridique : Laëtitia Doré, Anaïs Rebouh, Valérie Robe, Lucie Bergeras, Julia Crosnier.

Avec le soutien des équipes d'Interforum et d'Editis qui participent à la création, la diffusion et la distribution de ce livre.

Canoros Vehit Canentes

Composition et mise en pages
par Facompo Lisieux

#lisez engagé !
www.lisez.com
Pour plus d'information :
Imprimé sur du papier issu de forêts gérées durablement.

Imprimé en France par CPI
en août 2023

N° d'édition : 65866/01 – N° d'impression : 174846